POLÍTICAS PÚBLICAS DE EDUCAÇÃO AMBIENTAL ARTICULADAS À PEDAGOGIA HISTÓRICO-CRÍTICA

A EDUCAÇÃO QUILOMBOLA EM DESTAQUE

Catalogação na Fonte
Elaborado por: Dayanne Leal Souza
Bibliotecária CRB 9/2162

Cruz, Queziane Martins da

C957p 2024

Políticas públicas de educação ambiental articuladas à pedagogia histórico-crítica: a educação quilombola em destaque / Queziane Martins da Cruz, Arlete Ramos dos Santos. – 1. ed. – Curitiba: Appris, 2024.
248 p. : il. color. ; 23 cm. (Coleção Educação, Tecnologias e Transdisciplinaridades).

Inclui referências.
ISBN 978-65-250-5974-7

1. Políticas públicas. 2. Educação. 3. Educação ambiental. I. Cruz, Queziane Martins da. II. Santos, Arlete Ramos dos. III. Título. IV. Série.

CDD – 372.357

Livro de acordo com a normalização técnica da ABNT

Appris editora

Editora e Livraria Appris Ltda.
Av. Manoel Ribas, 2265 – Mercês
Curitiba/PR – CEP: 80810-002
Tel. (41) 3156 - 4731
www.editoraappris.com.br

Printed in Brazil
Impresso no Brasil

Queziane Martins da Cruz
Arlete Ramos dos Santos

POLÍTICAS PÚBLICAS DE EDUCAÇÃO AMBIENTAL ARTICULADAS À PEDAGOGIA HISTÓRICO-CRÍTICA

A EDUCAÇÃO QUILOMBOLA EM DESTAQUE

FICHA TÉCNICA

EDITORIAL	Augusto Coelho Sara C. de Andrade Coelho
COMITÊ EDITORIAL	Marli Caetano Andréa Barbosa Gouveia - UFPR Edmeire C. Pereira - UFPR Iraneide da Silva - UFC Jacques de Lima Ferreira - UP
SUPERVISOR DA PRODUÇÃO	Renata Cristina Lopes Miccelli
ASSESSORIA EDITORIAL	Renata Miccelli
REVISÃO	Andrea Bassoto Gatto
DIAGRAMAÇÃO	Jhonny Alves dos Reis
CAPA	Renata Cristina Lopes Miccelli

PREFÁCIO

O presente livro estimula-nos à reflexão sobre uma temática que inquieta o futuro da existência humana e de todas as comunidades de vida do planeta quando se trata das mudanças climáticas. Um ponto em comum para os estudiosos do clima é a constatação de que as variações climáticas ocorrem de forma extrema em diferentes lugares e regiões do planeta como uma realidade imperativa.

Para Carlos Nobre, pesquisador de mudanças climáticas desde a década de 1980, *"as ondas de calor e diversos outros fenômenos climáticos extremos, como as chuvas no Rio Grande do Sul ou as secas na Amazônia, têm relação com a crise climática, que torna esses eventos mais extremos e mais frequentes"* (2023). Nessa entrevista, Nobre explica que se as emissões continuarem no atual ritmo, em 10 anos a temperatura global atingirá 1,5°C, *"como a temperatura que não volta mais"*. Ele também menciona que os responsáveis por essa crise climática são os países mais ricos, devido à emissão de mais gases, com *"80% das emissões históricas, sendo 10% da população mais rica responsável por mais de 60% das emissões"*. Realidade contrária ocorre no continente africano, onde *"mais de um bilhão de habitantes emitiram menos de 4% das emissões globais; mas esses mais de um bilhão de habitantes da África são os que mais sofrem com os extremos climáticos"*. Em síntese, os mais ricos fomentam os riscos e os danos ambientais que produzem com os mais pobres e vulneráveis. Ou seja, eles privatizam a riqueza e compartilham os danos e a crise ambiental.

É diante desse cenário de desigualdades econômicas, políticas, sociais e ambientais que está inserida a originalidade deste estudo ao investigar a Educação Ambiental em escolas do campo em comunidades quilombolas. Para as autoras, a Educação Ambiental abordada é aquela que se posiciona no âmbito da crítica ao modelo antropocêntrico que sustenta o modo de produção capitalista como o responsável pela crise climática de efeitos imensuráveis explanados nos estudos de Nobre (2023). Educação Ambiental, no enfoque da práxis em que é alinhada à intencionalidade crítica, é materializada pela prática social de perspectiva transformadora, demarcada por determinantes externos e internos, constituindo-se como uma dimensão da prática pedagógica na escola.

A prática pedagógica na dimensão da Educação Ambiental é estabelecida por suas políticas nos eixos: espaço físico, gestão escolar, organização curricular e comunidade, constituindo-se como um campo comum de intercessão com elementos articuladores das políticas educacionais para a Educação do Campo.

Assim, esses quatro eixos, estabelecidos pelas Diretrizes Curriculares Nacionais de Educação Ambiental, podem expressar também os eixos vinculantes comuns entre a Educação Ambiental e a Educação do Campo nas escolas localizadas nas comunidades quilombolas que são estudadas nesta obra.

Essas comunidades, localizadas no município de Bom Jesus da Lapa, no Território de Identidade Velho Chico, fazem parte das 27 áreas territoriais em que estão organizados os municípios baianos e têm como objetivo de integrar ações de políticas públicas regionais (SEPLAN; BAHIA, 2014). Esse território está situado no Médio Vale do Rio São Francisco, na Bahia, região Oeste do estado, e inserido na área delimitada pelo território da bacia hidrográfica do Rio São Francisco.

A territorialidade da pesquisa constitui-se como determinante externo da prática pedagógica na dimensão ambiental, ao buscar "analisar as Políticas Públicas de Educação Ambiental articuladas à Pedagogia Histórico-Crítica nas escolas quilombolas de Bom Jesus da Lapa, Bahia". As contribuições do estudo são relevantes no sentido teórico metodológico da Pedagogia Histórico-Crítica, analisando as contradições e as interlocuções no campo comum dessas modalidades educativas, buscando as interseções explicativas no contexto dos eixos vinculantes como determinantes internos das práticas pedagógicas nas escolas dessas comunidades quilombolas.

Assim, este livro apresenta uma riqueza singular como resultado das práticas de resistências das escolas quilombolas. Ao garantir a voz dos sujeitos participantes do estudo, atribui visibilidade às possibilidades e aos potenciais dos coletivos e dos movimentos sociais diante das ações de governos para desarticular as políticas educacionais, em especial, a de educação ambiental.

O livro fortalece a Educação Ambiental articulada à Educação do Campo com os saberes das comunidades quilombolas como um farol de esperança para os desafios colocados pelas mudanças climáticas no planeta.

Prof.ª. Dr.ª Maria Arlete Rosa

UTP – Curitiba-PR

APRESENTAÇÃO

O presente livro traz o resultado de uma pesquisa no Território de Identidade Velho Chico (TVC),[1] na região Oeste do estado da Bahia. A pesquisa discute o problema das políticas públicas de Educação Ambiental articuladas à perspectiva pedagógica da Pedagogia Histórico-Crítica (PHC) nas escolas quilombolas do referido município.

Discussões contemporâneas no campo da Educação Ambiental tornam-se cada vez mais necessárias diante dos atuais contextos nacional e mundial. Com a crescente degradação da natureza e suas consequências — como mudanças climáticas, redução da biodiversidade e riscos socioambientais locais e globais —, ampliam-se as necessidades planetárias. E, de forma inusitada, o contexto de pandemia de Covid-19 aumentou essa demanda.[2]

Torna-se urgente uma prática social diferenciada que leve em consideração as populações de regiões do planeta em situações de vulnerabilidade, a exemplo das comunidades tradicionais do campo. No contexto do território de identidade do Velho Chico, banhado pelas águas do importante Rio São Francisco, também degradado, verifica-se a existência de comunidades tradicionais quilombolas que lutam pela sobrevivência diante das limitações do semiárido em um contexto que une os desequilíbrios ambientais às características próprias do particular ecossistema, a Caatinga.

É importante destacar que este estudo é parte de um projeto de pesquisa mais amplo, denominado Projeto Guarda-Chuva, desenvolvido pelo grupo de pesquisa Movimentos Sociais, Diversidade e Educação do Campo da Cidade (Gepemdecc), intitulado Políticas Educacionais do Plano

---

[1] Conforme a Secretaria de Planejamento da Bahia (BAHIA, 2021, s/p), com "o objetivo de identificar prioridades temáticas definidas a partir da realidade local, possibilitando o desenvolvimento equilibrado e sustentável entre as regiões, o Governo da Bahia passou a reconhecer a existência de 27 Territórios de Identidade, constituídos a partir da especificidade de cada região. Sua metodologia foi desenvolvida com base no sentimento de pertencimento, onde as comunidades, através de suas representações, foram convidadas a opinar". O Território de Identidade Velho Chico (TVC) compreende as cidades de Barra, Bom Jesus da Lapa, Brotas de Macaúbas, Carinhanha, Feira da Mata, Ibotirama, Igaporã, Malhada, Matina, Morpará, Muquém do São Francisco, Oliveira dos Brejinhos, Paratinga, Riacho de Santana, Serra do Ramalho, Sítio do Mato.

[2] A Covid-19 é uma doença causada pelo coronavírus SARS-CoV-2, que apresenta um quadro clínico que varia de infecções assintomáticas a quadros respiratórios graves. De acordo com a Organização Mundial de Saúde (2020), a maioria dos pacientes com Covid-19 (cerca de 80%) podem ser assintomáticos e cerca de 20% dos casos requerem atendimento hospitalar por apresentarem dificuldade respiratória. Desses casos, aproximadamente 5% podem necessitar de suporte para o tratamento de insuficiência respiratória (suporte ventilatório).

de Ações Articuladas (PAR) e a Base Nacional Comum Curricular (BNCC) em municípios da Bahia: desafios e perspectivas, aprovado pelo Comitê de Ética da Universidade Estadual do Sudoeste da Bahia (Uesb), com o Caee n.º 20028619.8.0000.0055, sob o parecer n.º 3.589.766.

Além disso, a pesquisa foi realizada em um município em cujo contexto educacional optou-se pela abordagem da teoria da Pedagogia Histórico-Crítica desde de 2017, tornando latente a necessidade de averiguar na pesquisa: 1) as Políticas de Educação Ambiental no currículo do Campo que contribuem para atender às demandas das comunidades tradicionais quilombolas campesinas; 2) as condições apresentadas para desenvolver a práxis e se a Lei n.º 9.795/99, a Lei n.º 10.639/2003 e a Lei n.º 11.645/2008 proporcionam conhecimentos da realidade concreta aos educandos e educadores e geram processos formativos nas escolas quilombolas, transformando-as em comunidades sustentáveis a partir de um contexto de práticas socioambientais educativas interativas e dialógicas, proporcionadas pelos ambientes em que estão inseridos.

Compete, aqui, pontuar as contradições e a negação dessas práticas na conjuntura política atual, na qual há, de um lado, uma pequena parte da população com enorme concentração de renda e riqueza, e, por outro, o aumento desmedido das desigualdades sociais e da pobreza, a violação da constituição, a perseguição dos profissionais da educação e as instituições de pesquisa e ensino. Incluímos, nesse contexto, a incansável tentativa de instituir a "escola sem partido", a divulgação e a disseminação de *fake news*, o desmonte das políticas públicas, o corte de recursos financeiros na educação, na saúde, nas ciências e nas tecnologias.

Destarte, é preciso avaliar: qual é o lugar da diversidade de povos, dos saberes e das culturas e etnias na BNCC? Será preciso enfrentar a BNCC, que busca padronizar um currículo desprovido das diversidades e das diferenças? É importante que haja uma mudança de paradigmas, rupturas epistemológicas e teórica para que haja transformações, a fim de transgredir esse currículo eurocêntrico e machista, pautado no racismo estrutural e institucional. Falamos isso porque a extinção da Secretaria de Educação, Alfabetização, Diversidade e Inclusão (Secadi), por meio do Decreto n.º 9.465, de 2 de janeiro de 2019, constitui-se como um retrocesso no campo dos direitos educacionais e mostra-se como uma medida que vai na contramão do reconhecimento da diversidade, da promoção da equidade e do fortalecimento da inclusão no processo educativo.

Percebemos as mudanças até mesmo em grupos de escolas particulares, que têm se preocupado com as medidas de viés neoliberal tomadas no governo de J. Bolsonaro, 2019-2022. Como assegura Guimarães (2018, p. 624), "importa notar, todavia, que não se trata simplesmente de menos Estado, mas de uma determinada configuração de Estado que assegure as condições de (re)produção do capital". Isso demonstra que o intuito é invisibilizar os povos tradicionais e todas as diversidades no campo educacional, consequentemente, da sociedade, para que seja definida uma padronização pela BNCC.

Além disso, tais medidas intensificam o contrassenso dos governantes em montar estratégias contra a população campesina, ribeirinha e quilombola, enfim, a classe trabalhadora. No momento em que a tônica deveria ser de solidariedade humana e de criação de políticas públicas para amenizar as fragilidades nas áreas da educação, na saúde e nas dimensões sociais, infelizmente assistimos aos governantes expropriarem o cidadão e expulsarem, de forma violenta, os trabalhadores de sua terra. Esses sujeitos eleitos são, ainda, permissivos no tocante aos mecanismos que proíbem o desmatamento de florestas e matas, além de serem indiferentes ao aumento alarmante de incêndios florestais.

A respeito disso, convém ressaltar que somente nas décadas de 1970-1990, com a intensa mobilização dos movimentos sociais, por meio de lutas e protestos contra o regime militar, houve várias reinvindicações por direito à educação do campo e igualdade de condições. Essas manifestações agregaram várias pautas do negro, do índio, das feministas e dos homossexuais, pelo combate às múltiplas formas de repressão, preconceitos e estigmas que justificam os conflitos que inferiorizam os grupos citados.

Segundo Layrargues e Lima (2014), a Educação Ambiental, compreendida como um universo pedagógico multidimensional, cujas relações estabelecem-se entre indivíduo, sociedade, educação e natureza, figura nesse cenário como um dispositivo importante. Conforme apontam esses mesmos autores, em sua vertente crítica, busca o enfrentamento político das desigualdades e da injustiça socioambiental, tendo como conceitos norteadores de sua práxis: cidadania, democracia, participação, emancipação, justiça ambiental e transformação social.

Assim, a Educação Ambiental salienta a importância dos movimentos sociais e sindicais e as articulações na construção de leis educacionais e políticas que garantam qualidade de vida dos povos. Não há como vislumbrar qualidade de vida e sustentabilidade no campo ou na cidade em que não esteja presente a Educação Ambiental no contexto escolar em sua tríade *currículo, gestão democrática e espaço físico*. Historicamente, a Educação Ambiental sempre foi uma bandeira de luta dos movimentos sociais, que só ganhou notoriedade no Brasil na década de 1990.

Nesse processo, Leff (2000) versa que a dialética compreende a práxis do ser humano como um ser social e histórico nos contextos econômicos e culturais. Para ele, a dialética apresenta-se nas análises da realidade orientada a transformar a natureza e a vida em sociedade pela vontade humana. Ela também proporciona as bases para uma interpretação da realidade que se aproxima de um mundo concreto, construído pelas relações sociais, e que possui espaço e tempo em constante transformação.

Desse modo, a dialética extrapola as questões ambientais atuais no sistema capitalista. Nesse patamar, Saviani (2013) reconhece, ainda, a educação para transformar as condições sociais. Assim, segue o Materialismo Histórico-Dialético, sendo esse o principal arcabouço filosófico da Pedagogia Histórico-Crítica:

> Em outros termos, o que eu quero traduzir com a expressão pedagogia histórico-crítica é o empenho em compreender a questão educacional com base no desenvolvimento histórico objetivo. Portanto, a concepção pressuposta nesta visão da pedagogia histórico-crítica é o materialismo histórico dialético, ou seja, a compreensão da história a partir do desenvolvimento material, da determinação das condições materiais da existência humana. (SAVIANI, 2013, p. 76).

Embasado na Pedagogia Histórico-Crítica, o autor segue um caminho dialético que envolve a educação do ponto de vista histórico e social para a construção da consciência crítica. Essa abordagem engloba a possibilidade de compreender a educação escolar tal como ela manifesta-se no presente, mas entendida como resultado de um longo processo de transformações históricas.

Portanto a concepção dessa pedagogia fundamentada em Saviani (2013) tem um contexto político, econômico e social para dar aos educadores alternativas para o conhecimento científico e aos educandos o aprendizado de conteúdos no âmbito das demais áreas do conhecimento. Essas possibilidades são imbuídas de valores sociais, éticos e morais para transformações sociais.

Ainda, a pesquisa está referendada na Política Pública criada por meio da Lei n.º 9.795/1999, que versa sobre as políticas públicas de Educação Ambiental, e do Decreto n.º 6.040/2007, que institui a Política de Desenvolvimento Sustentável dos Povos e Comunidades Tradicionais

(PCT), com base na Resolução n.º 02, de 28 de abril de 2008, que estabelece as Diretrizes Complementares à Educação Básica do Campo. Assim, este estudo propõe a seguinte questão: investigar as políticas públicas de Educação Ambiental, implementadas nas escolas quilombolas de Bom Jesus da Lapa, Bahia, e verificar se estão articuladas à Pedagogia Histórico-Crítica e sustentadas na Base Nacional Comum Curricular.

A fim de alcançar os resultados almejados, destaca-se como objetivo geral da pesquisa: analisar as políticas públicas de Educação Ambiental articuladas à Pedagogia Histórico-Crítica nas escolas quilombolas de Bom Jesus da Lapa, Bahia, e sustentadas na Base Nacional Comum Curricular, com destaque às contradições e às interlocuções subjacentes. Nos desdobramentos, os objetivos específicos pontuados são:

- identificar as condições apresentadas aos gestores e professores para abordar as políticas públicas de EA articuladas à PHC nas escolas quilombolas em Bom Jesus da Lapa, Bahia.
- examinar como as Políticas de Educação Ambiental materializam-se nas escolas quilombolas em Bom Jesus da Lapa e sua interlocução com a BNCC;
- mapear ações sustentáveis desenvolvidas pelas escolas quilombolas pesquisadas, que evidenciam a relação entre a implementação da proposta da PHC e a EA.

O presente estudo está organizado em seis capítulos, além da introdução e das considerações finais. O primeiro capítulo traz a metodologia que conduz à construção deste texto, que se sustenta no Materialismo Histórico-Dialético. Entendemos que esse método permite-nos compreender melhor as contradições existentes na sociedade e em nosso objeto de estudo, além de possibilitar conhecer o objeto para além da aparência. Para tanto, utilizamos o método marxista, a referência metodológica dialética para a análise dos dados que foram coletados por meio de fontes documentais, os questionários no Google Forms, as entrevistas semiestruturadas realizadas com professores, coordenadora pedagógica e técnicos da Secretaria Municipal de Educação e pais de alunos que atuam nas associações.

No segundo capítulo, abordamos as políticas públicas de Educação Ambiental, as legislações educacionais anteriores à BNCC, especialmente a LDB, a DCN, o Plano Municipal de Educação de Bom Jesus da Lapa e o Referencial Curricular Municipal. É oportuno salientar que nesse momento destacamos um breve contexto histórico de Educação Ambiental, desde o início da década de 1970, quando houve uma mobilização acentuada dos movimentos sociais e ambientalistas relacionados às questões do meio ambiente.

No terceiro capítulo, abordamos o surgimento do Estado e algumas das políticas públicas educacionais por ele desenvolvidas. Para isso, foram utilizados estudos com base em teóricos marxistas, fontes para esta pesquisa. Além da concepção sobre o Estado, esse capítulo também apresenta as políticas adotadas pelo Estado brasileiro a partir da década de 1990, com a redefinição de seu papel, passando a funcionar como gerenciador, financiador e avaliador, transferindo responsabilidades para os entes federados, que passam a assumir a execução das políticas públicas, como acontece no município de Bom Jesus da Lapa, Bahia.

No quarto capítulo, falamos sobre o arcabouço legal relativo às Políticas e à Educação Ambiental, assim como das políticas do Plano de Ações Articuladas. Apresentamos, também, as articulações entre a Pedagogia Histórico Crítica e a Base Nacional Comum Curricular. Nesse capítulo são notórias as aproximações da EA e a PHC, sobretudo dos teóricos que defendem essa visão de Educação Ambiental.

No quinto capítulo, discorremos sobre a influência do Movimento Negro Educador, as modificações do termo quilombo até a atualidade e a consolidação da modalidade Educação Escolar Quilombola. Foi importante ressaltar os avanços e retrocessos das Leis n.º 10.639/2003 e n.º 11.645/2008. Salientamos, além disso, outras políticas que estão articuladas como Políticas Nacional de Sustentabilidade dos Povos Tradicionais e com o Decreto n.º 4.887.

No sexto capítulo, apresentamos os resultados da pesquisa por meio de gráficos dos questionários e das entrevistas. Também são expostas as análises dos dados, de modo que são destacadas as contradições inerentes à problemática pesquisada.

Por fim, são apresentadas as considerações finais, que trazem algumas de nossas constatações diante da realidade observada. Com base nas limitações e nas contradições encontradas, apontamos sugestões de intervenções que contribuam para minimizar as fragilidades detectadas e potencializem as ações já desenvolvidas. Ademais, os depoimentos dos sujeitos envolvidos nessa pesquisa revelam que, apesar do desmonte das políticas públicas de Educação Ambiental, as escolas quilombolas resistem e desenvolvem ações importantes, em consonância com os referenciais teórico e metodológico utilizado.

SUMÁRIO

INTRODUÇÃO

A educação ambiental não é neutra, mas ideológica. É um ato político.
(BRASIL, 1992, p. 4)

O presente estudo apresenta o resultado de uma pesquisa no Território de Identidade Velho Chico (TVC), na região Oeste do estado. A pesquisa discute o problema das políticas públicas de Educação Ambiental articuladas à perspectiva pedagógica da Pedagogia Histórico-Crítica (PHC) nas escolas quilombolas do referido município.

Discussões contemporâneas no campo da Educação Ambiental tornam-se cada vez mais necessárias diante dos atuais contextos nacional e mundial. Com a crescente degradação da natureza e suas consequências — como mudanças climáticas, redução da biodiversidade e riscos socioambientais locais e globais —, ampliam-se as necessidades planetárias. E, de forma inusitada, o contexto da pandemia de Covid-19 aumentou essa demanda.

Torna-se urgente uma prática social diferenciada que leve em consideração as populações de regiões do planeta em situações de vulnerabilidade, a exemplo das comunidades tradicionais do campo. No contexto do território de identidade do Velho Chico, banhado pelas águas do importante Rio São Francisco, também degradado, verifica-se a existência de comunidades tradicionais quilombolas que lutam pela sobrevivência diante das limitações do semiárido em um contexto que une os desequilíbrios ambientais às características próprias do particular ecossistema, a caatinga.

Essas comunidades, portanto, necessitam de uma educação fundamentada em ações sustentáveis para a convivência com essa realidade campesina, quilombola e ribeirinha. A Educação Ambiental, enquanto campo de disputas, é de grande importância nesse contexto e requer políticas públicas educacionais que a contemplem. Portanto o tema em estudo é de relevância socioambiental, visto que pode contribuir para o fortalecimento e para a efetivação das políticas públicas que permeiam a Educação Ambiental nesse território de identidade com características tão peculiares.

É importante destacar que este estudo é parte de um projeto de pesquisa mais amplo, denominado Projeto Guarda-Chuva. Ele é desenvolvido pelo grupo de pesquisa Movimentos Sociais, Diversidade e Educação do Campo da Cidade (Gepemdecc), intitulado Políticas Educacionais do Plano de Ações Articuladas (PAR) e a Base Nacional Comum Curricular (BNCC) em municípios da Bahia: desafios e perspectivas, aprovado pelo Comitê de Ética da Universidade Estadual do Sudoeste da Bahia (Uesb), com o Caee n.º 20028619.8.0000.0055, sob o parecer n.º 3.589.766.

Além disso, a pesquisa foi realizada em um município em cujo contexto educacional optou-se pela abordagem da teoria da Pedagogia Histórico-Crítica desde de 2017, assim, tornando latente a necessidade de averiguar na pesquisa: 1) as Políticas de Educação Ambiental no currículo do Campo que contribuem para atender às demandas das comunidades tradicionais quilombolas campesinas; 2) as condições apresentadas para desenvolver a práxis e se a Lei n.º 9.795/99, a Lei n.º 10.639/2003 e a Lei n.º 11.645/2008 proporcionam conhecimentos da realidade concreta aos educandos e educadores e geram processos formativos nas escolas quilombolas, transformando-as em comunidades sustentáveis a partir de um contexto de práticas socioambientais educativas interativas e dialógicas, proporcionadas pelos ambientes em que estão inseridos.

Compete aqui pontuar as contradições e a negação dessas práticas na conjuntura política atual, na qual há, de um lado, uma pequena parte da população com enorme concentração de renda e riqueza, e, do outro, o aumento desmedido das desigualdades sociais e da pobreza, a violação da constituição, a perseguição dos profissionais da educação e as instituições de pesquisa e ensino. Incluímos nesse contexto a incansável tentativa de instituir a "escola sem partido", a divulgação e a disseminação de *fake news,* o desmonte das políticas públicas e o corte de recursos financeiros na educação, na saúde, nas ciências e nas tecnologias.

Destarte, é preciso avaliar: qual é o lugar da diversidade de povos, dos saberes e das culturas e etnias na BNCC? Será preciso enfrentar a BNCC, que busca padronizar um currículo desprovido das diversidades e das diferenças? É importante que haja uma mudança de paradigmas, rupturas epistemológicas e teórica para que haja transformações a fim de transgredir esse currículo eurocêntrico e machista, pautado no racismo estrutural e institucional.

Falamos isso porque a extinção da Secretaria de Educação, Alfabetização, Diversidade e Inclusão (Secadi), por meio do Decreto n.º 9.465, de 2 de janeiro de 2019, constitui-se como um retrocesso no campo dos direitos educacionais e mostra-se como uma medida que vai na contramão do reconhecimento da diversidade, da promoção da equidade e do fortalecimento da inclusão no processo educativo.

Percebemos as mudanças até mesmo em grupos de escolas particulares, que têm se preocupado com as medidas de viés neoliberal tomadas pelo governo federal no período de 2019-2022. Como assegura Guimarães (2018, p. 624), "importa notar, todavia, que não se trata simplesmente de menos Estado, mas de uma determinada configuração de Estado que assegure as condições de (re)produção do capital". Isso demonstra que o intuito é invisibilizar os povos tradicionais e todas as diversidades no campo educacional, consequentemente, da sociedade, para que seja definida uma padronização pela BNCC.

Além disso, tais medidas intensificam o contrassenso dos governantes em montar estratégias contra a população campesina, ribeirinha e quilombola, enfim, a classe trabalhadora. No momento em que a tônica deveria ser de solidariedade humana e de criação de políticas públicas para amenizar essas fragilidades nas áreas da educação, na saúde e nas dimensões sociais, infelizmente assistimos aos governantes expropriarem o cidadão e expulsarem, de forma violenta, os trabalhadores de sua terra. Esses sujeitos eleitos são, ainda, permissivos quanto aos mecanismos que proíbem o desmatamento de florestas e matas, além de serem indiferentes ao aumento alarmante de incêndios florestais.

A respeito disso convém ressaltar que somente nas décadas de 1970-1990, com a intensa mobilização dos movimentos sociais, por meio de lutas e protestos contra o regime militar, houve várias reinvindicações por direito à educação do campo e igualdade de condições. Essas manifestações agregaram várias pautas do negro, do índio, das feministas e dos homossexuais, pelo combate às múltiplas formas de repressão, preconceitos e estigmas que justificam esses conflitos que inferiorizam os grupos citados.

Segundo Layrargues e Lima (2014), a Educação Ambiental, compreendida como um universo pedagógico multidimensional, cujas relações estabelecem-se entre indivíduo, sociedade, educação e natureza, figura nesse cenário como um dispositivo importante. Conforme apontam esses mesmos autores, em sua vertente crítica, busca o enfrentamento político das desigualdades e da injustiça socioambiental, tendo como conceitos norteadores de sua práxis: cidadania, democracia, participação, emancipação, justiça ambiental e transformação social.

Assim, a Educação Ambiental salienta a importância dos movimentos sociais e sindicais e as articulações na construção de leis educacionais e políticas que garantam qualidade de vida dos povos. Não há como vislumbrar qualidade de vida e sustentabilidade no campo ou na cidade em que não esteja presente a Educação Ambiental no contexto escolar em sua tríade *currículo, gestão democrática e espaço físico*. Historicamente, a Educação Ambiental sempre foi uma bandeira de luta dos movimentos sociais, que só ganhou notoriedade no Brasil na década de 1990.

Nesse processo, Leff (2000) versa que a dialética compreende a práxis do ser humano como um ser social e histórico nos contextos econômicos e culturais. Para ele, a dialética apresenta-se nas análises da realidade orientada a transformar a natureza e a vida em sociedade pela vontade humana. Ela proporciona as bases para uma interpretação da realidade que se aproxima de um mundo concreto, construído pelas relações sociais e que tem espaço e tempo em constante transformação.

Desse modo, a dialética extrapola as questões ambientais atuais no sistema capitalista. Nesse patamar, Saviani (2013) reconhece, ainda, a educação para transformar as condições sociais. Assim, segue o Materialismo Histórico-Dialético, sendo esse o principal arcabouço filosófico da Pedagogia Histórico-Crítica:

> Em outros termos, o que eu quero traduzir com a expressão pedagogia histórico-crítica é o empenho em compreender a questão educacional com base no desenvolvimento histórico objetivo. Portanto, a concepção pressuposta nesta visão da pedagogia histórico-crítica é o materialismo histórico dialético, ou seja, a compreensão da história a partir do desenvolvimento material, da determinação das condições materiais da existência humana. (SAVIANI, 2013, p. 76).

Embasado na Pedagogia Histórico-Crítica, o autor segue um caminho dialético que envolve a educação dos pontos de vista histórico e social para a construção da consciência crítica. Essa abordagem engloba a possibilidade de compreender a educação escolar tal como ela manifesta-se no presente, mas entendida como resultado de um longo processo de transformações históricas.

Portanto a concepção dessa pedagogia fundamentada em Saviani (2013) tem um contexto político, econômico e social para dar aos educadores alternativas para o conhecimento científico e aos educandos o aprendizado de conteúdos no âmbito das demais áreas do conhecimento. Essas possibilidades são imbuídas de valores sociais, éticos e morais para transformações sociais.

A pesquisa está referendada ainda na política pública criada por meio da Lei n.º 9.795/1999, que versa sobre as políticas públicas de Educação

Ambiental, e do Decreto n.º 6.040/2007, que institui a Política de Desenvolvimento Sustentável dos Povos e Comunidades Tradicionais (PCT), com base na Resolução n.º 02, de 28 de abril de 2008, que estabelece as Diretrizes Complementares à Educação Básica do Campo. Assim, este estudo propõe a seguinte questão: investigar as políticas públicas de Educação Ambiental implementadas nas escolas quilombolas de Bom Jesus da Lapa, Bahia, e verificar se estão articuladas à Pedagogia Histórico-Crítica e sustentadas na Base Nacional Comum Curricular.

A fim de alcançar os resultados almejados, destacamos como objetivo geral da pesquisa: analisar as políticas públicas de Educação Ambiental articuladas à Pedagogia Histórico-Crítica nas escolas quilombolas de Bom Jesus da Lapa, Bahia, e sustentadas na Base Nacional Comum Curricular, com destaque às contradições e às interlocuções subjacentes. Nos desdobramentos, os objetivos específicos pontuados são:

- identificar as condições apresentadas aos gestores e professores para abordar as políticas públicas de EA articuladas à PHC nas escolas quilombolas em Bom Jesus da Lapa, Bahia;
- examinar como as Políticas de Educação Ambiental materializam-se nas escolas quilombolas em Bom Jesus da Lapa e sua interlocução com a BNCC;
- mapear ações sustentáveis desenvolvidas pelas escolas quilombolas pesquisadas, que evidenciam a relação entre a implementação da proposta da PHC e a EA.

O presente estudo está organizado em seis capítulos, além da introdução e das considerações finais. O primeiro capítulo apresenta a metodologia que conduz à construção deste texto, que se sustenta no Materialismo Histórico-Dialético. Entendemos que esse método permite-nos compreender melhor as contradições existentes na sociedade e em nosso objeto de estudo, além de possibilitar conhecer o objeto para além da aparência. Para tanto, utilizamos o método marxista, a referência metodológica dialética para a análise dos dados que foram coletados por meio de fontes documentais, os questionários no Google Forms, as entrevistas semiestruturadas realizadas com professores, coordenadora pedagógica e técnicos da Secretaria Municipal de Educação, além de pais de alunos que atuam nas associações.

No segundo capítulo abordamos as políticas públicas de Educação Ambiental, as legislações educacionais anteriores à BNCC, especialmente a LDB, a DCN, o Plano Municipal de Educação de Bom Jesus da Lapa e o Referencial Curricular Municipal. É oportuno salientar que nesse momento destacamos um breve contexto histórico de Educação Ambiental, desde o início da década de 1970, quando houve uma mobilização acentuada dos movimentos sociais e ambientalistas relacionados às questões do meio ambiente.

No terceiro capítulo falamos do surgimento do Estado e algumas das políticas públicas educacionais por ele desenvolvidas. Para isso foram utilizados estudos com base em teóricos marxistas, fontes para esta pesquisa. Além da concepção sobre o Estado, este capítulo também apresenta as políticas adotadas pelo Estado brasileiro, a partir da década de 1990, com a redefinição de seu papel, passando a funcionar como gerenciador, financiador e avaliador, transferindo responsabilidades para os entes federados que passam a assumir a execução das políticas públicas, como acontece no município de Bom Jesus da Lapa, Bahia.

No quarto capítulo tratamos do arcabouço legal relativo às Políticas e Educação Ambiental, assim como das políticas do Plano de Ações Articuladas. Apresentamos também as articulações entre a Pedagogia Histórico Crítica e a Base Nacional Comum Curricular. Nesse capítulo são notórias as aproximações da EA e a PHC, sobretudo dos teóricos que defendem a visão de Educação Ambiental.

No quinto capítulo discorremos sobre a influência do Movimento Negro Educador, as modificações do termo quilombo até a atualidade e a consolidação da modalidade Educação Escolar Quilombola. Foi importante ressaltar os avanços e os retrocessos das Leis n.º 10.639/2003 e n.º 11.645/2008. Salientamos, além disso, outras políticas que estão articuladas como Políticas Nacional de Sustentabilidade dos Povos Tradicionais e com o Decreto n.º 4.887.

No sexto capítulo apresentamos os resultados da pesquisa por meio de gráficos dos questionários e das entrevistas. Também são expostas as análises dos dados, de modo que são destacadas as contradições inerentes à problemática pesquisada.

Por fim, são apresentadas as considerações finais, que trazem algumas de nossas constatações diante da realidade observada. Com base nas limitações e nas contradições encontradas, apontamos sugestões de intervenções que contribuam para minimizar as fragilidades detectadas e potencializem as ações já desenvolvidas. Ademais, os depoimentos dos sujeitos envolvidos nessa pesquisa revelam que, apesar do desmonte das políticas públicas de Educação Ambiental, as escolas quilombolas resistem e desenvolvem ações importantes, em consonância com os referenciais teórico e metodológico utilizado.

1

ABORDAGEM METODOLÓGICA: MATERIALISMO HISTÓRICO-DIALÉTICO

A educação é um direito de todos; somos todos aprendizes e educadores.
(BRASIL, 1992, p. 2)

Este capítulo tem como princípio basilar apresentar o referencial teórico-metodológico que direciona nossa pesquisa. Partindo da conceituação do método, discorremos sobre o método histórico-dialético e as categorias centrais da dialética. Ainda neste capítulo, apresentamos os procedimentos metodológicos escolhidos para operacionalizar a investigação, bem como os sujeitos, os instrumentos de coleta de dados e as categorias de análise.

Para Saviani (2013 p. 120), discutir o método na perspectiva dialética é fundamental para compreender a sua totalidade:

> Nele explicita-se o movimento do conhecimento como a passagem do empírico ao concreto, pela mediação do abstrato. Ou a passagem da síncrese à síntese, pela mediação da análise. Procurei, de algum modo, compreender o método pedagógico com base nesses pressupostos.

Podemos identificar na citação a profícua articulação teórica do método de Marx com a Pedagogia Histórico-Crítica. E essa aproximação não se dá apenas nas elaborações gerais, ela sempre acompanha os fundamentos como mediação e síntese da concreticidade. O procedimento de Marx é abordado por Saviani em sua elaboração do método de ensino, conforme ele próprio registrou. Dessa forma, nossa pesquisa será orientada pela metodologia do Materialismo Histórico-Dialético, que contribui para a compreensão da essência da realidade, a qual está para além da aparência, partindo da historicidade, do todo, da totalidade, do global para o específico.

Alguns teóricos destacam-se nessa discussão metodológica: Marx (2011), Kosik (1976), Cheptulin (2004), Konder (2011), José Paulo Netto (2011), Minayo (1994), entre outros. Para Kosik (1997), seguindo os pressupostos de Marx, é necessário sair do mundo da aparência e fazer uma investigação minuciosa, partindo da análise das múltiplas determinações (partes que compõem o todo), que constitui a totalidade.

O método Materialismo Histórico-Dialético (MHD) compreende a realidade concreta em que os sujeitos estão imbricados materialmente. Portanto, nesta pesquisa, apropriamo-nos das seguintes categorias de análises da dialética: totalidade, contradição, mediação, práxis e trabalho como princípio educativo. Isso se deve a elas versarem sobre a necessidade da compreensão das múltiplas determinações que envolvem o nosso objeto de análise no contexto histórico investigado.

Pesquisar políticas públicas educacionais com foco na Educação Ambiental é investigar um contexto permeado de contradições.

> A educação é vista como mediação no interior da prática social global. A prática é o ponto de partida e o ponto de chegada. Essa mediação explicita-se por meio daqueles três momentos que no texto chamei de Problematização, instrumentação e catarse. Assinalo também que isso corresponde, no processo pedagógico, ao movimento que se dá, no processo do conhecimento, em que se passa da síncrese à síntese pela mediação da análise, ou, dizendo de outro modo, passa-se do empírico ao concreto pela mediação do abstrato. (SAVIANI, 2011a, p. 120-121).

A teoria ajuda-nos fornecendo importantes indicações. Em relação à totalidade, por exemplo, a teoria dialética recomenda que prestemos atenção ao "recheio" de cada síntese, quer dizer, às contradições e às mediações concretas que a síntese encerra (KONDER, 2011, p. 21). Na investigação científica da realidade, as contradições e as mediações permitem decompor e compor o objeto estudado, proporcionando o movimento e a construção de conhecimento que servirá de ponto de partida e de chegada.

O trabalho é a categoria fundante do ser social (LUKÁCS, 1978). Entendermos como se dá a relação dialética da ação humana com a natureza é fundamental para a compreensão do desenvolvimento social da natureza humana. Por isso discutimos como a ação transformadora do ser humano sobre a natureza constituiu, ao longo da história, as condições para o desenvolvimento social coletivo do conjunto dos seres humanos e como o resultado dessa ação transformadora propiciou o acúmulo de cultura, algo específico de nossa espécie.

Como buscamos a compreensão do método próprio de análise dessa teoria marxista, o método histórico-dialético tem como categoria central a totalidade e opera desvelando o movimento do real para além de suas aparências imediatas (KOSIK, 1995). Com isso, abarca os fenômenos em suas contradições e múltiplas determinações, de modo que as investigações ocorrem em um movimento dialético de sucessivas aproximações (MARX, 2011).

Para Konder (2011, p. 17), na "dialética marxista, o conhecimento é totalizante e a atividade humana, em geral, é um processo de totalização, que nunca alcança uma etapa definitiva e acabada." Como o movimento do real é histórico, não há possibilidades objetivas de desvelar o real em sua plenitude, por isso é necessário saturar ao máximo determinações possíveis a cada nova aproximação. Quanto mais procedermos dessa forma, mais próximos chegamos do real concreto como síntese de múltiplas determinações (MARX, 2011). É desse movimento que trata a dialética materialista e é por meio dele que pretendemos desvelar o real.

Nesse sentido, o Materialismo Histórico-Dialético (MHD) é um método científico que explica de forma aprofundada as revoluções que ocorreram na história para que a burguesia estabelecesse-se como classe representante dos ideários capitalistas, por meio da exploração do que é produzido pela humanidade, e indica como a classe trabalhadora será capaz de apropriar-se do que é seu por direito.

De acordo com Marx (1992, p. 11),

> [...] o método de se elevar do abstrato ao concreto é apenas a maneira de proceder do pensamento para se apropriar do concreto, reproduzi-lo como concreto espiritual. Mas de modo nenhum este é o processo de surgimento do próprio concreto [...] também no método teórico, por isso, o sujeito, a sociedade, deve figurar sempre como pressuposto.

No MHD, a construção do conhecimento implica a representação de um processo que parte do todo para as partes, e isso requer do pesquisador um distanciamento do objeto ou fenômeno de investigação. Com Marx, o método dialético demonstra que os objetos não se desenvolvem de forma isolada, mas em ligação indissolúvel e em uma unidade com os outros objetos e fenômenos. A natureza é um todo inter-relacionado e único, sendo que a base do materialismo dialético é a matéria, a consciência e a práxis, que se tornam eficazes dentro da análise dos conteúdos sociais (BORNHEIM, 1983).

Para a construção do conhecimento a respeito das políticas públicas em Educação Ambiental articuladas à Pedagogia Histórico-Crítica fizemos uma pesquisa empírica em 10 escolas quilombolas em Bom Jesus da Lapa, no Território de Identidade Velho Chico (TVC), que será de abordagem qualitativa, que, segundo Minayo (1994, p. 21-22), "responde a questões muito particulares. Ela se preocupa, nas ciências sociais, com um nível de realidade que não pode ser quantificado", e amplia a compreensão e a interpretação do fenômeno estudado e suas questões peculiares. Dessa forma, foi adotado o Método Dialético, "para conhecer realmente um objeto é preciso estudá-lo em todos os seus aspectos, relações e conexões" (Gil, 1995, p. 31). Essa ação possibilita ao pesquisador perceber as nuances que a pesquisa quantitativa não contempla.

Os teóricos supracitados caminham na mesma direção do pensamento de Kosik (1997, p. 14), que afirma que "a dialética não atinge o pensamento de fora para dentro, nem de imediato, nem tampouco constitui uma de suas qualidades; [...] o conhecimento é a decomposição do todo". Isso significa que esse método disseca o objeto à sua exaustão.

Para o autor, "Contribuição à crítica da economia política", texto introdutório de *O capital* (1968), talvez seja o texto de Marx que mais se aproxima de uma sistematização do método. Diante das colocações feitas, entendemos que compreender o método é instrumentalizar-se para o conhecimento da realidade, no caso, a realidade educacional que estamos aqui investigando.

Como um primeiro passo para poder apreender as características do método, Pires (1997, p. 87) sugere a seguinte caracterização:

> O método materialista histórico-dialético caracteriza-se pelo movimento do pensamento através da materialidade histórica da vida dos homens em sociedade, isto é, trata-se de descobrir (pelo movimento do pensamento) as leis fundamentais que definem a forma organizativa dos homens durante a história da humanidade.

A mesma autora frisa que o princípio da contradição, presente nessa lógica, indica que, para pensar a realidade, é possível aceitar a contradição, caminhar por ela e apreender o que dela é essencial. Nesse caminho lógico, é necessário partir do empírico (a realidade dada, o real aparente, o objeto assim como se apresenta no primeiro contato), refletindo sobre essa realidade, pelo do movimento do pensamento e por meio de abstrações (elaborações do pensamento, reflexões, teoria), para chegar ao concreto, que é a compreensão mais elaborada do que há de essencial no objeto, concreto pensado. "Assim, a diferença entre o empírico (real aparente) e o concreto (real pensado) são as abstrações (reflexões) do pensamento que tornam mais completa a realidade observada" (PIRES, 1997, p. 87).

Uma grande contribuição do método para os educadores, como auxílio na tarefa de compreender o fenômeno educativo, diz respeito à necessidade lógica de descobrir nos fenômenos a categoria mais simples (o empírico) para se chegar à categoria-síntese de múltiplas determinações (concreto pensado). Isso significa dizer que a análise do fenômeno educacional em estudo pode ser empreendida quando conseguimos descobrir sua mais simples manifestação para que, ao nos debruçarmos sobre ela, elaborando abstrações, compreendamos plenamente o fenômeno observado. Para Marx (1968), nas análises econômicas de *O capital*, a categoria simples (empírica) foi a mercadoria, da qual foi possível, diante das abstrações, compreender a economia capitalista.

1.1 Procedimentos e coletas de dados

Inicialmente, o procedimento de coleta de dados compreendeu um levantamento de teses e dissertações na plataforma da Coordenação de Aperfeiçoamento de Pessoal de Nível Superior (Capes) e do Instituto Brasileiro de Informação em Ciência e Tecnologia (Ibict) sobre a temática. Em seguida, realizamos também análise das principais legislações concernentes à temática de Educação Ambiental e aos temas correlacionados com a pesquisa, por exemplo, Pedagogia Histórico-Crítica, resoluções, documentos como o Plano Municipal de Educação (PME) e o Projeto Político-Pedagógico (PPP), e Programas de Educação Ambiental adotados pelo município de Bom Jesus da Lapa nas 10 escolas envolvidas na pesquisa científica.

A investigação tem como técnica norteadora a pesquisa bibliográfica de cunho exploratório. Minayo (1994, p. 32-33) ressalta que

> [...] a fase bibliográfica exploratória é disciplinada, crítica e ampla. É disciplinada porque devemos ter uma prática sistemática. Crítica porque devemos estabelecer um diálogo reflexivo entre a teoria e o objeto de investigação por nós escolhido. É amplo porque deve dar conta do "estado" do conhecimento atual sobre o problema.

Convém salientar que a fase de revisão de literatura permite ao pesquisador ter um contato direto e constante com os teóricos que versam sobre o objeto da pesquisa. Esse momento permite-lhe construir seu referencial teórico e os pressupostos filosóficos de sua investigação, já que o contato prolongado com as leituras auxilia na compreensão do tema.

Consideramos a concepção metodológica do MHD a mais viável para esta pesquisa. Ela faz-nos realmente perceber como a teoria educacional desenvolvida pela Pedagogia Histórico-Crítica, inicialmente elaborada pelo professor Dermeval Saviani, tornou-se uma construção coletiva e vem se fortalecendo cada vez mais no âmbito da Educação.

Para identificar essas nuances realizaremos a coleta de dados com entrevistas e questionário com os sujeitos envolvidos. Segundo Gil (2002), o questionário e a entrevista possibilitam o fornecimento de informações, em face do ponto de vista do participante, sobre o que ele sabe, deseja, faz ou fez, envolvendo suas razões e explicações para os fenômenos ou experiências.

Quanto ao recorte temporal da pesquisa foram considerados o período de 2015 a 2021. Esse recorte temporal justifica-se porque, na trajetória da política de Educação Ambiental (EA) do sistema municipal de ensino de Bom Jesus da Lapa, o ano de 2015 representa um marco. Nesse ano houve o início de mobilizações e articulações da política pública de EA nas esferas federais, estaduais e municipais, demandadas pelo Ministério Público Estadual, quando, em 9 de março, notificou novamente o município, bem como as Secretarias de Educação e de Meio Ambiente, sobre a transversalidade e, também, a implementação da EA em todas as escolas municipais, desde a educação infantil, passando pelo ensino fundamental (anos iniciais e finais) e incluindo a modalidade de Educação de Jovens e Adultos (EJA).

Nesse período, a Secretaria Municipal de Educação (Semed) estava, até então, sem uma Coordenação Pedagógica de EA na rede municipal de ensino. A partir desse momento, o município, por intermédio dos representantes da gestão municipal e das secretarias de Educação e Meio Ambiente, assinou o Termo de Ajuste de Conduta (TAC), com uma série de recomendações.

Como atuávamos diretamente em escolas do campo exercendo a função de coordenadoras pedagógicas de rede na educação básica no município pesquisado, frequentemente deparávamo-nos com situações de como deve ser a práxis da EA no campo. Assim, pretendemos desvelar as contribuições das políticas públicas de Educação Ambiental no Campo, articuladas com a Pedagogia Histórico-Crítica nas 10 escolas em comunidades quilombolas em Bom Jesus da Lapa. Os sujeitos da pesquisa estão apresentados na Tabela 1.

Tabela 1 – Quantidade de sujeitos pesquisados

Secretário municipal de Educação	1
Gestor	10
Coordenador pedagógico	10
Professores/Professoras	10
Técnicos pedagógicos	3
Pais da Associação	5

Fonte: elaborada pelas autoras (2020)

1.2 INSTRUMENTOS DE COLETA DOS DADOS

A interpretação de dados assenta-se na aplicação de técnicas que permitam uma percepção mais completa e profunda de uma realidade mais limitada e objetiva. São duas etapas estreitamente inter-relacionadas, referentes à relação interpretativa entre os dados.

Para a coleta de dados da análise documental selecionamos resoluções, portarias, planejamentos e materiais impressos presentes nas escolas. Na segunda etapa foi realizada a coleta de dados por meio de questionários on-line, elaborados no Google Forms nas escolas quilombolas do campo do município de Bom Jesus da Lapa, Bahia (BA). Por fim, realizamos a entrevista semiestruturada com cinco sujeitos.

Segundo Triviños (2007, p. 138), "esses instrumentos são um suporte importante para o investigador, que considera a participação do sujeito como um dos elementos de fazer científico". Essas técnicas permitem ao investigador fazer anotações minuciosas na pesquisa de campo e, ao mesmo tempo, ser um observador atento aos gestos e a outras nuances que a pesquisa quantitativa não favorece. O questionário, segundo Gil (2002, p. 128), pode ser definido "como a técnica de investigação composta por um número mais ou menos elevado de questões apresentadas por escrito às pessoas, tendo por objetivo o conhecimento de opiniões, crenças, sentimentos, interesses, expectativas, situações vivenciadas etc.".

Num segundo momento, utilizamos a entrevista semiestruturada para melhor aprofundamento e problematização da pesquisa. Para Triviños (2007, p. 146),

> [...] a entrevista semiestruturada é um dos principais meios para o pesquisador realizar a coleta de dados, pois ao mesmo

> tempo em que valoriza a presença do investigador, oferece todas as perspectivas possíveis para que o informante alcance a liberdade e a espontaneidade necessárias, enriquecendo a investigação.

Esse instrumento possibilita-nos realizar um entrelaçamento da teoria com os dados de uma realidade específica. Ademais, o método materialista dialético, conforme disposto por Marx (2011), não ignora a relação existente entre sujeito investigador e objeto investigado. Ocorre que, para o método em questão, o sujeito investigador tem um papel essencialmente ativo na pesquisa, pois é ele quem deve manejar um conjunto de abstrações de ordem superior, que se configura como instrumento de pesquisa essencial para a análise teórica do objeto em questão.

Nessa perspectiva, de posse das informações coletadas, realizamos a transcrição das entrevistas, de modo que sejam mantidas as transcrições, sem ajustes, de acordo com a norma culta. Posteriormente, passamos à análise do material apresentado, cuja investigação pautou-se no que propõe o método de análise do materialismo histórico-dialético.

1.3 CARACTERIZAÇÃO DOS PARTICIPANTES DA PESQUISA

Os dados apresentados e analisados foram embasados em 20 questionários preenchidos por professores e por coordenadores. Além disso, realizamos cinco entrevistas com técnicos da Secretaria Municipal de Educação.

Esses dados referem-se às características dos professores e coordenadores que atuam na rede municipal de ensino fundamental da educação básica, na modalidade de Educação Quilombola nas 10 escolas do município de Bom Jesus da Lapa. Conforme Nosella (2008, p. 255), sustentado no pensamento de Gramsci (1975, p. 855):

> Deve-se buscar a base científica da moral na afirmação de que a sociedade não se propõe problemas para cuja solução não existam as condições, no sentido de que, quando estas existem, a solução daqueles se torna "dever" e a vontade de resolvê-los se torna "livre". A ética, portanto, é uma investigação sobre as condições necessárias para a liberdade de querer algo num certo sentido, em direção de um determinado fim.

A citação está congruente com a pesquisa em questão, pois ela ampara-se em uma perspectiva histórico-dialógica que discute problemas materiais da realidade objetiva. Portanto essa abordagem dá suporte para a análise das políticas públicas de Educação Ambiental articuladas à Pedagogia Histórico-Crítica nas escolas quilombolas em Bom Jesus da Lapa, pautada em conhecimentos científicos, teóricos e éticos da investigação.

A sociedade moderna atual tem grande facilidade para acessar as informações e os dados estatísticos mediante recursos midiáticos e tecnológicos. Assim, estamos envolvidos em uma crise de caráter não só científico ou técnico, mas também ético. O termo *ética* tem origem grega, *ethos*, e diz respeito ao caráter e ao modo de ser de uma pessoa, à conduta e às atitudes. Tem uma relação restrita com os princípios morais, que, por sua vez, regulam e direcionam a investigação. Sem um direcionamento ético, esse processo pode ser contestado por não existir critérios, parâmetros ou regras. Seguir os princípios éticos promove um equilíbrio na sociedade, acompanhado do intuito de não prejudicar ninguém.

Do nosso ponto de vista há uma divergência na atualidade na sociedade capitalista, decorrente da contradição e da negação entre informações falsas ou fontes desconhecidas ou não confiáveis. Por isso é importante usar as informações e os dados de forma criteriosa, com cuidado, principalmente na pesquisa científica. Nesta era de informação errada ou distorcida, ou seja, na era das *fake news*, é sempre interessante buscar a verdade.

Nesse aspecto, a pesquisa científica, de acordo com a Resolução do Conselho Nacional de Saúde (CNS) n.º 466/2012, deve considerar que

> [...] o progresso da ciência e da tecnologia, que desvendou outra percepção da vida, dos modos de vida, com reflexos não apenas na concepção e no prolongamento da vida humana, como nos hábitos, na cultura, no comportamento do ser humano nos meios reais e virtuais disponíveis e que se alteram e inovam em ritmo acelerado e contínuo; Considerar o progresso da ciência e da tecnologia, que deve implicar em benefícios, atuais e potenciais para o ser humano, para a comunidade na qual está inserido e para a sociedade, nacional e universal, possibilitando a promoção do bem-estar e da qualidade de vida e promovendo a defesa e preservação do meio ambiente, para as presentes e futuras gerações; Considerando as questões de ordem ética suscitadas pelo progresso e pelo avanço da ciência e da tecnologia, enraizados em todas as áreas do conhecimento humano. (BRASIL, 2012c, p. 1).

Desse modo, dentro do processo de pesquisa, os princípios éticos não podem ser negligenciados. O pesquisador deve ter em mente que, mais do que uma fonte, os informantes (sujeitos) ou colaboradores são seres humanos e devem ser respeitados em suas individualidades e especificidades e que a pesquisa deve ter como objetivo a promoção do bem-estar e da qualidade de vida.

No tocante à ética, a Resolução do CNS n.º 510/2016 considera:

> A ética é uma construção humana, portanto histórica, social e cultural; Considerando que a ética em pesquisa implica o respeito pela dignidade humana e a proteção devida aos participantes das pesquisas científicas envolvendo seres humanos; Considerando que o agir ético do pesquisador demanda ação consciente e livre do participante; Considerando que a pesquisa em ciências humanas e sociais exige respeito e garantia do pleno exercício dos direitos dos participantes, devendo ser concebida, avaliada e realizada de modo a prever e evitar possíveis danos aos participantes. (BRASIL, 2016, p. 1).

É importante destacar que foi a primeira norma brasileira voltada para a especificidade dessa área. A Resolução n.º 510, de 7 de abril de 2016, do CNS, homologada pelo ministro da Saúde, trata das especificidades éticas das pesquisas nas Ciências Humanas e Sociais e em outras que se utilizam de metodologias próprias dessas áreas.

Esta pesquisa tratou os dados coletados na pesquisa com ética, respeito e com o consentimento dos informantes e colaboradores da investigação nas escolas pesquisadas em Bom Jesus da Lapa. Ressaltamos que utilizaremos nomes fictícios para denominar os participantes, com o objetivo de preservar a integridade e o sigilo das identidades.

Porém em uma pesquisa não basta somente justificativa, um problema para ser pesquisado e a definição de um objetivo a ser alcançado. Ao desenvolver uma investigação, precisamos tomar as decisões éticas com um procedimento metodológico. Isso é muito mais do que um dever, pois cada vez mais os pesquisadores estão tendo consciência do rigor científico. Assim, a pesquisa deve ocorrer sem perder de vista os cuidados éticos, respeitando as opiniões e preservando as identidades dos informantes (sujeitos).

A participação dos entrevistados ocorreu em comum acordo, com a assinatura o Termo de Consentimento Livre Esclarecido (TCLE), apresentado no início do questionário, enviado e estruturado, como relatado, pela plataforma Google Forms. Essa foi a alternativa encontrada à época, já que estávamos no período pandêmico da Covid-19. Os questionários aplicados com questões referentes às políticas públicas de Educação Ambiental na formação inicial e continuada do professor em serviço trouxeram à tona a realidade que será discutida neste estudo.

O período de aplicação dos questionários ocorreu entre os meses de dezembro de 2020 e março de 2021. Todos responderam ao questionário. Aqui é importante mencionar que na Escola São Francisco há uma professora unidocente há 22 anos. Para conhecer melhor os sujeitos da pesquisa, propomos algumas perguntas pessoais, como sexo, formação inicial e continuada dos sujeitos participantes etc.

A seguir, apresentaremos o perfil dos informantes da pesquisa por meio de gráficos relacionados às questões específicas sobre sexo, faixa etária, formação, entre outros aspectos. Comecemos pelo Gráfico 1, que expõe informações sobre o sexo dos colaboradores.

Gráfico 1 – Sexo dos entrevistados

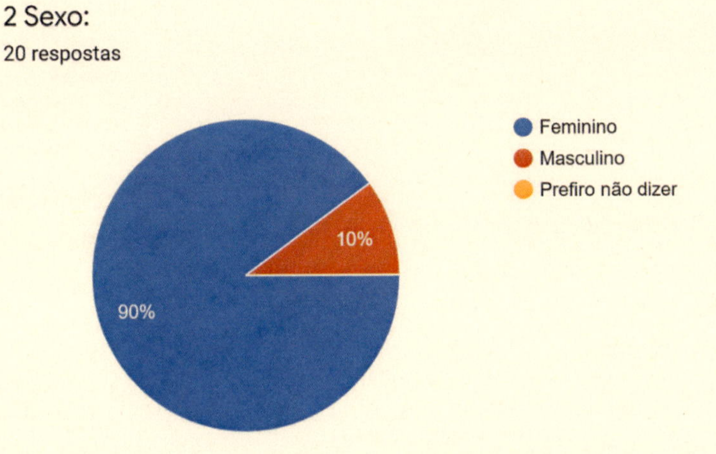

Fonte: autoras - dados da pesquisa (2021)

No Gráfico 1, dá-se a apresentação dos sujeitos mediante o sexo. Notamos que 90% desse universo era do sexo feminino. Rabelo e Martins (2006, p. 61-67) chamam o magistério de "gueto" profissional feminino. Essa força feminina no campo também é observada por Reis (2016, p. 205) quando a autora salienta: "Os modos de ler e escrever dessas mulheres foram percebidos por meio de práticas sociais de leitura e escrita, em espaços como a residência, o Movimento de Mulheres Camponesas e outros grupos sociais a que pertencem". Assim, o Gráfico 1 demonstra a influência e a presença do sexo feminino na educação nas escolas quilombolas de Bom Jesus da Lapa.

Os professores e coordenadores foram sugeridos como participantes da pesquisa porque é fundamental ouvir a opinião da equipe pedagógica. Além disso, têm conhecimentos em torno das políticas públicas de Educação Ambiental, que são apresentadas pelos entes federados nas esferas nacional, estadual e municipal.

O número de professores justifica-se porque a maioria dos docentes das comunidades quilombolas do campo são contratados, e no período de pandemia da Covid-19 eles foram demitidos. Assim, naquele momento, as referidas escolas estavam com o quantitativo mínimo de professores efetivos. Há escolas que só tinham o gestor e o coordenador pedagógico trabalhando.

Segue a Tabela 2, que tem a relação das escolas e a quantidade de profissionais presentes.

Tabela 2 – Relação das escolas quilombolas e o respectivo número de professores

	ESCOLAS	**N.º de docentes**
01	Escola M. Quilombola Araçá Cariacá	06
02	Escola Quilombola Santa Rita	08
03	Escola Quilombola Nossa Senhora da Conceição	09
04	Escola Quilombola Josina Maria da Conceição	05
05	Escola M. Quilombola Emiliano Joaquim Vilaça	08
06	Escola M. Elgino Nunes de Souza	07
07	Escola Municipal Francisco Xavier	07
08	Escola Municipal Claudemira Rufina dos Santos	09
09	Escola M. São Francisco	01
10	Escola M. José Santana	05
	Total	**65**

Fonte: elaborada pelas autoras (2021)

É mister salientar a importância da formação acadêmica para melhor atuar e, até mesmo, para acompanhar as mudanças da profissão docente, que são inúmeras no contexto histórico de cada período. Assim, no Gráfico 2 apresentamos a faixa etária dos sujeitos que contribuíram com a pesquisa.

Gráfico 2 – Faixa etária

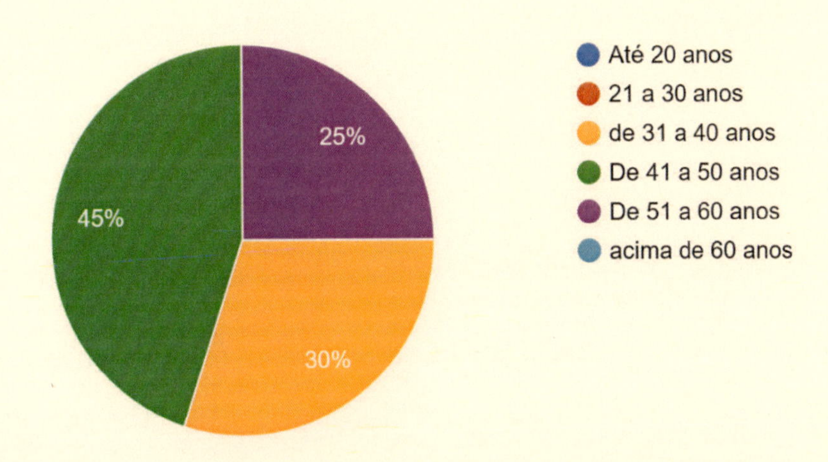

Fonte: dados da pesquisa (2021)

No que diz respeito a essa questão, todos os sujeitos participantes da pesquisa responderam ao questionário. O que chama a atenção no gráfico é a quantidade de profissionais com idade entre 41 e 50 anos, seguido dos que tinham de 51 a 60 anos. Isso demonstra que esses sujeitos já se encontravam no limite de suas carreiras. No que se refere a esses últimos, muitos deles já não tinham mais disposição suficiente para enfrentar os desafios advindos da profissão, sobretudo nas duas últimas faixas etárias citadas. O gráfico demonstra que 25% dos professores e coordenadores estavam na faixa etária de 51 a 60 anos e os outros 30% na de 31 a 40 anos.

Além disso, observamos uma rotatividade de professores nas comunidades quilombolas, já que a maioria dos contratos é temporária, sendo os profissionais selecionados indicados por representantes políticos. Notamos, assim, uma precarização do trabalho docente, com uma carga horária de 40 horas, mas um salário de 20 horas e a possibilidade de poderem perder o vínculo a qualquer momento, sem nenhuma garantia de direitos.

Gráfico 3 – Formação acadêmica

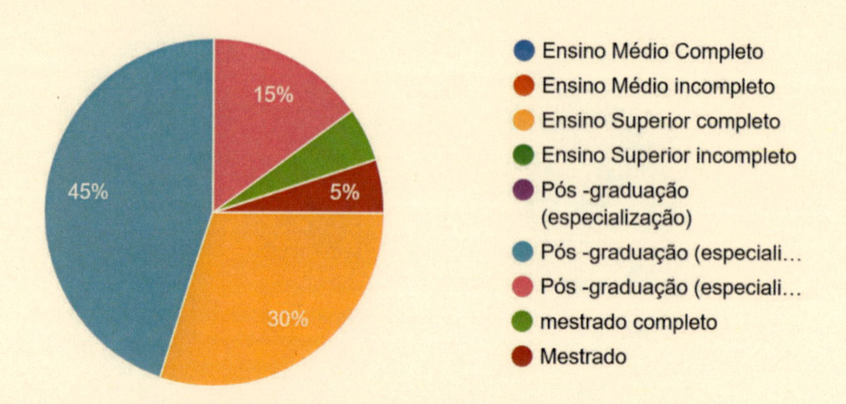

Fonte: dados da pesquisa. Elaborado pela autora (2021)

No quesito formação acadêmica, 30% tinham somente ensino superior completo. Por outro lado, 45% dos professores e coordenadores participantes tinham especialização e apenas 5% mestrado. Com esses dados, percebemos que é preciso avançar na dimensão formação de professores, pois 15% já tinham especialização e apenas 5% mestrado. Desse quantitativo, somente uma pessoa havia cursado o mestrado em universidade pública.

Diante desse resultado, Carvalho (2016, p. 2) assegura que

> [...] pensar a formação de professores que atuam em comunidades específicas é importante não apenas para melhorar a ação profissional, mas a formação do professor como um todo, uma vez que cada contexto histórico social possui suas especificidades, e o profissional que adentrar a essas áreas para realizar o seu trabalho enquanto docente necessita de conhecimentos específicos para atuar de forma coerente com o seu contexto histórico.

As práticas educativa e social do professor estão intimamente relacionada à sua formação continuada. Outro elemento apontado é o tempo de serviço no magistério, conforme demonstra o Gráfico 4.

Gráfico 4 – Tempo de serviço no atual local de trabalho

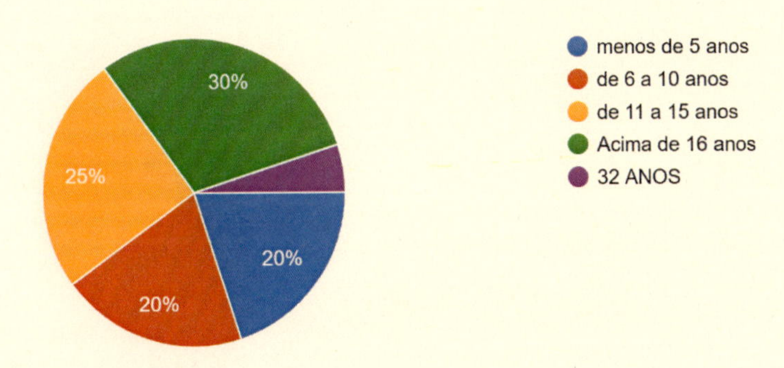

Fonte: dados da pesquisa. Elaborado pela autora (2021)

O Gráfico 4 demonstra que 25% dos informantes tinham de 11 a 15 anos de trabalho, 30% acima de 16 anos, 20% menos que 5 anos de serviço, 20% de 6 a 10 anos, e 5% tinham 33 anos de serviço.

Gráfico 5 – Função na escola

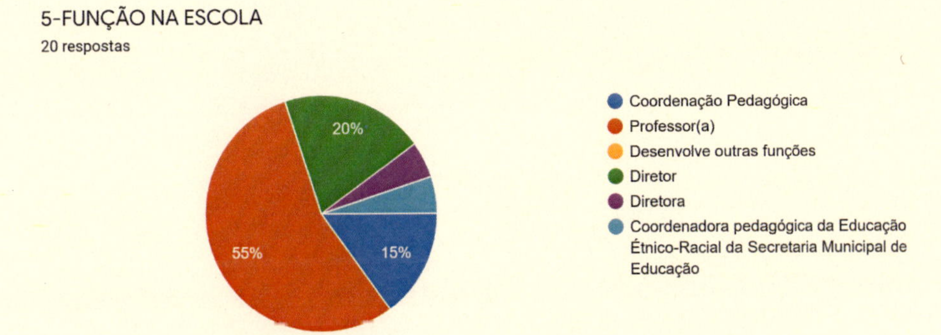

Fonte: dados da pesquisa. Elaborado pelas autoras (2021)

No geral, os profissionais docentes no campo desempenham multitarefas, principalmente no período pandêmico, quando as adversidades acentuaram-se muito. Eles enfrentavam dificuldades de transporte, de moradia, das próprias condições das estradas para chegar às escolas quilombolas, pois muitos não tinham casa de apoio na comunidade, sofriam sem o acesso à internet de qualidade e com a falta de equipamentos que dispunham das tecnologias educacionais. Na realidade, o que ocorria à época da pesquisa era reflexo da precarização do trabalho.

Conforme aponta Orsolon (2000, p. 20),

> [...] o coordenador pode ser um dos agentes de mudanças das práticas dos professores mediante as articulações externas que realiza entre estes, num movimento de interações permeadas por valores, convicções, atitudes; e por meio de suas articulações internas, que na sua ação desencadeia nos professores e professoras, amo mobilizar suas dimensões, políticas, humanas-interacionais e técnicas, reveladas em sua prática.

Porém, o docente só consegue fazer isso se tiver o desenvolvimento de sua atuação de coordenador pedagógico garantida para atuar, de fato, com as questões de coordenação pedagógica sem ser sobrecarregado com substituições de professores ou com atribuições da gestão. Acreditamos que somente assim é possível coordenar e realizar mediações dialógicas calcadas em uma pedagogia emancipatória.

No universo de sujeito pesquisados havia professores com formações nas mais diversas áreas do conhecimento: Biologia, Matemática, Letras e Inglês, tendo a maioria cursado a formação inicial na rede privada de ensino superior, poucos realizado o curso de Pedagogia em universidade pública, e uma somente o normal superior.

No próximo tópico apresentaremos o lócus da pesquisa e relataremos o histórico das unidades escolares pesquisadas.

1.4 LÓCUS DA PESQUISA

As escolas situam-se no Território de Identidade Velho Chico (TVC), em Bom Jesus da Lapa. O TVC engloba 16 municípios, numa área de 46.328,38 km^2: Bom Jesus da Lapa, Barra, Ibotirama, Brotas de Macaúbas, Feira da Mata, Igaporã, Matina, Morpará, Oliveira dos Brejinhos, Paratinga, Riacho de Santana, Carinhanha, Malhada, Muquém do São Francisco, Serra do Ramalho e Sítio do Mato. A Figura 1 contém um mapa da região.

Figura 1 – Lócus da pesquisa

Fonte: Território Velho Chico (2010)

De acordo com dados do Censo Demográfico 2019 (IBGE), a população registrava, naquele ano, 371.744 habitantes, correspondendo a 2,65% do total da população baiana, sendo 197,66 equivalentes à população campesina, que apresentava um maior número de habitantes na zona rural, na qual se localizam 46 comunidades quilombolas reconhecidas pela Fundação Palmares, sendo 10 em Bom Jesus da Lapa, 9 em Riacho de Santana, 3 em Paratinga e 2 em cada um dos seguintes municípios: Carinhanha, Igaporã, Malhada, Muquém do São Francisco, Serra do Ramalho e Sítio do Mato. Existem também no TVC comunidades indígenas em três municípios do Velho Chico. Em Barra, vivem os Kiriri; em Ibotirama, os Tuxás; e em Serra do Ramalho, os Pankarurus. Elas contam com 9.479 famílias assentadas pela reforma agrária e 96.776 pessoas ocupadas na agricultura familiar.

O TVC limita-se com os Territórios Oeste Baiano, Bacia do Rio Corrente, Sertão Produtivo, Bacia do Paramirim, Chapada Diamantina, Irecê, Sertão do São Francisco e o estado de Minas Gerais. O território é banhado pelo Rio São Francisco e seus afluentes, beneficiando quase todos os municípios.

Bom Jesus da Lapa possui, em 2024, 10 territórios quilombolas certificados pela Fundação Cultural Palmares. Para atender à população desses territórios, o município conta com 10 escolas, sendo cinco com padrão estrutural Fundação Palmares. Desse quantitativo, uma é multisseriada com turmas da educação infantil e anos iniciais do ensino fundamental, e 10 ofertando educação infantil e anos iniciais e finais do ensino fundamental. Dessas instituições, quatro ofertam também Educação de Jovens e Adultos (EJA) e três o Ensino Médio com Intermediação Tecnológica (Emitec), fornecido pelo governo do estado.

A dinâmica regional pode ser explicada pela passagem da BR-242, que liga o Território ao Tocantins, passando por Barreiras e Luís Eduardo Magalhães. Outro importante vetor de expansão regional é a Hidrovia do São Francisco, somada à BR-242.

No setor agrícola, predomina a produção de algodão herbáceo, banana, cana-de-açúcar, feijão, mandioca e milho. Na pecuária destaca-se a criação de bovinos e caprinos, além de suínos, galinhas e ovos. O segmento industrial é pouco representativo, com predomínio da agroindústria mineradora, com a extração e o beneficiamento da argila, do calcário, da pedra de revestimento e das rochas ornamentais. Os municípios de Ibotirama, ao norte, e Bom Jesus da Lapa, ao sul, desempenham a função de polos regionais, atraindo demandas por mercadorias e serviços.

Esperamos que por meio desta pesquisa seja viável a elaboração de ações, projetos e outras investigações nesse viés. Almejamos que essas possibilidades ancorem-se nas políticas públicas de Educação Ambiental e atrelem-se a uma pedagogia que favoreça à efetivação das políticas públicas Educacionais nas escolas quilombolas ou mesmo que valorizem os interesses e os anseios reais dos envolvidos no processo educativo.

1.5 TRATAMENTO E ANÁLISE DOS DADOS

O período da pandemia impossibilitou o contato direto entre nós, pesquisadoras, e os sujeitos da pesquisa. Por isso, para realizar a pesquisa de campo, por medida de saúde e por orientação do Comitê de Ética, que aprovou a pesquisa em dezembro de 2020, seguimos os protocolos sanitários. Portanto a coleta dos dados foi realizada por meio do Google Meet ou do WhatsApp. A partir de então, as informações foram organizadas levando em consideração o contexto quilombola educacional e os sujeitos envolvidos na investigação.

Nesse sentido, esta análise representa uma etapa de significativa importância no contexto da pesquisa. Assim, à luz do materialismo histórico-dialético, algumas categorias metodológicas serão evidenciadas: mediação, contradição, totalidade e práxis, com o intuito de compreender a materialidade das políticas públicas de Educação Ambiental articulada à Pedagogia Histórico-Crítica nas escolas quilombolas do município de Bom Jesus da Lapa e às contradições existentes com a implantação da BNCC e interlocuções dos programas do Plano de Ações Articuladas (PAR).

A reflexão que justifica o presente estudo vincula-se à problemática metodológica da relação entre o universal e o particular, tendo em vista a necessidade de aprofundamento das análises que abarcam as mediações presentes nas políticas públicas e na Educação Ambiental e suas relações com a PHC nas escolas quilombolas de Bom Jesus da Lapa. Assim, buscamos compreender a relevância teórica, científica e social deste estudo para os processos de formação humana desses sujeitos, bem como a materialidade das ações de EA propostas pelos entes federados para as escolas quilombolas no município de Bom Jesus da Lapa e seus reais resultados para uma educação histórico-crítica e emancipatória.

Cabe destacar que consideramos para essas análises a importância de métodos que privilegiem o estudo das mediações entre o universal (as políticas públicas de Educação Ambiental), o particular (a Pedagogia Histórico-Crítica) e a singularidade (escolas quilombolas campesinas). Para Cheptulin (2004), o singular, ao tratar-se de uma formação dada (coisa, objeto, processo), constitui suas próprias propriedades e ligações que não existem em outras formações materiais, e as propriedades e ligações que se repetem constituem o geral/universal. Por meio de alguns exemplos, esse autor explica que o singular e o geral não existem de maneira independente, "mas somente por meio de formações materiais particulares (coisa, objetos, processos), que são momentos, aspectos destes últimos" (CHEPTULIN, 2004, p. 194).

Nesse sentido, cada coisa representa a unidade do singular e do geral, do que não se repete e do que se repete. Por esse movimento, o singular e o geral estão organicamente interligados e pedem ser separados apenas no estado puro por abstração, explica Cheptulin (2004). Diante disso, o autor concebe a materialidade como

> [...] a correlação do singular e do geral no particular (formação material, coisa, processo) manifesta-se como correlação de aspectos únicos em seu gênero, que são próprios apenas a uma formação material dada, e a aspectos que se repetem nesse ou naquele grupo de outras formações materiais. (2004, p. 195).

Em outras palavras, a correlação do singular e do geral manifesta-se no particular, ao transformarem-se do singular em geral e vice-versa, pelo movimento e pelo desenvolvimento das formações materiais. Além disso, existe uma correlação entre o particular e o geral, que Cheptulin (2004) esclarece da seguinte forma: se o singular é uma propriedade que não se repete, e que é própria, há apenas uma formação material dada (coisa, objeto, processo), o particular é a própria formação material da coisa, do objeto ou do processo.

Compete aqui esclarecer que nosso desafio é compreender a relação entre a EA, a PHC e as múltiplas determinações, tendo como raiz filosófica o marxismo. Portanto encontramos em Cheptulin (2004), diante de suas interpretações sobre o necessário e o contingente, substanciais contribuições para essa conclusão, que permanecerá em movimento.

Nesses termos, a mediação alinha-se à perspectiva crítica de uma teoria com maior grau de aproximação à realidade concreta, pela elucidação e pela apreensão das múltiplas determinações que provocam o movimento do ir e vir entre o singular, o particular e o universal. Concluímos, neste ínterim, que, sem apresentarmos uma explicação teórica das mediações entre essas categorias, para a EA e as articulações com a Pedagogia Histórico-Crítica e as possíveis aproximações com a Educação Escolar Quilombola, seria uma discussão esvaziada, que ficaria na superficialidade e na aparência.

Nessa abordagem, a contradição é considerada o cerne desta pesquisa e pode ser entendida como o elemento que promove as transformações dos fenômenos. Nessa esteira, Cheptulin (2004, p. 292) afirma:

> Não é nem o fato de pertencer ao domínio interno, nem o caráter essencial das diferenças que faz delas contradições (porque as contradições não são somente internas, mas também externas, não somente essenciais, mas também não essenciais), mas sim o fato de que essas diferenças podem relacionar-se a tendências opostas da mudança desses ou daqueles aspectos em interação. Apenas os aspectos diferentes que têm tendências e orientações de mudança e de desenvolvimento diferentes encontram-se em contradição.

A contradição tem sua origem nas diferenças, havendo uma diversidade de relações e ligações existentes na realidade objetiva, como as relações de concordância, de harmonia e de correspondência, ainda que o caráter de contradição seja universal. Existem divergências internas essenciais e internas dos fenômenos que não constituem contradições.

Ainda em Cheptulin (2004), podemos apreciar o caráter da contradição da essência das formações materiais, de sua natureza, ou seja, a contradição como forma universal do ser. Em toda formação material manifesta-se a contradição, a unidade e a luta dos contrários. Nesse cerne, Cheptulin (2004, p. 78) exemplifica diversas contradições:

> Em particular, para toda a sociedade, a contradição entre a produção e o consumo e um fato; para a sociedade de classes, há também a contradição entre as diferentes classes; para o pensamento, há a interação da análise e síntese; para atividade nervosa superior, há a excitação e a inibição, a irradiação e a concentração de estímulos. No organismo vivo, desenvolvem-se movimentos contraditórios de absorção e rejeição, de hereditariedade e mutação; na molécula, há processos de atração e repulsão; no átomo, há a interação dos elétrons e dos prótons. Dos elétrons e dos pósitrons, dos prótons e dos antiprótons; a própria partícula "elementar" representa, igualmente, a unidade dos contrários e, em particular, o elétron é caracterizado como unidade de onda e dos corpúsculos, e assim também é o caso de fóton, a unidade de energia luminosa. Na mecânica, encontramos a ação e a retroação; na eletricidade, a carga negativa e positiva; no magnetismo, o polo norte e o polo sul; na matemática, o mais e o menos, etc.

No que concerne à contradição, notamos que ela está presente em todos os aspectos da vida, portanto nas mediações e na totalidade. Além disso, a contradição como categoria central do Materialismo Histórico-Dialético está evidenciada nos interesses propostos pelo poder público e nos interesses dos quilombolas, que necessitam das políticas públicas para fortalecimento de seu modo de produção devido à estruturação de lutas de classe do Estado capitalista.

Como já mencionado, a participação dos entrevistados ocorreu em comum acordo, com a assinatura o Termo de Consentimento Livre Esclarecido, apresentado no início do questionário por meio do Google Forms. Essa foi a alternativa encontrada, já que estávamos no período de pandemia da Covid-19. Aqui analisaremos os dados por uma perspectiva histórico-crítica da Educação Ambiental.

No próximo capítulo abordaremos o lócus da pesquisa. Também discorreremos sobre o histórico das escolas pesquisadas, bem como sobre alguns aspectos da educação local de Bom Jesus da Lapa.

2

PANORAMA GERAL DA EDUCAÇÃO DE BOM JESUS DA LAPA

Bom Jesus da Lapa conta com a Universidade do Estado da Bahia (Uneb), a Universidade Federal do Oeste da Bahia (Ufob) e um Instituto Federal de Educação, Ciências e Tecnologia (IFbaiano), além de várias universidades privadas. Entre elas destacam-se: a Faculdade Pitágoras, o polo de apoio presencial do grupo do Centro Universitário Internacional (Uninter) e a Universidade Norte do Paraná (Unopar).

A educação de Bom Jesus da Lapa conta com 55 escolas de educação básica, com 15.046 estudantes matriculados na creche, na educação infantil, nos anos iniciais e finais do ensino fundamental e na EJA. Desse contingente, 30 unidades são caracterizadas pelo censo como escolas do campo, sendo 10 escolas quilombolas. Na Tabela 3 apresentamos a quantidade de matrículas em 2020 por modalidade de ensino:

Tabela 3 – Matrículas na educação básica em 2020

Matrículas em creches	1.212 estudantes
Matrículas em pré-escolas	1.894 estudantes
Matrículas anos iniciais	4.652 estudantes
Matrículas anos finais	4.653 estudantes
Matrículas ensino médio	0 nenhum
Matrículas EJA	2.318 estudantes
Matrículas educação especial	317 estudantes
Total	15.046

Fonte: Censo Escolar/Inep 2020/QEdu (2020)

Na Tabela 4, consta o panorama dos alunos matriculados nas escolas quilombolas em Bom Jesus da Lapa em 2021:

Tabela 4 – Matrículas das escolas quilombolas no ano 2021

01	Escola M. Quilombola Araçá Cariacá	169
02	Escola Quilombola Santa Rita	208
03	Escola Quilombola Nossa Senhora da Conceição	221
04	Escola Quilombola Josina Maria da Conceição	143
05	Escola M. Quilombola Emiliano Joaquim Vilaça	269
06	Escola M. Elgino Nunes de Souza	241
07	Escola Municipal Francisco Xavier	117
08	Escola Municipal Claudemira Rufina dos Santos	174
09	Escola M. São Francisco	59
10	Escola M. José Santana	85
	Total	1.662

Fonte: dados do Censo (2021)

O Índice de Desenvolvimento da Educação Básica (Ideb) de 2019 nos anos iniciais da rede municipal não atingiu a meta, teve queda e não alcançou 6.0. Portanto precisava melhorar sua situação para garantir mais aprendizado aos alunos, com um fluxo escolar adequado.

Figura 2 – Dados do Ideb (2019)

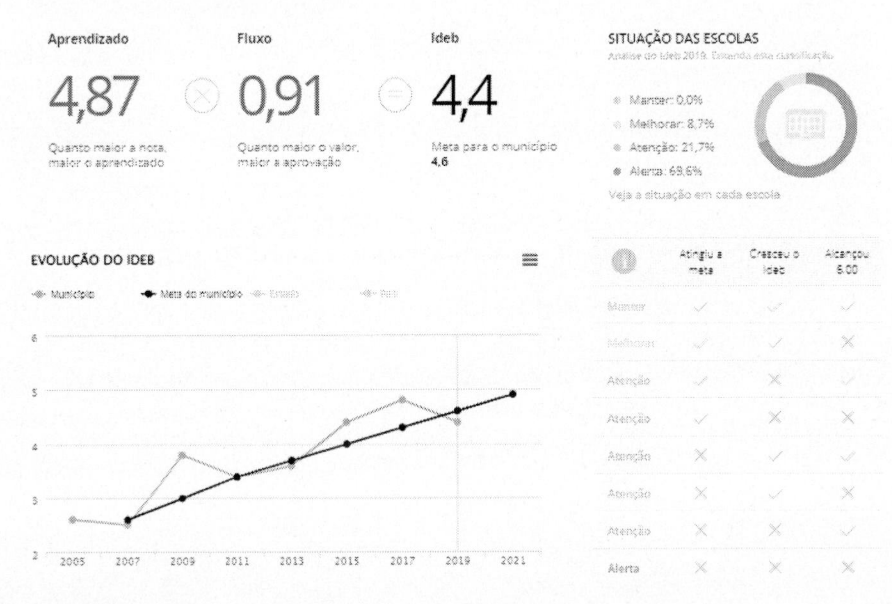

Fonte: Qedu (2019)

Observamos que o município não teve uma melhoria satisfatória no Ideb. Houve um declínio nos anos iniciais (quinto ano) do ensino fundamental e um pequeno avanço nos anos finais (nono ano) do ensino fundamental.

Tabela 5 – Ideb de Bom Jesus da Lapa (2007-2019)

Município	Ensino fundamental	2007	2009	2011	2013	2015	2017	2019
Bom Jesus da Lapa	4ª série/5º ano	2.5	3.8	3.4	3.6	4.4	4.8	4.4
	8ª série/9º ano	2.5	2.9	3.2	3.6	3.6	3.8	4.1

Fonte: dados do Censo Escolar (2019)

Tabela 6 – Estrutura física das escolas quilombolas

Escolas	Araçá Cariacá	Josina M. Conceição	Santa Rita	Elgino Nunes	Emiliano J. Vilaça	Francisco Xavier	N. S. da Conceição	Claudemira R. de Souza	J. Santana	S. Francisco
Sala de aula	6	6	6	6	6	6	4	6	4	1
Refeitório	0	0	0	0	--------	0	0	0	0	0
Biblioteca	1	1	1	1	1	1	-----	1	0	0
Secretaria	1	1	1	1	1	1	1	1	1	0
Cozinha c/ dispensa	1	1	1	1	1	1	1	1	1 s/ dispensa	1 s/ dispensa
Sala da direção	1	1	1	1	1	1	1	1	0	0
Sala da coordenação pedagógica	1	1	1	1	1	1	-----	1	1	___
Banheiros masculinos	3	3	3	3	3	1	2	1	2	1
Banheiros femininos	3	3	3	3	3	2	2	1	2	1
Banheiro para os professores	2	2	2	2	2	2	2	2	1	___
Quadra poliesportiva	1	1	1	1	1	1	1	1	1	_____
Pátio	1	1	1	1	1	1	1	1	1	1

Fonte: elaborada pelas autoras com base em dados da Semed (2021)

As estruturas físicas dessas unidades escolares melhoraram bastante devido aos avanços das políticas e dos programas do PAR. E cinco delas tinham o padrão Ministério da Educação (MEC)[3] e Fundação Palmares em 2012. Essa nova infraestrutura das escolas quilombolas está relacionada à dimensão 4 do PAR: Infraestrutura Física e Recursos Pedagógicos.

A escolha dessas escolas justifica-se por todas estarem localizadas em comunidades quilombolas campesinas em Bom Jesus da Lapa. No próximo item, abordaremos os instrumentos de coleta de dados da pesquisa.

2.1 CARACTERIZAÇÃO DAS COMUNIDADES QUILOMBOLAS E DAS ESCOLAS

Quadro 1 – Escolas quilombolas e as respectivas localidades

Escola	Comunidade	Km da sede
Escola Araçá – Cariacá	Araçá/Cariacá	20
Escola Santa Rita	Santa Rita	80
Escola Nossa Senhora da Conceição	Juá/Bandeira	70
Escola Josina Maria da Conceição	Lagoa das Piranhas	18
Escola M. Quilombola Emiliano Joaquim Vilaça	Brasileira	60
Escola Municipal Elgino Nunes de Souza	Rio das Rãs	70
Escola Municipal Francisco Xavier	Exu	75
Escola Municipal São Francisco	Barrinha	6
Escola Municipal Claudemira Rufina	Lagoa Grande	Sede
Escola Municipal José Santana	Morrão	24

Fonte: elaborado pelas autoras (2021)

O Quadro 1 contém o perfil geral das escolas investigadas e de suas localidades. Vejamos agora um pouco do histórico de luta e resistência dessas escolas.

[3] Consiste em construções realizadas pelo MEC com o objetivo de ofertar uma escola com boa estrutura para os alunos do campo e o público quilombola.

2.2 TERRITÓRIO QUILOMBO RIO DAS RÃS E COMUNIDADES ESCOLARES

A região do Quilombo Rio das Rãs passou a ser ocupada a partir do século XVI. Encontra-se no Médio Rio São Francisco. Entre os séculos XVII e XVIII, a região teve uma época de ouro, pois se encontrava na rota canavieira nordestina e mineradora, principalmente com a criação de gado. Depois, infelizmente, enfrentou grandes dificuldades por mais de cem anos, decorrentes da decadência da atividade pecuária. Nessa época, só permaneceram na região os negros e os índios aquilombados.

Com a criação da Lei de Terras, em 1850, muitos supostos "donos" das terras buscaram obter ou regularizar títulos de propriedade sem tomar conhecimento dos direitos da população que já ocupava a região há muitos séculos. Foi nesse período que o coronel Deoclesiano Teixeira tomou o controle das terras dos quilombolas de Rio das Rãs.

Segundo relatos, os quilombolas que moravam na região selaram um acordo com o coronel, mas, na prática, tornaram-se agregados, trabalhando para ele como vaquejadores. Esse arranjo só seria modificado na segunda metade do século seguinte.

Depois de quase um século de paz, a comunidade novamente enfrentou problemas, como novos conflitos iniciando-se no início da década de 1970. A violência foi intensa, e muitos quilombolas foram expulsos, além de algumas localidades serem extintas. No início da década de 1980, a compra dessas terras pelo Grupo Bial-Bonfim Indústria Algodoeira agravou ainda mais essa situação de conflito.

Nessa luta, os quilombolas contaram com diversos aliados, como o Ministério Público Federal, o Movimento Negro Unificado (MNU) e a Comissão Pastoral da Terra (CPT). A comunidade saiu vitoriosa e conseguiu, em 2000, o título de sua terra. Os quilombolas de Rio das Rãs tornaram-se exemplo de luta e estímulo para outras comunidades quilombolas da Bahia e do Brasil por sua resistência e suas conquistas.

A população do quilombo é de aproximadamente 3.000 habitantes e 700 famílias, que se distribuem por diversos pontos de seu território nas localidades conhecidas como Brasileira, Capão do Cedro, Enxu (ou Exu), Riacho Seco, Mucambo, Pau Preto, Retiro, Corta Pé e Rio das Rãs.

As implementações das escolas no interior do município eram realizadas por meio das relações dos fazendeiros e/ou representantes das comunidades com o poder político local. Até o início da década de 1990, as lideranças de Rio das Rãs, os respeitáveis, não eram reconhecidas como representantes comunitários pelos gestores no município de Bom Jesus da Lapa, e as relações políticas e comerciais dos ditos donos da Fazenda Rio das Rãs concentravam-se nas cidades de Caetité e Guanambi. Esse fato tornava ainda mais distante a possibilidade de investimentos públicos na educação em Rio das Rãs.

2.3 TERRITÓRIO LAGOA DAS PIRANHAS: ESCOLA MUNICIPAL JOSINA MARIA DA CONCEIÇÃO

A escola está situada na comunidade Quilombola Lagoa das Piranhas, tem 30 anos de existência e conta, há cinco anos, com um novo prédio na estrutura da Fundação Palmares. Localiza-se a 18 km da sede, também no campo, com um total de 143 educandos(as) na modalidade creche, educação infantil, anos iniciais e finais do ensino fundamental. A precariedade da estrada que chega ao quilombo melhorou com a construção de uma ponte, que facilitou o acesso, mas quando chove há prejuízo no serviço de transporte da escola. Inclusive, a referida ponte já está um pouco deteriorada por passar transporte pesado. Conheçamos a escola na Figura 3.

Figura 3 – Escola Municipal Josina Maria da Conceição

Fonte: arquivo pessoal da autora (20 jan. 2021)

Antes, a escola levava o nome do Fazendeiro Francisco Flores, e depois de muito diálogo e busca do Movimento Quilombola com as gestões municipais, mudou para Josina Maria da Conceição, em 2014. Dona Josina era parteira e moradora do quilombo e tem representatividade histórica na comunidade de Lagoa das Piranhas.

2.4 TERRITÓRIO JUÁ /BANDEIRA: ESCOLA NOSSA SENHORA DA CONCEIÇÃO E ESCOLA SANTA RITA

O Quilombo Bandeira, onde as escolas estão inseridas, situa-se no Território Juá/Bandeira, na zona rural do município de Bom Jesus da Lapa, na Microrregião do Rio São Francisco, distanciando-se cerca de 780 km da capital do estado e 60 km da sede do município. Tem aproximadamente 620 moradores e 163 famílias. Foi oficialmente certificado pela Fundação Cultural Palmares (FCP) como remanescente de quilombo em 2004. Além do Bandeira, o território é formado por mais cinco comunidades: Juá, Santa Rita, Campo Grande I e II e Caldeirão, com quase 450 famílias, em uma área que totaliza 20 mil hectares.

Pesquisas[4] apontam que o território quilombola de Juá/Bandeira era uma antiga fazenda de gado denominada Fazenda Curralinho, originária de antigos currais da propriedade, pertencente à família Guedes de Brito, em 1832. Já em 1837, por meio de compra, passou para o coronel Antônio Souza Espínola, coronel da Guarda Nacional, rico fazendeiro e minerador na região da Chapada Diamantina, ficando sob seu domínio até 1878, quando Francisco Teixeira Araújo (sobrinho), neto da família Teixeira-Espínola, adquiriu a fazenda por herança. Essa família ficou com as terras até 1980.

Em 1980, elas foram vendidas para a Terrabrás Agropecuária, e em 1990, a fazenda foi desmembrada em Campo Grande I e II e vendida à Agropecuária Santa Rita Ltda. Foi nesse período que se acirrou o conflito entre o fazendeiro e os empregados, já que os novos donos começaram a impor novas formas de organização na fazenda, como obrigar os moradores da área de sequeiro a irem para a beira do rio ou impedi-los de usufruir dos recursos naturais.

Foi também nessa época que os moradores iniciaram novas formas de organização e busca de estratégias de resistência e luta pelo território.

[4] Sobre isso ver a dissertação de Santana (2012), denominada *Família e microeconomia escrava no sertão do São Francisco (Urubu-BA, 1840 a 1880).*

Em 1995 foi fundada a primeira associação, com o apoio de entidades e organizações, como é o caso da Igreja Católica, representada pela CPT e pelo padre Rosivaldo Motta. Outras organizações também estiveram presentes, como o Sindicato dos/as Trabalhadores/as Rurais e o Movimento dos Trabalhadores Assentados, Acampados e Quilombolas, que foram orientando o grupo sobre as decisões necessárias naquele momento.

Foi com essa organização que, em 2000, após 15 anos de conflitos, o Instituto de Colonização e Reforma Agrária (Incra)[5] desapropriou a fazenda; e no ano de 2004, o presidente da Fundação Cultural Palmares (FCP) expediu a certidão de autorreconhecimento. Atualmente, o maior anseio do Território Juá/Bandeira é a conquista do título definitivo de suas terras, já que foram feitos todos os estudos e etapas necessárias.

A luta pela educação escolar também fez parte da trajetória da localidade, pois ainda em 1954, por meio da iniciativa dos próprios moradores, a comunidade Bandeira iniciou seus trabalhos. Foi um importante momento, pois até então poucas pessoas tinham tido a oportunidade de estudar, já que, para isso, tinham que ir para a cidade de Bom Jesus da Lapa ou outra cidade vizinha, como é o caso de Dona Odelina, que aprendeu a ler e a escrever no município de Paratinga, e aos 27 anos de idade foi a primeira professora do lugar.

Dona Odelina foi contratada pela prefeitura de Bom Jesus da Lapa. Inicialmente, as aulas eram realizadas às sombras do tamarindeiro, depois na casa de farinha, em seguida na casa da professora e, por último, em uma casa de taipa construída pela prefeitura. Nessa época, uma das dificuldades era manter os/as estudantes na escola, uma vez que tinham que ajudar a família nos afazeres da roça e na lida com o gado e a pesca. A maioria dos estudantes era do sexo masculino, pois havia o receio dos pais de que as mulheres aprendessem a escrever cartas para pretendentes. Além disso, o desinteresse e o desprestígio do saber escolar, que até então era negado, não permitiu que a maior parte dos/as moradores/as tivesse acesso à educação formal (SANTOS, 2017).

Outras pessoas prestaram serviços para a educação da comunidade, como as senhoras Maria do Rosário, Terezinha, Ana Josina, Jovita, Maria Antônia, Luzia Enely, Maria Aparecida, Vandira, Dilma, Rosineide e Ivone, e os senhores Milton Galvão e Albertino de Justina. Entre eles/as havia pro-

[5] Os Projetos de Reforma Agrária, criados e reconhecidos pelo Programa Nacional de Reforma Agrária (PNRA), estão sob jurisdição e atuação das superintendências regionais do Instituto Nacional de Colonização e Reforma Agrária (Incra), órgão responsável pela formulação e execução da política fundiária nacional, que tem o objetivo de viabilizar o acesso das famílias à terra após a imissão de posse nas áreas desapropriadas pelo Governo Federal (NOVA ITAMARATI, 2018).

fessores/as particulares, como Dona Jovita, que, em 1961, recebeu o convite da Senhora Legária para alfabetizar seus filhos de forma voluntária e, em seguida, alfabetizou alguns adultos com o objetivo de "prepará-los" para votar.

Depois de um tempo, as aulas eram realizadas na residência do senhor Valter Gomes, alugada pela prefeitura. Em meados de 1990, foi construída uma sala de aula, sendo nomeada de Escola Municipal Nossa Senhora da Conceição, em homenagem à festividade dessa santa, que tradicionalmente acontece na comunidade no dia 13 de dezembro.

Porém a cada ano surgia uma nova série. Então, para garantir que os/as estudantes ficassem no quilombo, a estratégia foi ocupar outros espaços, como a igreja, o posto de saúde e uma casa, na qual uma de suas dependências era utilizada como sala de aula e o restante como residência para os/as professores/as, que eram todos de Bom Jesus da Lapa.

Entre as professoras que iam da cidade estava a professora Ilka Ferreira Torres,[6] que marcou significativamente a história da comunidade e hoje é lembrada com carinho. Nas palavras dos/as moradores/as, depois que a referida professora chegou à comunidade, a escola cresceu não somente em estrutura física, mas também na qualidade do ensino.

No ano 2000, foram construídas mais duas salas de aula, uma cozinha pequena, dois banheiros e um pequeno alojamento para os/as professores/as. Em 2015, mais uma sala de aula foi edificada, destinada ao funcionamento das oficinas do Programa Mais Educação. Em 2019, foram acrescentadas duas salas de aula, um pátio coberto, além de a cozinha ter sido ampliada. Com isso, a escola tem seis salas de aula com aproximadamente 52 m² cada.

A instituição está amparada pelo Cadastro Nacional de Pessoa Jurídica (CNPJ) n.º 01.927.435/0001-49, reconhecida pelo Ministério da Educação (MEC), com o código 29043352. Os/as 213 estudantes foram divididos nas modalidades da educação infantil, anos iniciais e finais do ensino fundamental e EJA, anos iniciais e finais. Em 2018, a Nossa Senhora da Conceição recebeu 47 alunos do Quilombo Juá, pois a escola dessa comunidade foi fechada pela prefeitura municipal. Em junho de 2019, implementou-se o Alfabetiza Lapa, um programa da Secretaria Municipal de Educação que tem como objetivo alfabetizar jovens e adultos que nunca tiveram a oportunidade de frequentar uma escola e atender àqueles/as que, por algum motivo, deixaram de frequentar por muito tempo o espaço escolar.[7]

[6] Elaborado com base no Projeto Político-Pedagógico (PPP) da Escola.

[7] Informação da Secretaria Municipal de Educação de Bom Jesus da Lapa.

No ano de 2019, outro programa da unidade escolar foi o Novo Mais Educação, uma estratégia do MEC articulada ao PAR, que teve como finalidade melhorar a aprendizagem em Língua Portuguesa e Matemática no ensino fundamental por meio da ampliação da jornada escolar de crianças e adolescentes, otimizando o tempo de permanência dos estudantes na escola (BRASIL, 2018).[8] Além do acompanhamento pedagógico foram desenvolvidas as oficinas: capoeira, futsal, educação patrimonial e dança.

2.5 ESCOLA ARAÇÁ CARIACÁ

A Escola Municipal Araçá Cariacá está localizada na comunidade Araçá Cariacá, na região Médio São Francisco, à margem direita do Rio São Francisco, em Bom Jesus da Lapa, a aproximadamente 20 quilômetros. A comunidade foi reconhecida oficialmente em 2001, pelo Incra, como assentamento Nova Volta e, em 2004, foi certificada com o nome Quilombo Araçá Cariacá pela FCP.

Somente na década de 1970 a comunidade começou a receber investimentos dos governos federais e estaduais, objetivando o desenvolvimento da região. Os programas de beneficiamento dos entes federados foram voltados para a agricultura familiar e para a irrigada, sob a coordenação da Companhia de Desenvolvimento do Vale do São Francisco e do Parnaíba (Codevasf); assim, os conflitos fundiários intensificaram-se no Médio São Francisco.

Os fazendeiros, interessados cada vez mais pelos benefícios que poderiam obter dessas terras, passaram a expropriar as comunidades negras rurais das terras que já ocupavam em tempos imemoriais. Nesse contexto, especificamente no final da década de 1980, os quilombolas da comunidade de Araçá Cariacá começaram a vivenciar intensos conflitos fundiários com Anísio Borges, proprietário da Fazenda Cariacá, e Rubens Lucena, proprietário da Fazenda Araçá. Esses fazendeiros proibiram a caça, a pesca, a plantação de roça e a construção de casas, e começaram a expulsar as famílias que moravam há décadas nessas localidades. Algumas pessoas mudaram-se para Bom Jesus da Lapa, São Paulo e outras capitais do país com medo das ameaças e represálias.

Os quilombolas buscavam outras formas de sobrevivência, porém a maioria deles permaneceu na terra, na luta e na resistência por seus direitos. Segundo a memória social da comunidade, durante muito tempo as

[8] Para saber mais acesse: http://portal.mec.gov.br/programa-mais-educacao. Acesso em: 20 dez. 2020.

pessoas, com a ordem do encarregado da fazenda, senhor Vitorino Pereira de Castro, hoje com 94 anos, podiam plantar, criar animais e pescar sem interferência dos fazendeiros. Todavia, por ordem do coronel Francisco Borges, os quilombolas deveriam pagar um valor de 24 dias por ano ao fazendeiro Anísio Borges para poderem continuar a usufruir da fazenda, morar nela, plantar e criar animais. Ademais, deveriam pagar cinco mil cruzeiros por cabeça de animais por ano.

Apesar dessas proibições e exigências, os quilombolas permaneceram nas fazendas. Tinham receio de entrar na justiça contra os fazendeiros, que dispunham de posses e poder na época. As relações de meeiros ou posseiros agregados estiveram presentes na comunidade Araçá Cariacá, bem como na maioria das comunidades quilombolas pesquisadas, tanto no período escravista como no pós-abolição.

O senhor Vitorino Pereira de Castro foi encarregado da Fazenda Volta/Cariacá por muitos anos, representava a autoridade do fazendeiro Anísio Borges e fazia valer suas ordens. A família Pereira de Castro, pela posição que ocupava, conseguiu melhores condições de vida para que seus familiares permanecessem na fazenda. Entretanto, quando os moradores começaram a lutar pela posse da terra, o senhor Vitorino, também enfrentando dificuldades, rompeu com o fazendeiro e entrou na luta pela posse da terra. Ele assumiu um papel fundamental de encorajamento de todos os moradores pela regularização fundiária e o reconhecimento do território como "remanescente" de quilombos.

Nesse conflito, os quilombolas contaram com o Movimento Estadual dos/as Trabalhadores/as Assentados/as Acampados/as e Quilombolas da Bahia (Ceta), e com a Central Regional da Comunidades Negras Rurais Quilombolas do Oeste da Baiano (CRQ). Esses movimentos sociais servem de referência para a organização, reinvindicação e mobilização dos moradores de Araçá Cariacá.

Maria Benes Lobato e Florisvaldo Rodrigues[9] foram e são lideranças-chave. Eles mobilizaram as pessoas não só de Araçá e Cariacá, mas também das outras comunidades, que fazem parte do Territórios Fazenda Volta, Patos, Pedras, Retiro e Cocho, para poderem se organizar e lutar

[9] Florisvaldo Rodrigues da Silva tem 50 anos de idade, é casado, pai de dois filhos. Iniciou, com os moradores, a luta pela regularização fundiária do quilombo. Em sua trajetória, atuou como presidente da Associação Quilombola e do Ceta, na Coordenação da CRQ. É uma pessoa de referência na comunidade, em função tanto da luta pela posse da terra quanto da busca constante por melhoria das condições de vida dos moradores. Graduado em História, atuou como secretário municipal de Políticas para a Diversidade no município de Bom Jesus da Lapa.

pela terra. Em 20 de setembro de 1996, os quilombolas fundaram a Associação dos Pequenos Produtores de Araçá/Volta. Com o reconhecimento de seus direitos garantidos pela legislação Federal, esse grupo social, com sua organização política, exigiu do poder público a regularização das terras que ocupavam desde seus ancestrais e seu reconhecimento diante das instituições competentes.

Com essa trajetória histórica, em 2 de fevereiro de 2001, o Incra emitiu parecer favorável à posse da terra como Área de Reforma Agrária, denominada de Assentamento Nova Volta. Já havia três anos que os moradores de Araçá Cariacá residiam na área da fazenda onde foi instalado, pelo Incra, o assentamento Nova Volta, e no dia 4 de junho de 2004, a FCP certificou a comunidade como "remanescente" de quilombo.

Com esse processo histórico, parte da Fazenda Volta foi desapropriada: a Araçá/ Pajussara, do fazendeiro Rubens Lucena, e a Cariacá, do fazendeiro Anísio Borges. Segundo os depoentes, na época o Incra alegou que não tinha encontrado os documentos das outras terras (Patos, Pedras e Retiro), não podendo, por problemas cartoriais, fazer a regularização do restante da fazenda. Entretanto as comunidades de Patos, Pedras e Retiro foram certificadas pela FCP junto às comunidades de Araçá e Cariacá.

A primeira professora da escola foi a senhora Dalvinha. Ela era formada em Magistério e ensinava em Cariacá, numa casa de família, debaixo de uma latada. Em 1983, a professora Maria Benes Lobato, moradora da comunidade, na época professora leiga, foi convidada pelos pais dos alunos para lecionar na comunidade. No período havia 56 alunos matriculados e a Prefeitura Municipal contratou a professora Maria Benes, que atuou até ano passado como gestora da escola. No terceiro ano de trabalho, o número de alunos aumentou para 85. A professora Maria Benes lecionava nos três turnos com o programa do estado Alfabetização de Jovens de Adultos (AJA) Bahia e com classes de EJA.

A escola funcionou na casa de D. Maria das Neves por dois anos. Na administração dos prefeitos Arthur Maia e Hildebrando Magalhães, operou em casa alugada, com adaptações de um salão, com o Programa Escola Ativa, na modalidade ensino fundamental, de primeira à quarta série, com módulos e kits por disciplinas.

No ano 2002, a escola mudou para o Assentamento Araçá Cariacá, onde funcionou por seis meses em casa de família enquanto era construída a sede da Associação, que, logo após sua construção, agregou a professora

Maria Suely. Em 2003, com a expansão da escola e a implantação do ginásio, hoje fundamental II, a unidade escolar funcionou em dois espaços: sede da associação e casa alugada. Como o número de alunos aumentou para 96, aumentou a quantidade de professores, que passaram a ser quatro, e passou a contar com uma pessoa na direção.

Em 2005, a escola funcionava com quatro salas de aula, uma permanente e três provisórias, sendo essas na sede da associação. O quadro de funcionários era composto por sete funcionários: uma diretora, uma coordenadora pedagógica, quatro professores, um auxiliar de limpeza. Com 122 alunos matriculados, envolvia educação infantil e fundamental I e II.

A escola conta hoje com uma nova estrutura da FCP, inaugurada em 1º de maio de 2014. A instituição está amparada pelo CNPJ n.º 01.927.435/0001-30 e é reconhecida pelo MEC com o código 29043590. Ela já integrou diversos programas, como o Programa Dinheiro Direto na Escola (PDDE) – Mais Cultura, Mais Educação, Escolas Sustentáveis. Recentemente, a unidade escolar foi contemplada com os programas Tempo de Aprender, Família e Escola e Escola Conectada.

2.6 ESCOLA MUNICIPAL QUILOMBOLA EMILIANO JOAQUIM VILAÇA

Situada na localidade de Brasileira, a 62 quilômetros de Bom Jesus da Lapa, a princípio, essa escola era chamada de Escola Municipal Brasileira. Por volta de 1992, a escola iniciou suas atividades, e até o ano de 2004 funcionou em um prédio de boa estrutura física, construído com tijolos e acabamento com reboco; as portas e janelas eram de aço, protegidas com grades; a cobertura era bancada com telhas de cerâmica.

Nesse antigo prédio funcionaram cursos de alfabetização e ensino fundamental até a oitava série (atualmente nono ano), dispondo de água encanada e energia elétrica. Composta por três salas de aula, uma cantina e uma secretaria, dispunha de poucos móveis em relação ao número de alunos, e havia apenas um sanitário para o uso de todos/as. Devido à falta de cadeiras e mesas para a realização das atividades, muitos/as educandos/as participavam das aulas sentados/as ou até mesmo deitados/as, no chão.

A Escola Municipal Quilombola Emiliano Joaquim Vilaça, nome que homenageia um antigo morador da localidade, foi construída no terreno situado ao lado das instalações referentes à Escola Municipal Brasileira. A construção foi efetivada com o intuito de atender a um maior número de alunos, oferecendo melhores condições físicas e materiais de acordo com o rol de reivindicações feitas pelos quilombolas locais. Essa foi uma conquista efetivada com a participação direta nas deliberações e nos encaminhamentos com os órgãos públicos.

A instituição está amparada pelo CNPJ n.º 01.927.435/0001-49 e é reconhecida pelo MEC com o código 29043352. A gestão da escola encontra-se sob a responsabilidade da professora Rita Mônica Ferreira, que foi uma das primeiras docentes contratadas para lecionar na comunidade, desde o ano de 1998, e assumiu a direção em março de 2021. A coordenação pedagógica é realizada pela professora Ilane.

No mês de junho de 2021, a escola contava com 214 alunos matriculados, que cursavam desde a educação infantil até o ensino fundamental II, contando com turmas multisseriadas, conforme quadro fornecido pela Secretaria Municipal de Educação de Bom Jesus da Lapa, cadastrado no Educacenso[10] (20 abril de 2021).

2.7 ESCOLA MUNICIPAL ELGINO NUNES DE SOUZA

Como parte das primeiras conquistas e diante da necessidade de os moradores da localidade de Rio das Rãs inserirem suas crianças e adultos no contexto escolar, no ano de 2002, ainda em uma casa alugada, sem contar com infraestrutura básica, começou a funcionar uma escola, distante 62 quilômetros de Bom Jesus da Lapa. O espaço foi utilizado até o ano de 2004, quando, por intermédio do PDDE Emergencial, foi construída a Escola Municipal Elgino Nunes de Souza, registrada com o nome de um dos mais antigos moradores, patriarca de uma das maiores famílias do assentamento.

Em 2004, o prédio era considerado de boa estrutura física, construído com tijolos e rebocado com cimento. Assim como na escola edificada em Brasileira, as portas e janelas eram de aço e protegidas com grades, e a cobertura era de telha de cerâmica. O espaço físico era composto por duas salas de aula, uma secretaria e dois sanitários. O ambiente era avaliado como insuficiente para acolher a quantidade de alunos/as matriculados/as, um número aproximado de 300 educandos, distribuídos entre os turnos matutino e vespertino.

[10] O Educacenso refere-se ao Censo Escolar responsável para levantar dados estatísticos-educacionais de âmbito nacional, realizado anualmente com o apoio das secretarias estaduais e municipais de Educação e com a participação de todas as escolas públicas e privadas do país. Nesse sistema coletam-se dados de todas as modalidades da educação básica, sob a coordenação do Instituto Nacional de Estudos e Pesquisas Anísio Teixeira (Inep).

Devido à falta de espaço suficiente, uma parte dos/as matriculados/as passou a frequentar as aulas em uma grande sala, cedida pela Associação Comunitária, alocada nas proximidades da escola. Os dois locais contavam com água encanada, porém nenhum deles tinha energia elétrica. No ano de 2007, um novo desenho do contexto educacional apresentou-se em resposta às constantes reivindicações dos quilombolas: foi construído um novo prédio escolar na localidade de Rio das Rãs, com recursos do MEC, onde passou a funcionar o atual prédio da escola, construído em um terreno vizinho ao anterior. Apesar de constar na placa de identificação a nomenclatura Núcleo Educativo, oficialmente o estabelecimento encontra-se registrado como Escola Municipal Elgino Nunes de Souza.

2.8 ESCOLA QUILOMBOLA FRANCISCO XAVIER

Situada na localidade denominada Exu, a três quilômetros da localidade Rio das Rãs, a escola foi nomeada de Francisco Xavier por iniciativa dos moradores de Exu. Eles queriam homenagear um morador antigo conhecido como "Seu" Andrelino, um dos mais velhos moradores e líderes espirituais do lugar; a escola, na verdade, recebe o nome do pai de senhor Andrelino.

2.9 TERRITÓRIO QUILOMBOLA BARRINHA: ESCOLA BARRINHA

A Escola Municipal São Francisco está localizada na comunidade Quilombola Barrinha, a 6 km da sede do município. Em sua origem, funcionou em uma casa da Chácara de um fazendeiro chamado Getúlio Magalhães (*in memoriam*).

Seu primeiro professor foi Vilanir (ainda vivo); logo depois, ingressou o professor Osvaldino. No ano de 1997, no mandato do prefeito Nilzo Maciel, ocorreu uma reforma e a casa da Chácara transformou-se em um prédio escolar.

Os primeiros professores que trabalharam no prédio novo foram: Maria do Carmo, Alaíde, Rute e Ione. No ano 2000, a escola ficou sob a responsabilidade da professora Cristina Nascimento dos Santos, até os dias atuais.

É uma escola multisseriada, com professora unidocente. Na realidade, é a única escola totalmente multisseriada do município.

2.10 TERRITÓRIO FAZENDA CAMPOS: ESCOLA CLAUDEMIRA RUFINA

A Escola Claudemira Rufina de Souza Silva situa-se na Fazenda Campos, em Bom Jesus da Lapa. Foi fundada em 28 de abril de 2017, para atender à população campesina. Como muitas escolas quilombolas, está localizada numa região denominada Fazenda Campo.

Ela leva o nome da filha primogênita de um pescador conhecido como seu Coló e dona Tomázia, uma lavadeira. Nascida em 1º de agosto de 1959, enfrentou muitas dificuldades e desafiou seu destino, sendo a única de seis filhos a concluir o magistério.

A professora Claudemira (popular Colozinha) era uma professora à frente de seu tempo e a música fazia parte de sua rotina. Com muito estudo, criatividade e inteligência, ingressou por meio de concurso público na rede estadual de ensino. Lecionou nas Escolas Monteiro Lobato, Frei Francisco da Soledade e Antônio Carlos Magalhães, e no Colégio Bom Jesus. Estava sempre com a sua bicicleta, tinha corpo franzino e voz firme, além de uma simpatia que alegrava todos os seus colegas e alunos. No ano de 2009, realizou uma cirurgia, e enquanto se recuperava teve um infarto fulminante.

Essa escola foi construída em função das demandas dos movimentos quilombolas. Tem uma estrutura física importante e está em fase de ampliação.

2.11 TERRITÓRIO PEROBA: ESCOLA JOSÉ SANTANA

A Escola Municipal José Santana localiza-se em área rural, na comunidade Fazenda Morrão, a 32 km do município de Bom Jesus da Lapa. Surgiu da necessidade de um espaço físico adequado, considerando o número de habitantes em idade escolar, tendo sido construída na administração do senhor Nilzo Ribeiro Maciel, prefeito municipal de Bom Jesus da Lapa, no ano de 1998.

Devido à necessidade supracitada, o senhor José Ângelo de Santana, morador da comunidade, prontificou-se e fez a doação de um terreno para a construção da escola, que acabou recebendo seu nome. Vale ressaltar que antes da construção da unidade escolar, os alunos eram atendidos em barracos, casas alugadas, espaços cedidos ou embaixo de árvores.

2.12 ALGUMAS CONSIDERAÇÕES

A Figura 4 traz um mapa esquemático que permite visualizar as comunidades campesinas e, principalmente, as comunidades quilombolas ribeirinhas do município pesquisado. Todas estão localizadas ao longo do percurso do Rio São Francisco.

Figura 4 – Mapa esquemático das comunidades campesinas e quilombolas ribeirinhas do município de Bom Jesus da Lapa/BA

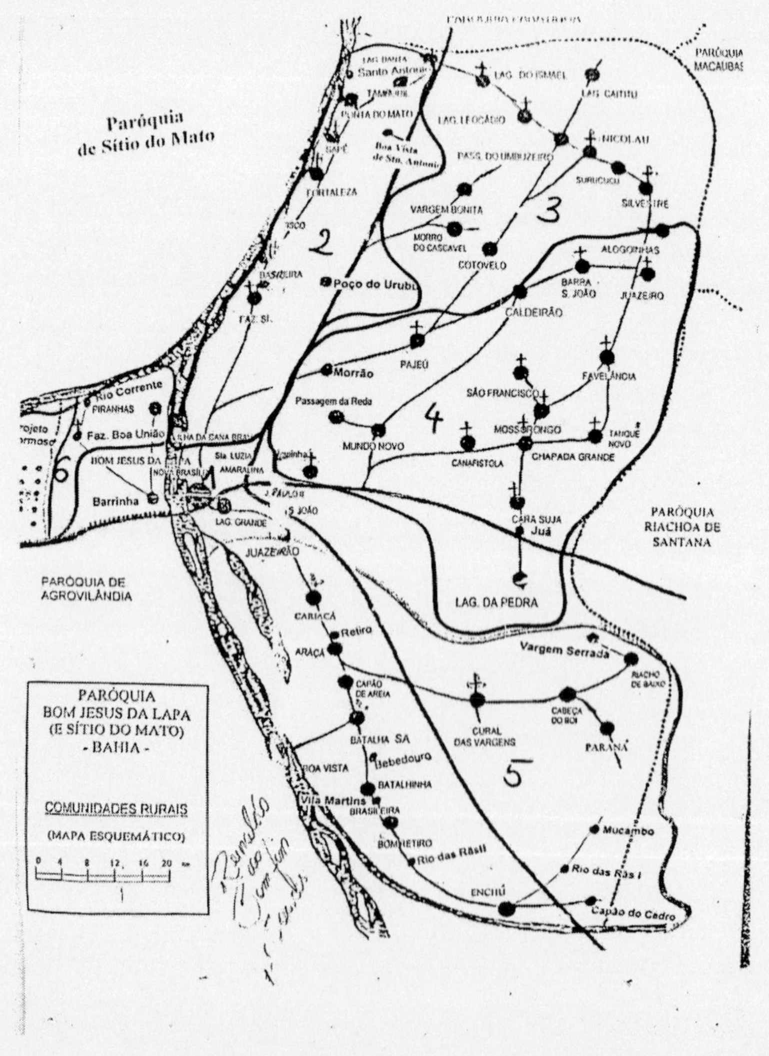

Fonte: arquivo da Paróquia de Bom Jesus da Lapa e Sítio do Mato, Bahia

Este capítulo é fundamental para compreendermos a dimensão sócio-histórica das comunidades quilombolas, os conflitos e as lutas traçadas, e suas conquistas. Por meio das unidades escolares observadas pudemos conhecer um pouco melhor os territórios e a constituição de seu sistema de ensino, sempre formado a partir do empenho da comunidade.

No próximo capítulo apresentamos as Concepções de Estado e de políticas públicas em Educação.

3

CONCEPÇÕES DE ESTADO E POLÍTICAS PÚBLICAS DE EDUCAÇÃO

As ideias mortas são as que se apresentam elegantemente vestidas, sem atitude nem audácia [...]. As ideias vigorosas são as que chocam e escandalizam, provocam a indignação, a ira e a irritação de uns, ao mesmo tempo que o entusiasmo de outros.
(LÊNIN, 1985)

Este capítulo aborda o surgimento do Estado e algumas das políticas públicas educacionais por ele desenvolvidas. Para isso foram feitos estudos com base em teóricos marxistas, que foram fontes para esta pesquisa.

Além da concepção sobre o Estado, apresentamos as políticas adotadas pelo Estado brasileiro a partir da década de 1990, com a redefinição de seu papel, passando a funcionar como gerenciador, financiador e avaliador, transferindo responsabilidades para os entes federados, que passaram a assumir a execução das políticas públicas, como acontece no município de Bom Jesus da Lapa.

A palavra *Estado* deriva do latim *status*, refere-se a um modo de estar, situação, condição. Designa "a máxima organização de um grupo de indivíduos sobre um território em virtude de um poder de comando: civitas, que traduzia o grego pólis" (BOBBIO, 1987, p. 66).

O conceito de Estado surge em inúmeros estudos da Teoria Política e da Sociologia Política, indicando a pluralidade de fontes quanto à definição moderna do termo, bem como da diversidade de abordagens encontradas. Bobbio (2017, p. 96, grifos do autor) discute as várias abordagens sobre a origem do termo e cita, entre elas, uma bastante recorrente:

> O Estado, entendido como ordenamento político de uma comunidade, nasce da dissolução da comunidade primitiva fundada sobre os laços de parentesco e da formação de comunidades mais amplas derivadas da união de vários grupos familiares por razões de sobrevivência interna (o sustento) e externa (a defesa). Ao passo que, para alguns historiado-

> res contemporâneos, como já se afirmou o nascimento do Estado assinala o início da era moderna, segundo aquela mais antiga e mais comum interpretação o nascimento do Estado representa o ponto de passagem em idade primitiva, gradativamente diferenciada em selvagem e bárbara, à idade civil, onde "civil" está ao mesmo tempo para "cidadão" e "civilizado".

Conforme o teórico, destacam-se três momentos históricos do conceito de Estado. O primeiro está ligado à Antiguidade Clássica e às Cidades-Estado grega. O segundo definiu-se entre a Idade Média e a Renascença, sendo difundido com base na obra *O príncipe*, de Maquiavel (1977, p. 5), em que o autor afirma que "todos os estados, todos os domínios que imperaram e imperam sobre os homens, foram e são ou repúblicas ou principados". Um terceiro momento relaciona o nascimento do Estado ao início da era moderna. Marx e Engels (1968) tratam da definição de Estado pelo viés econômico, associando o nascimento do Estado ao da propriedade privada e da divisão de classes.

Na notória abordagem de Marx (1973), o Estado assume uma concepção materialista da história e emerge das relações de produção, não representa o bem comum, mas é a expressão política da estrutura de classe inerente à produção, que tem a burguesia como figura de dominação. Para compreendermos as ideias de Karl Marx, podemos partir de sua proposição de que "a história de toda sociedade até hoje é a história de lutas de classes" (MARX, 1996, p. 66).

Essa proposição, embora parta de um ponto de vista histórico, mostra que Marx desenvolveu suas ideias com base no contexto em que estava inserido, abordando as questões da sociedade capitalista de sua época. Nesse sentido, afirmou: "a nossa época, a época da burguesia, caracteriza-se, entretanto, por ter simplificado os antagonismos de classe. A sociedade vai se dividindo cada vez mais em dois grandes campos inimigos [...]: burguesia e proletariado" (MARX, 1996, p. 67).

Para Marx (1977, p. 96), "o poder político do Estado representativo moderno nada mais é do que um comitê para administrar os negócios comuns de toda a classe burguesa". O Estado seria originário da necessidade de um grupo ou classe social, de manter seu domínio econômico por meio de um domínio político sobre outros grupos ou classes.

O pensamento de Marx em torno do Estado da sociedade civil pode ser encontrado no decorrer de sua vasta produção, desde 1843-1844 até a publicação de *O capital* (1968). Entretanto, os textos produzidos em Paris, conhecidos como *Manuscritos econômico-filosóficos*, juntamente à *Crítica da filosofia do direito de Hegel* (Introdução) e *A questão judaica*, podem ser considerados os marcos iniciais da crítica marxiana à produção da filosofia idealista e política da época.

Nesses escritos, Marx já demonstra que as contradições e os fetiches da sociedade capitalista impregnam a filosofia idealista e a política, marcadas pela não ultrapassagem do nível aparente da realidade. Para Marx (1982), é preciso alcançar o conteúdo essencial da sociedade burguesa. Sua crítica diz respeito às operações da filosofia idealista que insistiam em tomar o Estado, a população, o dinheiro, e assim por diante, como categorias descoladas da totalidade social.

Marx (1982) chama a atenção para a necessária reconstrução histórica das categorias *Estado, sociedade civil, mercadoria* e *capital*, que não têm uma essência a-histórica, não fazem parte de uma natureza humana imutável e eterna, mas são construções históricas e precisam ser analisadas nessa perspectiva. Nesse momento, descarta toda a herança contratualista, que pressupunha a existência abstrata de uma natureza humana. Para ele, mesmo que a essência das relações entre os homens seja construída historicamente, ela precisa ser explicada pela história.

Marx (1982), para demonstrar que o Estado não é um princípio de universalidade e racionalidade, ou uma instância para além dos interesses privados, como queria Hegel, ou uma esfera instituída mediante a elaboração de um suposto e abstrato pacto (que nunca fora comprovado), como queriam os contratualistas, recorreu ao estudo do Estado burguês concreto e dos princípios ideológicos que o orientam: a Declaração dos Direitos do Homem.

Para Mészáros (2011, p. 106), o capitalismo necessita de estruturas que viabilizem seu controle na sociedade. Assim, a formação do Estado moderno "é uma exigência absoluta para assegurar e proteger permanentemente a produtividade do sistema". Dessa forma, o Estado exerce controle sobre as práticas políticas e atua paralelamente ao sistema para favorecer as dinâmicas mutantes de sua expansão e de acumulação de capital.

É nessa linha de pensamento que o Estado adota, por meio de suas ações sociais (na educação, saúde etc.), papel inexorável nas práticas de manutenção do capital. Constitui-se, assim, como requisito indispensável para sua produção e, no dizer de Mészáros (2011, p. 99), um "microcosmo sociometabólico do capital", ou seja, uma unidade de reprodução socioeconômica, capaz de fazer funcionar, mediante sua estrutura de comando e controle político, as estruturas reprodutivas.

O Estado moderno constitui a "única estrutura corretiva compatível com os parâmetros estruturais do capital como modo de controle sociometabólico" (MÉSZÁROS, 2011, p. 107). Ele protege legalmente a relação de forças estabelecidas, logo, sem essa estrutura jurídica não há como o capital manter sua eficácia econômica. Dessa forma, como parte integrante da própria base material do capital, o Estado tem o papel significativo na formação e na consolidação de todas as grandes estruturas reprodutivas da sociedade.

> O Estado moderno altamente burocratizado, com toda a complexidade de seu maquinário legal e político, surge da absoluta necessidade material da ordem metabólica do capital e depois, por sua vez, na forma de uma reciprocidade dialética torna-se uma pré condição essencial para a subsequente articulação de todo conjunto. (MÉSZÁROS, 2011, p. 108).

Segundo Mészáros (2011), isso significa dizer que o Estado afirma-se como pré-requisito indispensável para o funcionamento permanente do sistema do capital em suas mais ínfimas relações, não impondo barreiras para sua expansão. Desse modo, assume papel totalizador e fundamental nesse modelo de sociedade, pois deve sempre ajustar suas funções reguladoras em sintonia com a dinâmica do processo de reprodução socioeconômica, completando politicamente e reforçando a dominação do capital.

Nesse cenário, Mészáros (2011) acrescenta ainda que o sistema capitalista é a mais poderosa estrutura totalizadora de controle; tudo deve ajustar-se a ela, inclusive os seres humanos, e tudo prova sua viabilidade produtiva. O autor pontua esse sistema como algo globalmente dominante, que se sobrepõe a tudo e aos seus próprios critérios de viabilidade, sempre a favor do grande capital. É pautado nesse argumento que caracteriza o sistema como movimento incontrolável, "totalizador irrecusável e irresistível, não importa quão repressiva tenha de ser a imposição de sua função totalizadora" (MÉSZÁROS, 2011, p. 96).

Sobre a incorrigível lógica do capital e seu impacto sobre a educação, Mészáros (2008, p. 27) ressalta que "o capital é irreformável porque pela sua própria natureza, como totalidade reguladora sistêmica, é totalmente incorrigível". Isso significa que o sistema capitalista e neoliberal modifica-se para adaptar-se às novas demandas do mercado. E a educação não foge desse processo. Em cada contexto histórico, os capitalistas criam nomenclaturas para os programas educacionais para ludibriar os povos subalternizados da classe trabalhadora. Tudo isso ocorre com a mediação do Estado que, por si só, promove políticas educacionais e gera mecanismos que dificultam a implementação dessas políticas.

Com relação a essa questão, Frigotto (2006, p. 100) apresenta-nos elucidações sobre o sistema capitalista e afirma que o "Estado é levado a realizar mediações intercapitalistas, com a finalidade de preservar o sistema como um todo". Desse modo, cumpre seu movimento e, com isso, alavanca seu crescimento.

Outrossim, Frigotto (2006) acrescenta que o Estado assume, como própria forma, o modo de produção capitalista enquanto gerenciador de suas relações dentro do movimento de acumulação, concentração e centralização do capital. Todas as mediações citadas pelos autores elencados sustentam a afirmação de que o sistema é revestido de fetiches e personificações. Diante das Políticas de Educação Ambiental, visualizamos com muita clareza essas mudanças para atender à lógica de mercado, que conta com a cooperação de organismos nacionais e internacionais para a consolidação dessas ações.

Nesse terreno, com a internacionalização da economia, acentuada pelas políticas neoliberais, a educação e o conhecimento tornaram-se moedas importantes para o capitalista, sobretudo em razão da mediação das organizações supranacionais – Organização das Nações Unidas para a Educação, a Ciência e a Cultura (Unesco), Organização para a Cooperação e Desenvolvimento Econômico (OCDE), Banco Mundial (BM), Fundo Monetário Internacional (FMI), Organização Internacional do Trabalho (OIT),[11] entre outras –, que se alastram rapidamente por todos os espaços.

Essas organizações têm influência direta nos objetivos da Educação e a vertente de políticas públicas de Educação Ambiental é afetada diretamente por todos esses acordos internacionais e nacionais. Como exemplo, temos a Agenda 2030, que determina os Objetivos do Milênio. Eles são conhecidos como Objetivos de Desenvolvimento Sustentável (ODS) e estão

[11] A Organização Internacional do Trabalho (OIT ou ILO, do inglês International Labour Organization) é uma agência multilateral da Organização das Nações Unidas, especializada nas questões do trabalho, especialmente no que se refere ao cumprimento das normas (convenções e recomendações) internacionais. Sua missão é promover oportunidades para que homens e mulheres tenham acesso a um *trabalho decente* (conceito formalizado pela OIT em 1999) e produtivo, em condições de liberdade, equidade, segurança e dignidade humanas, sendo consideradas condições fundamentais para a superação da pobreza, a redução das desigualdades sociais, a garantia da governabilidade democrática e o desenvolvimento sustentável.

interconectados com diversas pastas dos governos. Assim, têm uma ideologia, uma filosofia e uma política econômica pré-definidas para atender às metas e aos planos do Estado, que se compromete com essas organizações supranacionais.

Em consonância com Mészáros (2011), o desafio e o fardo do nosso tempo histórico é fazer prevalecer a reciprocidade dialética do internacionalismo socialista. A casa em que todos nós vivemos não pode ser demolida, mas precisa de uma reestruturação verdadeiramente radical.[12] As exigências da transformação revolucionária são profundamente interconectadas no mundo inteiro. Somente sobre essa base a globalização pode funcionar para o benefício da humanidade.

A estratégia utilizada pelos organismos para disseminar e fortalecer o capitalismo é a constante busca para conciliar as desigualdades econômicas, sociais e ambientais por meio do silenciamento do pensamento crítico. Essa mordaça camufla as divergências para, consequentemente, anular os conflitos mediante ações governamentais e estatais.

As políticas públicas educacionais são ações e propostas de Estado e de governos que surgem como reguladores da sociedade, porém não são consensuais e têm definições multicêntricas. As decisões do governo e de outros atores sociais constituem o que se conhece com o nome genérico de políticas públicas (HEIDEMANN, 2009; SECCHI, 2013; SOUZA, 2006). Já o autor Dye (2005, p. 1) afirma que política pública "é tudo que os governos decidem, fazem ou deixam de fazer". Compreendemos, então, que as políticas públicas são ações governamentais ou não, que objetivam o bem viver, o bem comum da sociedade.

De acordo com a teoria gramsciana, nas sociedades de tipo ocidental, como a brasileira, a hegemonia (que se realiza nas diversas instâncias da sociedade civil) não pode ser negligenciada pelos grupos sociais dominados que pretendem modificar sua condição e assumir o comando do conjunto social. Para as classes subalternas, é importante construir uma contra-hegemonia, articulando-se para interferir nos sindicatos, nos partidos políticos, nos meios de comunicação, nas escolas e nas demais instituições que constroem as hegemonias ética e política. É nesse processo que as políticas educacionais são produzidas.

---

[12] Segundo Loureiro (2003, p. 39), "radical não no sentido vulgar, encontrado no senso comum, de algo sem racionalidade consistente, mas no sentido proposto por Marx na Sagrada Família, de atacar o problema pela raiz, sendo a raiz o próprio ser humano, constituído e constituinte do todo social".

As políticas educacionais situam-se no âmbito das políticas públicas de caráter social e representam

> [...] a materialidade da intervenção do Estado, ou o "Estado em ação". [...] Sendo assim, quando se enfoca as políticas públicas em um plano mais geral e, portanto, mais abstrato, isto significa ter presente as estruturas de poder e de dominação, os conflitos sociais infiltrados por todo o tecido social e que tem no Estado o lócus de sua condensação. (AZEVEDO, 2004, p. 5).

Nessa perspectiva, as políticas educacionais não são estáticas, mas dinâmicas, ou seja, estão em constante transformação. Para compreendê-las é necessário entender o projeto político do Estado em seu conjunto e as contradições do momento histórico em questão.

Nesse contexto das políticas públicas há um metabolismo social; assim, acontece a descontinuidade dessas ações, agendas ou metas. O Plano de Desenvolvimento da Educação (PDE), lançado oficialmente com as devidas pompas e circunstâncias no dia 24 de abril de 2007, anunciou um pacote de 30 Programas Educacionais para a Educação brasileira, porque ocorreu uma descentralização das ações e um regime de colaboração foi pulverizado ou compartilhado entre os entes federados.

Na história da Educação brasileira, essas reformas revelam uma movimentação pendular, em ziguezague, como explica Saviani (2012, p. 11, grifo do autor):

> [...] esta [descontinuidade] se manifesta de várias maneiras, mas se tipifica mais visivelmente na pletora de reformas de que está povoada a história da educação brasileira até os dias atuais. Essas reformas, vistas em retrospectiva de conjunto, descrevem um movimento que pode ser reconhecido pelas metáforas de ziguezague ou do pêndulo.

A metáfora do ziguezague indica as fragilidades da descontinuidade, o sentido tortuoso, sinuoso, das variações e das alterações sucessivas observadas nas reformas educacionais. O movimento pendular mostra o vaivém de dois temas que se alternam sequencialmente na medida das reformas da estrutura educacional. Essa descontinuidade acontece devido à mudança de governo ou a mudanças nas equipes de governo ou de um secretário de Educação, a alterações de interesses partidários e econômicos ou a acordos entre organismos nacionais ou internacionais.

Não podemos desconsiderar as dimensões das políticas públicas e suas mediações. Azevedo (2004) adverte que devem ser consideradas as dimensões econômicas e financeiras, além de haver a necessidade de se compreender o grau de relevância social, cultural e política dos setores da sociedade dominante, buscando principalmente entender a dialética entre a intervenção estatal e a estrutura da organização social. Salientamos "a amplitude do espaço 'político' das 'políticas públicas', prefigurando-o na dialética da relação entre a reprodução global das sociedades e a reprodução de cada setor específico para o qual se concebe e se implementar determinada política" (AZEVEDO, 2004, p. 59).

Na sociedade capitalista, o Estado assume a função de impulsionar a política econômica com o intuito de consolidar e expandir o capital, favorecendo, assim, interesses privados em detrimento dos interesses da coletividade, o que caracteriza a política econômica por seu caráter antissocial (SAVIANI, 2007). Contraditoriamente, os efeitos gerados por essa política econômica concentradora de riqueza impedem a continuidade do sistema econômico capitalista.

Para haver equidade social, o Estado precisa promover políticas públicas ou políticas sociais nas áreas de Saúde, Habitação, Assistência e Previdência Social, Cultura e Educação. Azevedo (2004, p. 58) analisa as políticas educacionais no âmbito das políticas sociais e da ação do Estado, que deve ser compreendida "[...] para além de uma concepção abstrata dos 'requerimentos da cumulação', que pouco auxilia na apreensão do fenômeno em sua concretude e complexidade".

Nas sociedades capitalistas, diante dos atuais contextos nacional e mundial, as discussões contemporâneas no campo da Educação Ambiental tornam-se cada vez mais visíveis. Com a crescente degradação da natureza e suas consequências, como as mudanças climáticas, a redução da biodiversidade, os riscos socioambientais locais e globais, ampliam-se as necessidades planetárias. Torna-se urgente uma prática social diferenciada, que leve em consideração as populações de regiões do planeta em situações de vulnerabilidade, a exemplo das comunidades tradicionais quilombolas do campo. Embora o Estado esteja submetido aos interesses gerais da sociedade capitalista, desde a sua organização até sua administração do público, as políticas públicas, sobretudo as de cunho social, são produto das lutas, de resistências dos movimentos sociais, de pressões políticas e de conflitos entre os grupos e classes que constituem a sociedade.

Leonardo Secchi (2013) apresenta-nos a diferença entre *politics* e *policy* no primeiro capítulo do livro *Políticas públicas: conceitos, esquemas de análise, casos práticos*. Ele ressalta que essa distinção é necessária, pois, nos países latinos, esses dois termos têm uma única tradução: política. Assim, política enquanto *politics* diz respeito às formas de obtenção e de manutenção do poder sobre os homens; já o termo *policy* remete à política em um sentido mais concreto de orientação para decisão e ação.

Segundo Secchi (2013), o termo *política pública* (*public policy*) enquadra-se no segundo sentido da concepção de política, ou seja, é uma *policy*. Em suas palavras, "políticas públicas tratam do conteúdo concreto e do conteúdo simbólico de decisões políticas, e do processo de construção e atuação dessas decisões" (SECCHI, 2013, p. 1).

Ainda de acordo com Secchi (2013), as políticas públicas são diretrizes elaboradas para a resolução de um problema público coletivamente relevante, tendo como elementos fundamentais a intencionalidade pública, que nada mais é do que a motivação para que se estabeleçam ações para tratar de um problema, e a resposta a um problema público, estando esse problema entre o *status quo* e uma possível situação idealizada por uma coletividade. Alguns questionamentos são levantados sobre o tema:

> 1. Políticas públicas são elaboradas exclusivamente por atores estatais? Ou também por atores não estatais?
>
> 2. Políticas públicas também se referem à omissão ou à negligência?
>
> 3. Apenas diretrizes estruturantes (de nível estratégico) são políticas públicas? Ou as diretrizes mais operacionais também podem ser consideradas políticas públicas? (SECCHI, 2013, p. 2)

No tocante à primeira indagação, há na literatura duas linhas de estudos sobre políticas públicas que defendem diferentes concepções sobre o protagonismo. Uma é a abordagem estatista ou estadocêntrica, que determina que uma política é pública somente quando proveniente de um ator estatal. Todavia, de acordo com Agum, Riscado e Menezes (2015, p. 17), "a abordagem estatista não ignora os atores não-estatais; ela reconhece entre os vários participantes da vida pública o poder de influenciar ou não uma prática de política pública".

Em contraposição à abordagem multicêntrica, há aquela que considera que as políticas públicas podem ser estabelecidas por uma junção de atores estatais com organizações privadas, organizações não governamentais, organismos multilaterais e redes de políticas públicas. Nela, qualquer ator social pode ser protagonista de políticas públicas, desde que o problema tenha características públicas.

Para Secchi (2013, p. 6),

> [...] a partir da concepção de política como diretriz é bastante difícil aceitar a omissão como forma de política pública. A lógica desse argumento é: se um problema público é interpretativo, e todos os cidadãos visualizam problemas públicos de forma diferenciada, todo e qualquer problema, por mais absurdo que seja, daria luz a uma política pública. Se todas as omissões e negligências de atores governamentais e não governamentais fossem consideradas políticas públicas, tudo seria política pública. Ademais, seria impossível visualizar a implementação da política pública, bem como seria impossível distinguir entre impactos da política pública e o curso natural das coisas, a casualidade.

Secchi (2013) introduz o estudo do ciclo de políticas públicas (*policy cicle*), também conhecido por processo de elaboração de políticas públicas (*policy-making process*). O autor afirma que "o ciclo de políticas públicas é um esquema de visualização e interpretação que organiza a vida de uma política pública em fases sequenciais e interdependentes" (SECCHI, 2013, p. 33).

Concluímos que a política é a arte de administrar o bem público, e toda política deveria ser considerada pública ou social. Todavia, nas sociedades em que os meios de produção são apropriados por determinada classe social (elite), o Estado acaba por também ser apropriado por essa classe, a fim de gerir seus interesses econômicos.

Em suma, as políticas públicas são o resultado das lutas de classes, de conflitos, de acordos políticos ou financeiros de organismos nacionais ou internacionais que afetam diferentes grupos ou classes que compõem a sociedade. Dessa breve explanação sobre alguns aspectos de políticas públicas, Bobbio (1987, p. 160) complementa que se pode inferir que, em linhas gerais, sua posição tenta compreender a política como "atividade ou conjunto de atividades que têm de algum modo, como termo de referência, a pólis, isto é, o Estado".

É de grande importância elencar que as políticas públicas podem emergir dos movimentos sociais por meio de demandas da sociedade, mas, de fato, quem regulamenta é o Estado. Embora ele seja o promotor de metas e ações, muitas vezes para atender à demanda dos mercados nacional e internacional, assim como de acordos políticos e econômicos, ele mesmo cria mecanismo de regulação, de monitoramento, de avaliação e, agora de forma intensa, de impedimento da implementação dessas políticas públicas nas esferas social, ambiental e econômica.

No próximo capítulo abordamos as políticas públicas elencadas no Plano Nacional da Educação (PNE) em consonância ao Plano de Desenvolvimento da Educação e aos Programas do Plano de Ações Articuladas. Ademais, evidenciamos as ações e as propostas vinculadas a nosso objeto de pesquisa: as políticas públicas de educação ambiental em escolas quilombolas em Bom Jesus da Lapa.

4

EDUCAÇÃO AMBIENTAL COMO POLÍTICA PÚBLICA

No capítulo anterior conhecemos parte do processo histórico das políticas públicas e seus desmembramentos na sociedade na visão de diversos autores. Agora vamos nos aprofundar nas políticas de Educação Ambiental e em seu processo histórico.

4.1 POLÍTICAS PÚBLICAS: LEIS, DIRETRIZES E PRINCÍPIOS

No contexto internacional das Políticas de Educação Ambiental, notamos que elas surgiram em razão de demandas e lutas dos movimentos sociais. O termo Educação *Ambiental* foi adotado pela primeira vez em 1965, em um evento de Educação promovido pela Universidade de Keele, no Reino Unido. Tornou-se um campo específico em 1975, no Seminário Internacional de Educação Ambiental, em Belgrado/Iugoslávia. Desde então, importantes encontros mundiais têm discutido ações em defesa do meio ambiente, e em todos eles o reconhecimento da importância da Educação Ambiental consta de suas recomendações.

Dispositivos legais também foram elaborados para garantir o desenvolvimento da Educação Ambiental em níveis local, nacional e internacional. Entre eles, podemos citar a Conferência das Nações Unidas sobre o tema Ambiente Humano, realizada em 1972, em Estocolmo/Suécia, que orientou, por meio da recomendação 96 e do princípio 19, a necessidade de inserir a discussão acerca do ambiente na Educação. Assim, a Conferência das Nações Unidas sobre o Meio Ambiente Humano, ocorrida em Estocolmo em 1972, teve como preocupação central a degradação do meio ambiente e a necessidade de uma limitação ao crescimento sem controle, e marcou oficialmente o surgimento da Educação Ambiental.

O Princípio 19 da Declaração sobre o Meio Ambiente Humano considera indispensável o esclarecimento da população sobre questões ambientais e a contribuição dos meios de comunicação em massa para a construção da opinião e da informação. Como consequência da recomendação 96 do plano de ação resultante dessa Conferência, a Organização das Nações Unidas para a Educação, Ciência e Cultura (Unesco) e o Programa das Nações Unidas para o Meio Ambiente (Pnuma) lançaram o Programa Internacional de Educação Ambiental (Piea), em 1975, com a expectativa de dar possíveis respostas aos problemas ambientais.

No que diz respeito à Conferência Internacional de Tbilisi/Georgia, em 1977, ao Seminário de Educação Ambiental para a América Latina na Costa Rica, em 1979, e ao Seminário Latino-Americano de Educação Ambiental na Argentina, em 1988, vemos que eles reforçaram a necessidade de preservação do patrimônio histórico-cultural e a função da mulher na promoção do desenvolvimento local e da cultura ecológica. Já o Congresso Internacional sobre Educação Ambiental e a Formação Relativa ao Meio Ambiente, celebrado em Moscou, em 1987, pretendeu avaliar os avanços obtidos, bem como ratificar as diretrizes de Tbilisi, de modo que enfatizou o estímulo à organização de redes de informação e comunicação entre os profissionais, além de definir a capacitação de profissionais de nível técnico como essencial a uma intervenção instrumental compatível com parâmetros sustentáveis.

Outro evento fundamental foi a Jornada Internacional de Educação Ambiental, realizada simultaneamente à Conferência das Nações Unidas sobre o Meio Ambiente e Desenvolvimento, no Rio de Janeiro, em 1992, na qual foi produzido o Tratado de Educação Ambiental para Sociedades Sustentáveis e Responsabilidade Global, que expressa o que educadores de todos os continentes pensam em relação à Educação Ambiental. De acordo com esse documento,

> [...] a Educação Ambiental deve contribuir para a formação de uma Consciência sobre a importância da preservação da qualidade do Meio Ambiente em sua relação ao desenvolvimento, para o qual a educação deverá difundir conhecimentos sobre as alternativas produtivas menos degradantes para o Meio Ambiente, assim como fomentar a adoção de modos de vida compatíveis com a preservação da qualidade do mesmo. (CONFERÊNCIA DE TBILISI, 1977, p. 6).

Nesse terreno, percebemos que as políticas públicas estão interligadas a todos os setores da sociedade e sua ausência pode afetar significativamente a qualidade de vida das pessoas, principalmente dos povos tradicionais, homens, mulheres e crianças do campo em todas as idades.

> A lei reafirma o direito à educação ambiental a todo cidadão brasileiro comprometendo os sistemas de ensino a provê-lo no âmbito do ensino formal. Em outras palavras, poderíamos dizer que toda(o) aluna(o) na escola brasileira tem garantido esse direito, durante todo o seu período de escolaridade. Segundo o Censo Escolar do INEP, 94% das escolas do ensino fundamental, em 2004, diziam praticá-la, seja por meio da inserção temática no currículo em projetos ou até mesmo em disciplina específica. Essa universalização é motivo para comemoração porque, em tese, esse direito estaria assegurado. Entretanto isso não significa que ela está em sintonia com os objetivos e princípios da PNEA,[13] ainda é necessário qualificá-la ampliando as pesquisas, os programas de formação de docentes e desenvolvendo indicadores para avaliação. A PNEA traça orientações políticas e pedagógicas para a educação ambiental e traz conceitos, princípios e objetivos que podem ser ferramentas educadoras para a comunidade escolar. Mas a lei, por si mesma, não produz adesão e eficácia. Somente quando se compreende a importância do que ela tutela ou disciplina, captando seu sentido educativo, é que ela pode ser transformadora de valores, atitudes e das relações sociais. Quando isso não ocorre se diz que a lei não tem eficácia, ou seja, não "pegou". (MELLO; TRAJBER, 2007, p. 31).

Com o intuito de elucidar o percurso histórico relacionado às questões ambientais e à promoção da Educação Ambiental (EA) no mundo e, posteriormente, no Brasil, é conveniente delinear seu histórico até a promulgação da Lei Federal n.º 9.795, de abril de 1999, que institui a Política Nacional de Educação Ambiental (Pnea) e seus desdobramentos.

Quadro 2 – Acontecimentos históricos internacionais no âmbito da Educação Ambiental

Ano	Marcos históricos da Educação Ambiental
1962	O livro *Primavera silenciosa*, de Rachel Carson, alertava sobre os efeitos danosos de inúmeras ações humanas sobre o ambiente, como o uso de pesticidas.
1965	Foi utilizada a expressão Educação Ambiental (*Environmental Education*) na Conferência de Educação da Universidade de Keele, Grã-Bretanha.
1966	Estabeleceu-se o Pacto Internacional sobre os Direitos Humanos na Assembleia Geral da ONU.

[13] Política Nacional de Educação Ambiental.

Ano	Marcos históricos da Educação Ambiental
1967	Houve a fundação do Clube de Roma.
1968	Nasceu o Conselho para a Educação Ambiental, no Reino Unido.
1970	Uma entidade relacionada à revista britânica *The Ecologist* elaborou o *Manifesto para sobrevivência*, em que insistia que um aumento indefinido de demanda não poderia ser sustentado por recursos finitos.
1972	Foi publicado o relatório *Os limites do crescimento econômico*, que estuda ações para obter no mundo um equilíbrio global como redução do consumo, tendo em vista determinadas prioridades sociais pelo Clube de Roma.
1972	Aconteceu a Conferência de Estocolmo com a Discussão do desenvolvimento e ambiente, conceito de ecodesenvolvimentos. Foi determinada a recomendação 96 sobre educação e meio ambiente.
1972	A ONU criou o organismo denominado Programa das Nações Unidas para o Meio Ambiente (Pnuma), sediado em Nairobi, no Quênia.
1973	Foi realizado o Registro Mundial de Programas de Educação Ambiental nos Estados Unidos da América (EUA).
1974	Ocorreu o Seminário de Educação Ambiental em Jammi, Finlândia. A Educação Ambiental passou a ser reconhecida como educação integral e permanente.
1975	No Congresso de Belgrado foi redigida a Carta de Belgrado, que estabelece metas e princípios da Educação Ambiental. Também foi criado o Programa Internacional de Educação Ambiental (Piea/ Unesco).
1976	Efetivou-se a Reunião Sub-regional de Educação Ambiental para o Ensino Secundário, em Chosica, Peru. Houve a discussão sobre as questões ambientais na América Latina estarem ligadas às necessidades de sobrevivência e aos direitos humanos.
1976	O Congresso de Educação Ambiental (Brazzavile, África) reconheceu a pobreza como maior problema ambiental.
1977	A Conferência de Tbilisi, Geórgia, estabeleceu os princípios orientadores da Educação Ambiental e enfatizou seu caráter interdisciplinar, crítico, ético e transformador.
1979	O Encontro Regional Europeu sobre Educação Ambiental para América Latina foi realizado em San José, Costa Rica.
1980	O Seminário Regional Europeu sobre EA para a Europa e América do Norte assinalou a importância do intercâmbio de informações e experiências.

Ano	Marcos históricos da Educação Ambiental
1980	Aconteceu o Seminário Regional sobre Educação Ambiental nos Estados Árabes, Manama e Barein, promovido pelo Pnuma/Unesco.
1980	Aconteceu a primeira Conferência Asiática sobre Educação Ambiental, em Nova Delhi, Índia.
1987	Foi divulgado o Relatório da Comissão Brundtland, denominado *Nosso futuro comum*.
1987	O Congresso Internacional do Pnuma/Unesco sobre Educação Ambiental, efetivado em Moscou, avaliou os avanços desde Tblisi, reafirmou os princípios de Educação Ambiental e pontuou a relevância e a necessidade de pesquisa e de formação nessa área.
1988	A Declaração de Caracas (Orpal/Pnuma) sobre gestão ambiental na América denunciou a necessidade de mudar o modelo de desenvolvimento.
1989	Houve o primeiro Seminário sobre Materiais para Educação Ambiental (Orleac/Unesco) Piesa, em Santiago, Chile.
1990	A Declaração de Haia, redigida no preparatório da Rio 92, sinalizou a importância da cooperação internacional nas questões ambientais.
1990	Ocorreu a Conferência Mundial sobre Ensino para Todos, contemplando a satisfação das necessidades básicas de aprendizagem, em Jomtien, Tailândia, destacando o conceito de analfabetismo ambiental.
1990	A ONU declarou o ano 1990 como o ano Internacional do Meio Ambiente.
1991	Foram feitas as reuniões preparatórias para a Rio-92.
1992	Houve: • Conferência sobre Meio Ambiente e Desenvolvimento, United Nations Conference on Environment and Development (Unced), na Rio-92. • Criação da Agenda 21. • Tratado de Educação Ambiental para Sociedades Sustentáveis. • Fórum das ONGs. • Divulgação da Carta Brasileira de Educação Ambiental pelo MEC.
1993	Aconteceu o Congresso Sul-Americano, na Argentina, dando continuidade à Rio-92.
1993	Organizou-se a Conferência dos Direitos Humanos, em Viena.
1994	Cairo sediou a Conferência Mundial da População.

Ano	Marcos históricos da Educação Ambiental
1994	O I Congresso Ibero-Americano de Educação Ambiental foi realizado em Guadalajara, México.
1995	A Conferência para o Desenvolvimento Social, ocorrida em Copenhague, solicitou a criação de um ambiente econômico-político-social-cultural e jurídico que permita o desenvolvimento social.
1995	Realização da Conferência Mundial da Mulher, em Pequim.
1995	Deu-se a Conferência Mundial do Clima, em Berlim.
1996	Ocorreu a Conferência Habitat II, em Istambul.
1997	Foi organizado o II Congresso Ibero-Americano de Educação Ambiental, também em Guadalajara, México.
1997	Nova Delhi, Índia, contou com a Conferência sobre Educação Ambiental.
1998	Thessaloniki, Grécia, recebeu a Conferência Internacional sobre Meio Ambiente e Sociedade: Educação e conscientização Pública para a Sustentabilidade.

Fonte: elaborado pela autora. Dados da pesquisa (2021)

No Brasil, esse movimento em prol da Educação Ambiental ocorreu tardiamente e com muita luta dos movimentos sociais. Os principais feitos estão elencados no Quadro 3.

Quadro 3 – Acontecimentos no Brasil que influenciam/influenciaram a Educação Ambiental

Ano	Marcos históricos da Educação Ambiental no Brasil
1967	**Lei de Fauna (Lei n.º 5.197/67)** Esta lei proporciona medidas de proteção à fauna. Ela classifica como crime o uso, a perseguição e a captura de animais silvestres, a caça profissional, o comércio de espécies da fauna silvestre e os produtos originários de sua caça, além de proibir a importação de espécie exótica e a caça amadora sem autorização do Instituto Brasileiro do Meio Ambiente e dos Recursos Naturais Renováveis (Ibama). Também criminaliza a exportação de peles e couros de anfíbios e répteis.
1971	Criou-se, no Rio Grande do Sul, a Associação Gaúcha de Proteção ao Meio Ambiente Natural (Agapan).
1972	A Delegação Brasileira na Conferência de Estocolmo declarou que o país está "aberto à poluição porque o que se precisa é dólares, desenvolvimento e emprego". Apesar disso, contraditoriamente, o Brasil liderava os países do Terceiro Mundo que não aceitavam a Teoria do Crescimento Zero, proposta pelo Clube de Roma

Ano	Marcos históricos da Educação Ambiental no Brasil
1973	Criou-se a Secretaria de Meio Ambiente (Sema), no âmbito do Ministério do Interior, que, entre outras atividades, contempla a Educação Ambiental.
1977	A Sema constituiu um grupo de trabalho para a elaboração de um documento sobre Educação Ambiental, definindo seu papel no contexto brasileiro.
1977	Seminário, encontros e debates preparatórios à Conferência de Tbilisi foram realizados pela Fundação Estadual de Engenharia do Meio Ambiente (Feema), no Rio de Janeiro (RJ).
1978	A Secretaria de Educação do Rio Grande do Sul desenvolveu o projeto Natureza (1978-1985).
1978	Criaram-se cursos voltados às questões ambientais em várias universidades brasileiras.
1979	O Departamento de Ensino Médio/MEC e a Companhia Ambiental do Estado de São Paulo (Cetesb) publicaram o documento *Ecologia – Uma proposta para o ensino 1º e 2º graus.*
1984	O Conselho Nacional de Meio Ambiente (Conama) apresentou uma resolução estabelecendo diretrizes para a Educação Ambiental.
1981	**Política Nacional do Meio Ambiente (Lei n.º 6.938/1981)** Dispõe sobre a Política Nacional do Meio Ambiente, seus Fins e Mecanismos de Formulação e Aplicação, e dá outras providências. Tem como objetivo a preservação, a melhoria e a recuperação da qualidade ambiental benéfica à vida, pretendendo garantir boas condições ao desenvolvimento socioeconômico, aos interesses da segurança nacional e à proteção da qualidade da vida humana. Proíbe a poluição e obriga ao licenciamento, além de regulamentar a utilização adequada dos recursos ambientais.
1985	O Parecer n.º 819/1985 do MEC reforça a necessidade da inclusão de conteúdos ecológicos ao longo do processo de formação do ensino de 1º e 2º graus, integrados a todas as áreas do conhecimento de forma sistematizada e progressiva, possibilitando a "formação da consciência ecológica do futuro cidadão".
1986	A Sema e a Universidade de Brasília (UnB) organizaram o primeiro Curso de Especialização em Educação Ambiental (1986-1988).
1986	Aconteceu o I Seminário sobre Universidade e Meio Ambiente.
1986	O Seminário Internacional de Desenvolvimento Sustentado e Conservação de Regiões Estuarinas foi realizado em Lagunares (Manguezais), São Paulo.
1987	O MEC aprovou o Parecer n.º 226/87, do Conselho Arnaldo Niskier, sobre a Inclusão e a Educação Ambiental nos Currículos Escolares de 1º e 2º graus.

Ano	Marcos históricos da Educação Ambiental no Brasil
1987	Ocorreu o II Seminário Universidade e Meio Ambiente, em Belém, Pará.
1988	A Constituição Brasileira de 1988, art. 225, no capítulo VI – Do Meio Ambiente, inciso VI, destaca a necessidade de promover a Educação Ambiental em todos os níveis e modalidades de ensino e a conscientização pública para preservação de meio ambiente. Para cumprimento dos preceitos constitucionais, leis federais, decretos, constituições estaduais e leis municipais determinam a obrigatoriedade da Educação Ambiental.
1988	A Fundação Getúlio Vargas traduziu e publicou o relatório de Brundtland, *Nosso futuro comum*.
1988	A Sema de São Paulo e a Cetesb publicaram a edição-piloto do livro *Educação ambiental — Guia para professores 1º e 2º graus*.
1988	Aconteceu o I Fórum de Educação Ambiental, em São Paulo.
1988	Foi criado o Instituto Brasileiro do Meio Ambiente e dos Recursos Naturais Renováveis (Ibama), pela fusão da Sema, da Superintendência do Desenvolvimento da Pesca (Sudepe), da Superintendência da Borracha (Sudhevea) e do Instituto Brasileiro de Defesa Florestal (IBDF), onde funciona a divisão de Educação Ambiental.
1989	Foi montado o Programa de Educação Ambiental em Universidade Aberta da Fundação Demócrito Rocha, por meio de encartes e jornais de Recife e Fortaleza.
1989	Houve o Primeiro Encontro Nacional sobre Educação Ambiental no Ensino Formal, promovido pelo Ibama, na Universidade Federal Rural de Pernambuco (UFRPE), em Recife.
1989	Criou-se o Fundo Nacional sobre Universidade e Meio Ambiente (FNMA) no Ministério de Meio Ambiente (MMA), fortalecendo projetos que incluem a Educação Ambiental.
1989	Aconteceu o III Seminário Nacional sobre Universidade e Meio Ambiente, em Cuiabá, Mato Grosso.
1990	Foi ministrado o I Curso Latino-Americano de Especialização em Educação Ambiental (Pnuma/Ibama/CNPq/Capes/UFMT), em Cuiabá, Mato Grosso (1990-1994).
1990	Ocorreu o IV Seminário Nacional sobre Universidade e Meio Ambiente, em Florianópolis, Santa Catarina.
1991	O MEC criou a Portaria n.º 678 (14/05/1991), que institui que todos os currículos, nos diversos níveis de ensino, devem contemplar conteúdos de Educação Ambiental.

Ano	Marcos históricos da Educação Ambiental no Brasil
1991	Foi realizado o Projeto de Informações sobre Educação Ambiental pelo Ibama e pelo MEC.
1991	Foi estabelecido o Grupo de Trabalho para Educação Ambiental coordenado pelo MEC, preparatório à Conferência Rio-92.
1991	Aconteceu o Encontro Nacional de Políticas e Metodologias para Educação Ambiental, promovido pelo Ibama, pelo MEC, pela Sema e pela Embaixada do Canadá.
1991	Ocorreu o II Fórum de Educação Ambiental em São Paulo.
1991	**Política Agrícola (Lei n.º 8.171/1991)** Essa lei objetiva a proteção do meio ambiente e estabelece a obrigação de recuperar os recursos naturais para as empresas que exploram economicamente águas represadas e para as concessionárias de energia elétrica.
1992	Foram criados os Núcleos Estaduais de Educação Ambiental (Neas) do Ibama.
1992	ONGs do Brasil participaram do Fórum de ONGs e da Redação do Tratado de Educação Ambiental para Sociedades Sustentáveis.
1992	O MEC promoveu, no Ciac do Rio das Pedras, em Jacarepaguá, no Rio de Janeiro, o *workshop* sobre Educação Ambiental, cujo resultado encontra-se na *Carta Brasileira de Educação Ambiental.*
1993	Foram criados os Centros de Educação Ambiental do MEC, com a finalidade de produzir e difundir metodologias em EA.
1994	Aprovou-se o Programa de Educação Ambiental (Pronea), com a participação do MMA, do Ibama, do MEC, do Ministério da Ciência e Tecnologia (MCT) e do Ministério da Cultura (Minc).
1994	Publicou-se, em português, a Agenda 21, feita por crianças e jovens do Fundo de Emergência Internacional das Nações Unidas para a Infância (Unicef).
1994	Aconteceu o III Fórum de Educação Ambiental, em São Paulo.
1996	Criou-se a Câmara Técnica de Educação Ambiental (Conama).
1996	Estabeleceu-se os novos Parâmetros Curriculares do MEC, que incluem a Educação Ambiental como tema transversal do currículo.
1996	Houve cursos de Capacitação em Educação Ambiental para os técnicos das Secretarias da Educação (Seduc) e das Delegacias Regionais do MEC (Demec) nos estados para orientar a implementação dos Parâmetros Curriculares (convênio Unesco-MEC)
1996	Criou-se a Comissão Interministerial de Educação Ambiental (Ciea) do MMA.

Ano	Marcos históricos da Educação Ambiental no Brasil
1997	Realizaram-se cursos de Educação Ambiental organizados pelo MEC, por meio da Coordenação de Educação Ambiental, para as escolas técnicas, e uma segunda etapa de capacitação para as Seduc e Demec (convênio Unesco-MEC)
1997	Deu-se a I Teleconferência Nacional de Educação do MEC.
1997	Vitória sediou o IV Fórum de Educação Ambiental e o I Encontro da Rede Educadores Ambientais.
1997	Brasília recebeu a I Conferência Nacional de Educação Ambiental.
1997	**Política Nacional de Recursos Hídricos (Lei n.º 9.433/1997)** Institui a política e o sistema nacional de recursos hídricos. Define a água como recurso natural limitado, provido de valor econômico, que pode ter diversos usos; por exemplo, o consumo humano, a produção de energia, o transporte, o lançamento de esgotos e outros. Essa lei também prevê a criação do Sistema Nacional para a coleta, o tratamento, o armazenamento e a recuperação de informações sobre recursos hídricos e fatores que interferem em seu funcionamento.
1997	A comunidade internacional convocou a Conferência das Nações Unidas para Meio Ambiente e Desenvolvimento (Cnumad), chamada Rio +5, para rever os compromissos empreendidos no Rio de Janeiro, em 1992. Durante o encontro, realizado em Nova York, houve uma preocupação em relação à lenta implementação da Agenda 21. A conclusão geral foi a de que embora certo progresso houvesse sido feito em relação ao desenvolvimento sustentável, várias das metas da Agenda 21 ainda estavam longe de serem concretizadas. A Conferência contribuiu para criar um ambiente político propício à aprovação do Protocolo de Kyoto, em dezembro de 1997.
1998	Instituiu-se a Lei n.º 9.605, de 12 de fevereiro de 1998, que dispõe sobre as sanções penais e administrativas derivadas de condutas e atividades lesivas ao meio ambiente.
1998	**Lei de Crimes Ambientais (Lei n.º 9.605/1998)** Trata das questões penais e administrativas no que diz respeito às ações nocivas ao meio ambiente, concedendo aos órgãos ambientais mecanismos para punição de infratores, como em caso de crimes ambientais praticados por organizações.
1999	Estabeleceu-se a Lei n.º 9.795, de 27 de abril de 1999, que dispõe sobre a Educação Ambiental e institui a Política Nacional de Educação Ambiental de forma obrigatória em todos os níveis de ensino e dá outras providências. Essa lei regulamenta a previsão feita pela Política Nacional de Meio Ambiente (PNMA), em seu artigo 9º, que considerou a Educação Ambiental um instrumento da política ambiental, e o previsto no artigo 225 da Constituição Federal.

Ano	Marcos históricos da Educação Ambiental no Brasil
2000	Instaurou-se a Lei n.º 9.984/00, que dispõe sobre a criação da Agência Nacional de Água (ANA), entidade federal de implementação da política nacional de recursos hídricos e de coordenação do sistema nacional de gerenciamento de recursos hídricos.
2000	**Lei n.º 9.985/2000** Estabeleceu a lei que cria o **Sistema Nacional de Unidades de Conservação da Natureza.** Entre seus objetivos estão a conservação de variedades de espécies biológicas e dos recursos genéticos, a preservação e a restauração da diversidade de ecossistemas naturais, e a promoção do desenvolvimento sustentável a partir dos recursos naturais.
2001	Implementou-se a Lei n.º 10.257/01, que instituiu o estatuto da cidade, condicionando seu crescimento ao bem-estar de seus habitantes e disciplinando o estudo de impacto de vizinhança para empreendimentos e serviços que possam interferir no meio ambiente urbano e na sadia qualidade de vida
2002	Foi publicado o Decreto n.º 4.281, de 25 de junho de 2002, que regulamenta a Lei n.º 9.795, de 27 de abril de 1999, que institui a Política Nacional de Educação Ambiental, e dá outras providências.
2010	Decretou-se a Lei n.º 12.305, de 02 de agosto de 2010, que institui a Política Nacional de Resíduos Sólidos.
2012	**Novo Código Florestal Brasileiro (Lei n.º 12.651/2012)** Criou-se a lei que dispõe sobre a preservação da vegetação nativa e revoga o código florestal brasileiro de 1965, determinando a responsabilidade do proprietário de ambientes protegidos entre a Área de Preservação Permanente (APP) e a Reserva Legal (RL) em preservar e proteger todos os ecossistemas.
	Estipulou-se a Agenda 2030, com os Objetivos de Desenvolvimento Sustentável.
2018	Aprovou-se o Decreto n.º 9.464, de 09 de agosto de 2018, que reabre, em favor dos Ministérios de Minas e Energia, do Meio Ambiente e da Defesa de Crédito especial, no valor de 310.963,014,00, aberto pelas leis específicas.
2018	Decretou-se a Portaria MMA n.º 28, de 19 de fevereiro de 2018, cujo Art. 1º institui o Programa Agenda Ambiental na Administração Programa A3P, desenvolvido e mantido pelo MMA e coordenado pela Secretaria de Articulação Institucional e Cidadania Ambiental,
2018	Publicou-se a Portaria MMA n.º 161, de 23 de maio de 2018, que institui a Semana Nacional de Conscientização da Perda e Desperdício de Alimentos.
2018	Implementou-se a Portaria MMA n.º 03, de 27 de fevereiro de 2018, que estabelece as Diretrizes do Programa da Agenda Ambiental na Administração Pública – Programa A3P.

Fonte: elaborado pelas autoras. Dados da pesquisa (2021)

A promulgação da Lei Federal n.º 6938/1981 instituiu a Política Nacional de Meio Ambiente (PNMA), alterada pelas leis n.º 7804/1989 e n.º 8028/1990 e regulamentada pelo Decreto n.º 99.274/90, que se constitui como um importante marco na história da legislação ambiental no Brasil, sendo seu passo mais importante e decisivo até então. Com efeito, a PNMA (BRASIL, 1981) definiu poluição como

> [...] a alteração adversa das características ambientais resultantes de atividades que direta ou indiretamente a) prejudiquem a saúde, a segurança ou o bem estar da população; b) criem condições adversas às atividades sociais e econômicas; c) afetem desfavoravelmente a biota; d) afetem as condições estéticas ou sanitárias do meio ambiente; e) lancem matérias ou energia em desacordo com os padrões ambientais estabelecidos.
>
> Reorientou a gestão ambiental no sentido de melhorar, recuperar e preservar a qualidade do meio ambiente em benefício da vida e de um desenvolvimento econômico em harmonia com a proteção ambiental.
>
> Impôs a responsabilidade objetiva para o poluidor, obrigando-o a indenizar ou reparar os danos ambientais causados por sua atividade, sem obstar a aplicação de penalidades de ordem administrativa tais como multas; perda ou restrição de benefícios fiscais; perda ou suspensão de participação em linhas de financiamento de agências oficiais de crédito; e suspensão de sua atividade
>
> Criou o SISNAMA – Sistema Nacional de Meio Ambiente de forma apta a permitir articulação nos três níveis de poder para ações de proteção e controle do uso dos recursos naturais, tendo como órgão consultivo e deliberativo o CONAMA[14] – Conselho Nacional de Meio Ambiente, contando com a participação paritária de representantes dos segmentos sociais; ampliando a competência dos Estados e descentralizando a gestão ambiental.
>
> Instituiu eficazes instrumentos de gestão como o zoneamento ambiental; o estabelecimento de padrões de qualidade ambiental; a avaliação de impactos ambientais; a educação ambiental; a criação de Unidades de Conservação; o licenciamento ambiental propriamente dito, prévio, à construção, instalação ampliação e funcionamento de estabelecimentos e atividades utilizadoras de recursos ambientais, considerados efetiva ou potencialmente poluidores, ou capazes, sob qualquer forma, de causar degradação ambiental.

[14] O Conama teve sua composição alterada pelo Decreto n.º 10.257/2001.

Foi necessário fazer essa citação longa sobre o Conama para termos uma clareza da grande importância desse Conselho na definição, fiscalização e proteção do meio ambiente, além de orientação sobre a Educação Ambiental e seus desdobramentos na sociedade. Ainda na esfera da legalidade, temos como subsídio o artigo 205 da Constituição Federal Brasileira de 1988, em especial o Inciso VI, segundo o qual é incumbência do "Poder público, promover a Educação Ambiental em todos os níveis de ensino e a conscientização pública para a preservação do meio ambiente" (BRASIL, [2019]).

Vimos, desde o início da gestão do governo Jair Bolsonaro, o desmonte das políticas públicas de Meio Ambiente e de Educação Ambiental. De acordo com as portarias e os decretos publicados entre o ano 2018-2021, presentes no Quadro 2, referendados no MMA, o governo federal de Jair Messias Bolsonaro instituiu e revogou uma série de decretos, portarias e leis de Educação Ambiental ou de Meio Ambiente, que promoveu o desmantelamento das políticas ambientais, com consequências graves para nossa biodiversidade e para a proteção das florestas. O fator mais observado foi o desmatamento, que aumentou considerável e desastrosamente, o que acarretou uma série de queimadas e desmatamento legalizado pelo órgão ambiental que deveria proteger e zelar pelo meio ambiente.

Além disso, houve o desmonte do Conama, por meio da Resolução n.º 491, de 19 de novembro de 2018, e do Decreto n.º 9.939, de 24 de julho de 2019, que alterou o Decreto n.º 99.274, de 6 de julho de 1990, para dispor o Conselho de Meio Ambiente. Outrossim, mediante o Decreto n.º 10.455, de 11 de agosto de 2020, aprovou-se a estrutura regimental e o quadro demonstrativo dos cargos em comissão e das funções de confiança de MMA e remanejou-se e transformou-se cargos em comissão em funções de confiança.

No Brasil, a Pnea, instituída pela Lei n.º 9.795/99, impõe às instituições de ensino a tarefa de desenvolverem de forma permanente a Educação Ambiental em todos os níveis e modalidades do processo educativo, em caráter formal. Conforme a referida lei,

> [...] entende-se [por] Educação Ambiental os processos por meio dos quais o indivíduo e a coletividade constroem valores sociais, conhecimentos, habilidades, atitudes e competências voltadas para a conservação do meio ambiente, bem de uso comum do povo, essencial à sadia qualidade de vida e sua sustentabilidade. (BRASIL, 1999).

Vale destacar que temos uma conquista histórica significativa: a menção à Educação Ambiental nas diversas legislações educacionais, especialmente na LDB, Lei n.º 9394/96, no PNE e em diversas Diretrizes Curriculares da Educação Básica e Superior.

A consciência do meio ambiente mostra-se tão relevante que a própria Constituição Federal de 1988, no artigo 225, afirma que "todos têm o direito ao meio ambiente ecologicamente equilibrado, bem de uso comum do povo e essencial à sadia qualidade de vida, impondo-se ao Poder Público e à coletividade o dever de defendê-lo e preservá-lo para as presentes e futuras gerações" (BRASIL, [2019]). A Educação Ambiental no Brasil, segundo diretrizes do MEC, é desenvolvida por intermédio de três modalidades básicas: projetos, disciplinas especiais e inserção da temática ambiental nas disciplinas (BRASIL, 2007b). E essa não é uma área de conhecimento e atuação isolada.

As Diretrizes Curriculares Nacionais de Educação Ambiental (DCNEA) apresentam um conceito crítico da Educação Ambiental com relação à sociedade e à natureza, em que cada indivíduo pode interferir na natureza com inúmeras possibilidades de intervenções e transformações por meio da ação-reflexão-ação. Esse comportamento depende do tipo de Educação Ambiental com que esse indivíduo foi envolvido desde a mais tenra idade e do seu processo histórico e relacional com a percepção ambiental, política e cultural em relação à natureza.

No próprio documento, as DNCEAs afirmam: "Art. 5º A Educação Ambiental não é uma atividade neutra, pois envolve valores, interesses, visões de mundo e, desse modo, deve assumir na prática educativa, de forma articulada e independente, as suas dimensões políticas e pedagógicas" (BRASIL, 2012b, p. 558).

Nessa linha de pensamento, os comportamentos ambientalmente corretos são aprendidos na prática, no cotidiano, contribuindo para a formação de cidadãos responsáveis e sujeitos ecológicos. Essas atividades levam os alunos a perceberem a correlação dos fatos e a terem uma visão crítica e sistêmica, ou seja, integral, do mundo em que vivem.

Para Leff (2000), a dialética compreende a práxis do ser humano como um ser social e histórico nos contextos econômicos e culturais. Para ele, a dialética apresenta-se nas análises da realidade orientada a transformar a natureza e a vida em sociedade pela vontade humana. Ela também proporciona as bases para uma interpretação da realidade que se aproxima de um mundo concreto, construído pelas relações sociais e que tem espaço e tempo em constante transformação. Desse modo, evidencia as questões ambientais atuais no sistema capitalista.

A Educação Ambiental, um dos Temas Integradores do Currículo Bahia, é definida pela Lei Estadual n.º 12.056/2011 como o conjunto de processos permanentes e continuados de formação individual e coletiva para a sensibilização, reflexão e construção de valores, saberes, conhecimentos, atitudes e hábitos. Seu objetivo é estabelecer uma relação sustentável da sociedade humana com o ambiente que integra, principalmente no que concerne à fauna, à flora e aos recursos hídricos (BAHIA, 2011).

Diante dos atuais cenários global e local, em que a preocupação com as mudanças climáticas, a degradação da natureza, a redução da biodiversidade, os riscos socioambientais locais e globais, além das necessidades planetárias, evidenciam-se na prática social, cabe às unidades escolares incluírem os princípios da EA de forma integrada aos objetos de conhecimentos obrigatórios.

Essa inserção representaria uma forma de intervenção ampla e fundamentada para o exercício pleno da cidadania, conforme destacado nas Leis de Diretrizes e Bases da Educação (Lei n.º 9.394/1996) e nas Diretrizes Curriculares Nacionais de Educação Ambiental, estabelecidas pela Resolução n.º 2, de 15 de junho de 2012, do Conselho Nacional de Educação, que estabelece as Diretrizes Curriculares Nacionais para a Educação Ambiental, bem como as resoluções dos Conselhos Nacional (CNE/CP n.º 02/2012) e Estadual (CEE n.º 11/2017).

As legislações supramencionadas, além de orientarem sobre as Diretrizes Nacionais de Educação Ambiental, sinalizam como devem ser estruturados os PPPs e, no artigo 15, como deve ser estabelecida a organização curricular:

> Art. 15. O compromisso da instituição educacional, o papel socioeducativo, ambiental, artístico, cultural e as questões de gênero, etnia, raça e diversidade que compõem as ações educativas, a organização e a gestão curricular são componentes integrantes dos projetos institucionais e pedagógicos da Educação Básica e da Educação Superior. § 1º A proposta curricular é constitutiva do Projeto Político-Pedagógico (PPP) e dos Projetos e Planos de Cursos (PC) das instituições de Educação Básica, e dos Projetos Pedagógicos de Curso (PPC) e do Projeto Pedagógico (PP) constante do Plano de Desenvolvimento Institucional (PDI) das instituições de Educação Superior. § 2º O planejamento dos currículos deve considerar os níveis dos cursos, as idades e especificidades das fases, etapas, modalidades e da diversidade sociocultural dos estudantes, bem como de suas comunidades de vida, dos biomas e dos

> territórios em que se situam as instituições educacionais. § 3º O tratamento pedagógico do currículo deve ser diversificado, permitindo reconhecer e valorizar a pluralidade e as diferenças individuais, sociais, étnicas e culturais dos estudantes, promovendo valores de cooperação, de relações solidárias e de respeito ao meio ambiente. (BRASIL, 2012b, p. 560).

Outrossim, o artigo da Resolução n.º 2, de 15 de junho de 2012, do Conselho Nacional de Educação, que estabelece as Diretrizes Curriculares Nacionais para a Educação Ambiental (CNE/CP n.º 02/2012), coaduna com nosso objeto de pesquisa, a Educação Ambiental Crítica, que se articula com a PHC, no artigo 17, e deixa bem claro que se deve considerar a diversidade de manifestações de vidas e a sustentabilidade, além dos processos políticos, econômicos, sociais e psicológicos.

Ainda, deve-se primar também pelo pensamento crítico por meio de estudos filosóficos, científicos, socioeconômicos, políticos e históricos, por uma vertente integrada e multidimensional, bem como reconhecer a múltipla diversidade de saberes e olhares científicos e populares sobre o meio ambiente, em especial, de povos originários e de comunidades tradicionais.

> Art. 17. Considerando os saberes e os valores da sustentabilidade, a diversidade de manifestações da vida, os princípios e os objetivos estabelecidos, o planejamento curricular e a gestão da instituição de ensino devem: I – estimular:
>
> a) visão integrada, multidimensional da área ambiental, considerando o estudo da diversidade biogeográfica e seus processos ecológicos vitais, as influências políticas, sociais, econômicas, psicológicas, dentre outras, na relação entre sociedade, meio ambiente, natureza, cultura, ciência e tecnologia;
>
> b) pensamento crítico por meio de estudos filosóficos, científicos, socioeconômicos, políticos e históricos, na ótica da sustentabilidade socioambiental, valorizando a participação, a cooperação e a ética;
>
> c) reconhecimento e valorização da diversidade dos múltiplos saberes e olhares científicos e populares sobre o meio ambiente, em especial de povos originários e de comunidades tradicionais;
>
> d) vivências que promovam o reconhecimento, o respeito, a responsabilidade e o convívio cuidadoso com os seres vivos e seu habitat;
>
> e) reflexão sobre as desigualdades socioeconômicas e seus impactos ambientais, que recaem principalmente sobre os grupos vulneráveis, visando à conquista da justiça ambiental;

> f) uso das diferentes linguagens para a produção e a socialização de ações e experiências coletivas de educomunicação, a qual propõe a integração da comunicação com o uso de recursos tecnológicos na aprendizagem. (BRASIL, 2012b, p. 560-561)

Essa resolução é bem abrangente no que diz respeito à organização da proposta curricular e às ações pedagógicas que permitam aos sujeitos a compreensão crítica da dimensão ética e política das questões socioambientais, situadas tanto na esfera individual como na pública.

Dessa forma, é possível promover uma EA que favoreça os conhecimentos científicos e filosóficos, assim como os saberes das comunidades tradicionais quilombolas. Podemos notar avanços diversos nas políticas de EA e na abordagem delas, contudo, infelizmente, desde o início da gestão do governo federal Jair Messias Bolsonaro (sem partido) houve muitos desmontes e retrocessos das políticas públicas de meio ambiente e, consequentemente, de EA, orquestrados pelo ministro de Meio Ambiente, Ricardo Salles.

De acordo com reportagem do jornal *Folha de São Paulo* (URIBE, 2020), Ricardo Salles não teve dificuldade em anunciar que aproveitaria a crise e aprovaria medidas ambientais que contrariassem muitas legislações, mesmo diante de uma crise sanitária. Assim, em uma reunião do Conselho de Meio Ambiente, no dia 28 de setembro de 2020, o referido Conselho foi desconfigurado para liberar medidas de interesse do governo.

Destacamos que não se trata da opinião de uma pessoa comum, mas de um estadista e representante do governo na pasta de Agricultura e Meio Ambiente, que, por lei e de acordo com a CF, art. 225, deveria ser a autoridade máxima para defender o meio ambiente e as legislações estabelecidas até então. Todavia a fala de Salles não foi isolada, outros membros do governo federal e o próprio governo comungam dessa mesma postura do ministro Ricardo Salles.

O desmonte do Conama, comandado por Ricardo Salles em 2020, aprovou medidas que devem agravar ainda mais a situação de crise ambiental no país. Ademais, mediante a aprovação de uma resolução que revoga outras três resoluções, Salles conseguiu beneficiar ruralistas e empresários do setor imobiliário de uma só vez.

A Resolução n.º 284, de 30 de agosto de 2001, estabelecia regras para o licenciamento de empreendimentos de irrigação. A n.º 302, de 20 de fevereiro de 2002, definiu parâmetros, conceitos e limites de áreas de preservação permanentes de reservatórios artificiais, como represas, e o regime de uso do entorno. Já a n.º 303, de 13 de maio de 2002, fixava limites de área de preservação permanente para a vegetação rasteira no litoral, como aquelas que protegem os manguezais.

Outrossim, no fim de setembro de 2020, o Conama revogou quatro resoluções que tratavam de diferentes áreas da política de EA do país. A reunião em que as resoluções foram destruídas foi convocada poucos dias antes pelo ministro do Meio Ambiente, Ricardo Salles, que articulou a revogação dessas resoluções. Duas das resoluções eliminadas restringiam o desmatamento e a ocupação em áreas de restinga, manguezais e dunas.

De fato, na prática, o fim das normas, em vigor desde 2002, criou a possibilidade de ocupação em áreas de restinga em uma faixa de 300 metros da praia. Antes, essas áreas eram consideradas de proteção ambiental. Na mesma reunião, o Conama também permitiu a queima de lixo tóxico – como embalagens de defensivos agrícolas –, em fornos usados originalmente para a produção de cimento.

Parafraseando Orso (2020), de acordo com o ministro, isto é, falando de forma oportunista, o governo deveria aproveitar do momento de tranquilidade da imprensa, em que a população encontrava-se distraída em meio ao sofrimento pelas perdas de vidas, familiares e amigos, empregos e fechamentos de empresas devido à pandemia da Covid-19, e realizar todas as reformas ambientais para agradar grandes empresários, latifundiários e grileiros, a fim de beneficiar a bancada ruralista.

Toda essa problemática não é recente, todavia, com as ações do governo federal de Jair Messias Bolsonaro, o desmonte das Política Públicas de Educação Ambiental avançaram com muita intensidade e celeridade, com o apoio do ministro do Meio Ambiente, Ricardo Salles, que se comportou de forma negligente, o que acarretou impactos negativos nas questões ambientais, econômicas e comportamentais na sociedade, no sentido de criminalizar os movimentos sociais e ambientalistas.

Portanto é preciso ir além de inserções pontuais e equivocadas que simplesmente se justapõem aos conteúdos disciplinares. Em especial, a Educação Ambiental precisa –inclusive por força legal – ser estabelecida de fato na BNCC, nos termos que se apresenta na Pnea e nas DCNEA (Resolução n.º 2, de 2012, do Conselho Nacional de Educação).

Para tanto, é essencial que se estabeleçam processos mais democráticos e qualificados de discussões e de elaboração de um documento digno de sua relevância, impacto e abrangência, que não contrarie princípios, conceitos e abordagens já consolidados no campo da Educação Ambiental, e considere a urgência e a complexidade das questões socioambientais. Em síntese, é imprescindível, para a reformulação da redação na versão final, o envolvimento de especialistas e instâncias que atuem diretamente com a Educação Ambiental.

No que tange à BNCC, analisamos e identificamos inúmeros equívocos, como: não se aprofundar nas questões da diversidade e das modalidades de educação escolar quilombola, jovens e adultos, e educação do campo. Além da insuficiência com relação à Educação Ambiental (expressão que não aparece sequer uma vez no documento), os problemas iniciam-se em um limitado e ultrapassado entendimento do tema.

Na realidade, a BNCC apresenta os temas de educação no trânsito, educação alimentar e nutricional, educação financeira e fiscal, e Educação Ambiental de forma bem superficial e desprovida de fundamentação teórica, focada na padronização. Apesar de a BNCC não enfatizar que a Educação Ambiental é muito mais do que um assunto ou temática que foca na preservação do meio ambiente, abarca outras temáticas caras para os movimentos sociais e para a educação do campo, a educação escolar quilombola, indígena e inclusiva, entre outras (BRASIL, 2017).

Cabe destacar que a EA não ocupa posição de centralidade nas discussões contemporâneas. Além disso, a abordagem em EA, no que diz respeito aos documentos e políticas educacionais, é extremamente precária, pois, apesar de afirmar que

> [...] na BNCC, essas temáticas são contempladas em habilidades de todos os componentes curriculares, [...] o que se constata é a quase inexistência da Educação Ambiental entre as unidades temáticas, os objetos de conhecimento e as habilidades do Ensino Fundamental. (BRASIL, 2017 p. 14).

Nas pouquíssimas vezes em que aparece na BNCC, traz um tratamento superficial e/ou simplista. Isso agrava ainda mais os problemas no tratamento dos temas contemporâneos, de modo que o próprio documento abre caminho para que eles sejam simplesmente ignorados, ao dizer que cabe "aos sistemas de ensino e escolas, de acordo com suas possibilidades e especificidades, tratá-la de forma contextualizada" (BRASIL, 2017, p. 14).

Os equívocos, as inadequações e a insuficiência com relação à Educação Ambiental na BNCC ficam evidentes quando se considera as "Competências Gerais da Base Comum Curricular Nacional" (BRASIL, 2017, p. 18-19), em especial, os itens 7 e 10, em que há a justaposição desencontrada de termos e ideias que pouco contribuem para qualificar os processos educativos envolvendo EA. Tais competências gerais balizam o documento e os problemas generalizam-se.

O documento traz inúmeros problemas de conceitos e redação, muitos deles inaceitáveis para o tipo e para a importância do documento, a começar pelo uso da noção de preservação do meio ambiente. Ele poderia apresentar um conceito bem mais crítico e sistêmico de sustentabilidade, previsto na Lei da Pnea.

Nesse contexto, é de suma importância que a comunidade escolar conheça e leve em consideração as orientações das DCNEA, as legislações, as resoluções e os programas relativos à EA, promovidos pelos entes federados em níveis federal, estadual e municipal, a fim de fortalecê-la.

Destacamos o Programa de Educação Ambiental do Sistema Educacional da Bahia (Proease) de 2012. Para o Proease, a Educação Ambiental deve ser abordada de forma sistemática e transversal, em todos os níveis de ensino, assegurando a presença da dimensão ambiental de forma interdisciplinar. Dessa forma, a Educação Ambiental deve ser vista de forma ampliada, não apenas voltada para o respeito e para a preservação do meio ambiente natural, pois o meio ambiente não é algo separado da dimensão humana. Também deve aprofundar-se em questões pertinentes à própria convivência do ser humano em sociedade e na interação que tem com todo o planeta e as demais formas de vida.

Assim, de acordo com as autoras Molina (2010) e Caldart (2004, p. 158), o educador do campo precisa refletir sobre suas experiências, sendo seu papel principal "o de fazer e o de pensar a formação humana, seja ela na escola, na família, na comunidade e/ou no movimento social". Dessa forma, o educador do campo quilombola tem um papel fundamental na construção de alternativas de organização do trabalho escolar. Ademais, ele precisa agir como agente de articulação e desenvolvimento, com um trabalho coletivo e contextualizado para a escola e para a comunidade.

Nessa linha de pensamento, a Educação Ambiental é rica, contínua e interminável. Viver é um ato contínuo de Educação Ambiental, pois, pelas experiências, vivências e contextos, o ser humano aprende a interagir melhor no meio. Uma das alternativas para a inclusão da temática ambiental no meio escolar é a aprendizagem em forma de projetos.

Segundo Capra (2003), essa é uma proposta alinhada com o novo entendimento do processo de aprendizagem, que sugere a necessidade de estratégias de ensino mais adequadas e evidencia a importância de um currículo integrado que valorize o conhecimento contextual, no qual as várias disciplinas sejam vistas como recursos a serviço de um objeto central. Esse objeto central também pode ser entendido como um tema transversal que permeia as outras disciplinas já constituídas e consegue levar para a realidade escolar o estudo de problemas do dia a dia.

Destacamos a importância de as unidades escolares, por intermédio de seus currículos, implementarem a Educação Ambiental de forma crítica. Para tanto, devem questionar as condicionantes sociais que geram problemas e conflitos socioambientais, isto é, precisam partir de uma perspectiva emancipatória. Devem também visar à autonomia dos sujeitos diante das relações de expropriação, de opressão e de dominação, em uma proposição transformadora. Com isso, busca-se a mudança do padrão societário, no qual se define a degradação da natureza e, em seu interior, da condição humana (BAHIA, 2015).

A Educação Ambiental é capaz de induzir dinâmicas sociais que levam a mudanças individuais e coletivas, locais e globais, que provocam uma abordagem colaborativa e crítica na busca da resolução dos problemas (LOUREIRO, 2004; SAUVÉ, 2005). Destarte, contribui para despertar o senso de responsabilidade de cada indivíduo por meio tanto da conservação ambiental quanto da convivência socioambiental e sociocultural no espaço em que os sujeitos vivem e atuam. A EA possibilita a integração dos saberes, permite que as questões cotidianas dialoguem com as ciências clássicas, contribuindo na formação de uma postura crítica e atuante.

Dessa forma, a PHC — que abarca o arcabouço filosófico do materialismo histórico — é fundamental na história e na compreensão da realidade, uma vez que a dialética é a estrutura de pensamento que permite apreender a realidade como resultado das contradições em permanente transformação, sobretudo em relação à crise ambiental ou ao metabolismo socioambiental.

Consubstanciado às questões já discutidas, Mészáros (2009, p. 33) assevera:

> O modelo de produção atual – o capitalismo tem colaborado para o agravamento da devastação no planetária. Esse modelo de desenvolvimento econômico capitalista transformou todos os entes do mundo, sejam eles vivos ou não vivos, em artigos vendíveis na sua procura desenfreada por lucro.

A dialética é essencial para conceber as contradições existentes na sociedade capitalista e no contexto educacional. Marx (1818-1883) adota a Dialética como um processo crítico-reflexivo pelas transformações e pelas contradições considerando três aspectos fundamentais: a matéria, a consciência e a prática social. A matéria serve para designar a realidade objetiva. Já a consciência reflete a educação que se realiza na família, na escola e na sociedade. Ela está unida à realidade material e influi sobre os sentidos, possibilitando a transformação das ações sociais.

Ainda segundo Marx (1818-1883), a tese está no objeto: o homem passa a ser o objeto dos outros homens. Do mesmo modo, a antítese é a negação da tese, que passa a ser uma negação do próprio ser, permitindo a passagem do não ser. Desse modo, Marx (1818-1883) adota a dialética como um processo crítico-reflexivo que se dá pelas transformações e contradições, considerando os três aspectos fundamentais citados anteriormente.

É pertinente salientar que há diversos caminhos para se compreender, desenvolver e realizar a EA. De acordo com Loureiro (2005, p. 1.475), desde quando foram identificadas as primeiras experiências relacionadas à EA, na década de 1970, começaram a se definir dois grandes blocos "que historicamente alcançaram maior destaque no cenário da Educação Ambiental, seja pela proximidade com as discussões políticas da área, pela tradição na educação ou pela afinidade com teorias que obtiveram maior acúmulo no debate ambientalista".

Um desses blocos, denominado de conservador ou comportamentalista, tema como características centrais:

- Compreensão naturalista e conservacionista da crise ambiental;
- Educação entendida em sua dimensão individual, baseada em vivências práticas;
- Despolitização do fazer educativo, apoiando-se em pedagogias comportamentalista ou alternativas de cunho místico;
- Baixa problematização da realidade e pouca ênfase em processos históricos;
- Foco na redução do consumo de bens naturais, descolando essa discussão do modo de produção que a define e situa.
- Diluição da dimensão social natural, faltando entendimento dialético da relação sociedade-natureza [...];
- Responsabilização pela degradação posta em um homem genérico, fora da história, descontextualizado social e politicamente. (LOUREIRO, 2005, p. 1.475).

Todavia, temos outro bloco, denominado de transformador, crítico ou emancipatório, que traz entre suas principais características:

- Busca da realização da autonomia e liberdades humanas em sociedade, redefinindo o modo como nos relacionamos com a nossa espécie, com as demais espécies e com o planeta; Políticas Públicas de Educação Ambiental e processos de mediação...
- Politização e publicização da problemática ambiental em sua complexidade;
- Convicção de que a participação social e o exercício da cidadania são prática indissociável da Educação Ambiental;
- Preocupação concreta em estimular o debate e o diálogo entre ciência e cultura popular, redefinindo objetos de estudo e saberes;
- Indissociação no entendimento de processos como: produção e consumo, ética, tecnologia e contexto sócio-histórico; interesses privados e públicos;
- Busca de ruptura e transformação dos valores e práticas sociais contrários ao bem-estar público, à equidade e à solidariedade. (LOUREIRO, 2005, p. 1.476)

No contexto neoliberal das sociedades contemporâneas ocidentais, em que os valores e a lógica são impostos pela economia do mercado, Layrargues e Lima (2014) consideram que a macrotendência pragmática da EA, que é uma derivação da conservacionista, ganhou impulso. Essa macrotendência, segundo os autores, acolhe as correntes de Educação para o Desenvolvimento Sustentável e para o Consumo Sustentável, com práticas relacionadas a mudanças superficiais, comportamentais e tecnológicas voltadas à economia de energia e de água, à reciclagem de resíduos sólidos, ao mercado de carbono, entre outras.

Em consonância com Layrargues e Lima (2014), há, no Brasil, atualmente, três macrotendências como modelos políticos pedagógicos para a Educação Ambiental: a Conservacionista, a Pragmática e a Crítica. Para eles, "cada uma dessas macrotendências contempla uma ampla diversidade de posições mais ou menos próximas do tipo ideal considerado" (LAYRARGUES; LIMA, 2014, p. 30).

Compreendemos que a perspectiva crítica da EA, embora não hegemônica, é a mais coerente com o enfrentamento da crise socioambiental, pois articula a ela questões políticas, desigualdades sociais e injustiça socioambiental. Concordamos com Guimarães (2004, p. 32) quando sugere que essa concepção de EA, no exercício de cidadania, "se propõe a desvelar a realidade, para, inserindo o processo educativo nela, contribuir na transformação da sociedade atual, assumindo de forma inalienável a sua dimensão política". Aí reside a importância de abordar a EA na perspectiva da Pedagogia Histórico-Crítica, pois ambas dialogam com o método Materialismo Histórico-Dialético. Ademais, a macrotendência crítica, segundo Layrargues e Lima (2014, p. 33), "apoia-se com ênfase na revisão crítica dos fundamentos que proporcionam a dominação do ser humano e dos mecanismos de acumulação do Capital, buscando o enfrentamento político das desigualdades e da injustiça socioambiental".

Compreendemos, assim, que a EA crítica direciona-se à superação das relações de dominação presentes na sociedade moderna e constitui-se como um importante elemento para buscar possibilidades de enfrentamento da crise socioambiental. A superação de tal crise passa, necessariamente, pelo aprendizado de uma nova relação dos homens entre si e deles com a natureza, o que implica mudanças fundamentais de tais relações.

Gonçalves (2006) aponta que a oposição *homem/natureza* é uma característica do pensamento do mundo ocidental. Para ele, "a natureza se define, em nossa sociedade, por aquilo que se opõe à cultura. A cultura é tomada como algo superior e que conseguiu controlar e dominar a natureza" (GONÇALVES, 2006, p. 25).

Esse mesmo autor destaca que, no âmbito da classe dominante, há um processo de naturalização das relações sociais, escamoteando que essas relações são fundamentadas em conflitos e disputas e, portanto, não são naturais. Assim,

> [...] são íntimas as relações que se estabelecem entre a concepção de que o homem deve dominar a natureza e a ideia de que o homem deve dominar outros homens (mulheres, crianças, adolescentes, velhos, negros, índios, homossexuais, operários, camponeses, etc.) – na medida em que esses últimos são socialmente vistos como seres da natureza. (GONÇALVES, 2006, p. 134-135).

Nesse sentido, são necessárias transformações profundas no modo de pensar e nas relações estabelecidas em nossa sociedade atual. A mudança social, da qual a EA trata, tem como objetivo a superação de desigualdades e injustiças sociais e ambientais.

Vale ressaltar que a ação política necessária para as mudanças pretendidas precisa, também, contar com propostas e ações do Estado e de governos, no sentido de fortalecer a sociedade civil, buscando atender e resolver suas demandas. Infelizmente, no Brasil, presenciamos um movimento político e educacional que segue uma direção totalmente alheia à estabelecida nas políticas públicas de EA vigentes. Ocorre que o próprio Estado brasileiro lidera ações de desmonte das políticas de Meio Ambiente e, consequentemente, de EA.

Há uma verdadeira contradição. O Estado, em vez de proteger o meio ambiente, segue as políticas neoliberais que favorecem o sistema capitalista e fragiliza as políticas que protegem o meio ambiente.

Na próxima seção abordamos as políticas públicas de Educação. Também discorremos sobre os temas correlatos.

4.2 POLÍTICAS PÚBLICAS DE EDUCAÇÃO

Dermeval Saviani (2017)[15] analisa, em seu livro sobre o Plano de Desenvolvimento da Educação (PDE), proposto pelo MEC em 24 de abril de 2007, que a recepção favorável pela opinião pública contou com ampla divulgação da imprensa. O PDE foi considerado um plano importante para enfrentar os desafios da educação brasileira, por apresentar 30 ações sobre os mais diversos aspectos da educação em vários níveis e modalidades.

Em consonância com o PNE, o PAR é uma estratégia de assistências técnica e financeira iniciada pelo Plano de Metas Compromisso Todos pela Educação, instituído pelo Decreto n.º 6.094, de 24 de abril de 2007, fundamentado no PDE, que consiste em oferecer aos entes federados um instrumento de diagnóstico e planejamento de política educacional, concebido para estruturar e gerenciar metas definidas de forma estratégica, contribuindo para a construção de um sistema nacional de ensino (BRASIL, 2021).

O ciclo do PAR foi estruturado em conformidade com o PNE, principal ponto de convergência das políticas públicas educacionais para os próximos 10 anos. Suas diretrizes, metas e estratégias canalizam os esforços de estados e municípios e da sociedade civil para consolidar um sistema educacional capaz de garantir o direito à educação em sua totalidade.

[15] Professor emérito da Universidade Estadual de Campinas (Unicamp), pesquisador emérito do Conselho Nacional de Desenvolvimento Científico e Tecnológico (CNPq), coordenador-geral do Grupo Nacional de Estudos e Pesquisas História, Sociedade e Educação no Brasil (HISTEDBR) e professor titular colaborador pleno do Programa de Pós-Graduação e Educação da Unicamp.

O PAR promove a relação direta entre União e municípios, podendo ser considerado uma ferramenta que rompe com o distanciamento entre esses entes federados. Sua política de repasse de recursos financeiros dá continuidade à tentativa de descentralização de recursos para as escolas, iniciada em governos anteriores, por meio do Fundo Nacional de Desenvolvimento da Educação (FNDE) e do PDDE, vinculados ao PAR. No entanto, mesmo com o aumento de recursos com o PAR, esse processo de descentralização

> [...] gera controvérsias entre os educadores. Na opinião de alguns, o repasse direto para as unidades executoras nas escolas diminui a possibilidade de corrupção e desvios. Para outros, pode se configurar como desobrigação das responsabilidades do poder público, colocando para a escola a tarefa de buscar parcerias (públicas e privadas). (RODRIGUES, 2013, p. 298).

Todo esse movimento impede que os ciclos dessas políticas públicas sejam interrompidos com a mudança de governos e gestão. O PAR garante – mediante seus mecanismos de monitoramento, termo de adesão e prestação de contas – que os programas tenham continuidade, pois é uma política de Estado e não de governo.

> O caráter de amparo, apoio, suporte, ajuda ou auxílio parece ser o que mais se adequa à atribuição da União de assistir técnica e financeiramente aos Estados, Distrito Federal e aos Municípios. O apoio e o auxílio – quer dizer, a assistência – é posicionada como o modo concreto, o instrumento que viabiliza o exercício das funções redistributiva e supletiva da União, de forma a garantir equalização de oportunidades educacionais e padrão mínimo de qualidade do ensino. Já o termo técnica, que adjetiva a assistência, encaminha para a compreensão de que os apoios ou suportes são esteados num conhecimento especializado – o qual tem uma base referencial técnico-científica – e visam a atingir determinado resultado. (BRASIL, 2012b, p. 14).

Trata-se de uma estratégia para o planejamento plurianual das políticas de educação, em que os entes subnacionais elaboram um plano de trabalho a fim de desenvolver ações que contribuam para a ampliação da oferta, a permanência na escola e a melhoria das condições escolares e, consequentemente, para o aprimoramento do Ideb de suas redes públicas de ensino.

Ademais, a referida política pública visa assegurar o acesso dos estudantes às vagas escolares disponibilizadas nas instituições de ensino, em especial na educação básica. A permanência deles com sucesso na escola depende do atendimento a uma série de elementos estruturais e de serviços, dentre os quais se destacam: materiais didáticos e pedagógicos, formação de profissionais, equipamentos e infraestrutura escolar. Esses produtos e serviços relacionam-se a vários fatores econômicos e sociais e à forma de planejamento, gestão, atuação e colaboração entre os entes subnacionais, proporcionada pelas assistências técnica e financeira, concretizadas no âmbito do PAR.

Nesse contexto, o PAR traz indicadores definidos com base no diagnóstico e no planejamento local, consolidados anualmente, para quatro dimensões:

Figura 5 – Dimensões do PAR

Fonte: elaborado com base em Brasil (2007c)

Com essas informações, o governo federal prioriza e apoia as ações educacionais propostas pelos órgãos estaduais e municipais, com assistência técnica e investimentos vinculados para Manutenção e Desenvolvimento do Ensino (MDE). Atualmente, essas transferências voluntárias e a assistência técnica estruturadas no PAR são realizadas por intermédio do Sistema Integrado de Monitoramento, Execução e Controle do Ministério da Educação (Simec). A ferramenta correlaciona as demandas do ente por recursos técnicos, financeiros e pedagógicos e identifica as medidas mais apropriadas para a solução dos problemas identificados e a execução das ações.

De acordo com as informações do site do Fundo Nacional de Desenvolvimento da Educação (2021), a elaboração do plano é feita em três etapas: diagnóstico da situação educacional, elaboração do plano de trabalho e análise técnica. Concluída a primeira delas, o ente, por meio do Simec, elabora seu PAR e apresenta-o ao FNDE e ao MEC. O ciclo atual do PAR engloba a quarta etapa: 2021-2024.

Cabe ao FNDE apoiar técnica e financeiramente os entes federados a formular seus respectivos planos, avaliando as necessidades educacionais de suas redes de ensino, abrangendo de forma sistêmica as etapas e as modalidades da educação básica. Desde seu início, em 2007, contemplou diversas ações, diretrizes, metas e estratégias que canalizam os esforços de estados e municípios e da sociedade civil para consolidar um sistema educacional capaz de garantir o direito à educação em sua totalidade.

O PAR foi gestado como uma ferramenta de administração para o planejamento da política de educação que os municípios, os estados e o Distrito Federal elaboram para um período de quatro anos. Por suas características sistêmicas e estratégicas, o PAR favorece as políticas educacionais e sua continuidade, inclusive durante as mudanças de gestão, constituindo-se como importante elemento na promoção de políticas de Estado na Educação.

Outrossim, a elaboração do PAR e todo o acompanhamento de seu trâmite são feitos pelo Simec[16] – Módulo PAR, disponível no site do FNDE. Convém destacar que foi constituído um Comitê Estratégico pela Portaria MEC n.º 29, de 12 de janeiro de 2017, com o intuito de acompanhar a formulação e a implementação do plano sob a responsabilidade dos órgãos gestores integrantes do Comitê Estratégico do PAR, contando com a seguinte representação:

- Fundo Nacional de Desenvolvimento da Educação (FNDE).
- Secretaria Executiva (SE) do MEC.
- Secretaria de Educação Básica (SEB) do MEC.
- Secretaria de Educação Profissional e Tecnológica (Setec) do MEC.

[16] O Simec é um portal operacional, sob de gestão do MEC, que trata do orçamento e do monitoramento das propostas on-line do governo federal na área da Educação. É por meio do Simec que os gestores verificam o andamento dos Planos de Ações Articuladas em suas cidades ou estados. O sistema encontra-se disponível para acesso por meio de senha, no endereço: simec.mec.gov.br.

- Secretaria de Alfabetização (Sealf) do MEC.
- Secretaria de Modalidades Especializadas de Educação (Semesp) do MEC.
- Instituto Nacional de Estudos e Pesquisas Educacionais Anísio Teixeira (Inep).
- Coordenação de Aperfeiçoamento de Pessoal de Nível Superior (Capes).
- Conselho Nacional de Secretários de Estado da Educação (Consed).
- União Nacional dos Dirigentes Municipais de Educação (Undime).

O FNDE é o órgão responsável pelo gerenciamento tático e operacional dos Módulos do PAR no Simec. Além disso, cabe às áreas técnicas do FNDE e do MEC a análise da coerência entre o que foi solicitado e os dados do Censo Escolar, verificando a viabilidade e a necessidade das demandas de acordo com o diagnóstico da realidade local informada pelos órgãos municipais e estaduais. Diante dessa validação, tem-se o PAR para o município, o estado ou o Distrito Federal.

Quadro 4 – Algumas legislações relacionadas ao PAR

Legislação	O que menciona
CF/1988 - Art. 211	Assistências técnica e financeira para garantir a equalização de oportunidades educacionais e o padrão mínimo de qualidade do ensino.
Decreto n.º 6.094/2007	Plano de Metas Compromisso Todos pela Educação, inserido no Plano de Desenvolvimento da Educação (PDE).
Lei n.º 12.695/2012	Apoios técnico e financeiro por meio do PAR
Lei n.º 13.005 (PNE/2014) – 25 jun. 2014 – Meta 7	Fomento da qualidade da educação básica em todas as etapas e modalidades, com melhoria do fluxo escolar e da aprendizagem de modo a atingir as médias nacionais para o Ideb.
Lei n.º 13.005 (PNE/2014) – 25 jun. 2014 Estratégia-7.5	Formalização e execução dos planos de ações articuladas, dando cumprimento às metas de qualidade estabelecidas para a educação básica pública e às estratégias de apoios técnico e financeiro voltadas à melhoria da gestão educacional, à formação de professores e professoras e profissionais de serviços e apoio escolares, a ampliação e desenvolvimento de recursos pedagógicos e à melhoria e à expansão da infraestrutura física da rede escolar.

Legislação	O que menciona
Lei n.º 13.005 (PNE/2014) – 25 jun. 2014 Estratégia 7.6	Associação entre a prestação de assistências técnica e financeira e a fixação de metas intermediárias, nos termos estabelecidos conforme pactuação voluntária entre os entes, priorizando sistemas e redes de ensino com Ideb abaixo da média nacional.
Resolução n.º 3 – 29 abr. 2020	Estabelecimento dos critérios para os apoios técnico e financeiro às redes públicas de educação básica dos estados, dos municípios e do Distrito Federal, no âmbito do terceiro ciclo do PAR.

Fonte: elaborado pelas autoras com base em informações do site do Fundo Nacional de Desenvolvimento da Educação (2021)

De fato, o período que compreende a década de 1990 promoveu mudanças significativas nas escolas, inclusive nas escolas do campo, com o PDDE, que ofertou os programas de Estrutura, Água e Esgotamento Sanitário, além de outras propostas inovadoras e transformadoras. Ademais, houve programas sociais como o Luz para Todos, que instalou energia elétrica em diversas escolas e comunidades do campo que não tinham esse serviço público.

Com o objetivo de ilustrar essa variedade de programas e ações, apresentamos o Quadro 8, que sintetiza a composição desses programas. Considerando que desde seu lançamento houve grande variação no número de programas e ações apresentados como integrantes, expomos aqui um quadro sintético da composição do Plano em 2009, com base na sistematização realizada por Saviani (2009) e alterado por nós de acordo com a atualização dos programas do PAR. É interessante frisar que muitos desses programas dialogam com as políticas públicas de Educação Ambiental voltadas para as comunidades tradicionais quilombolas. Após esse quadro, discorreremos um pouco sobre essas ações e programas.

Os programas supracitados estão presentes em todas as escolas quilombolas. Além disso, o Programa Nacional de Alimentação Escolar (PNAE) é diferenciado nas comunidades quilombolas.

O MEC é o responsável pela coordenação e implementação do PAR, que pretende apoiar o desenvolvimento da educação nas comunidades. Entre as diversas ações está a construção de escolas e salas de aula, realizada mediante repasses ao município a que a comunidade pertence (SECRETARIA NACIONAL DE POLÍTICAS DE PROMOÇÃO DA IGUALDADE RACIAL, 2013).

As ações da Secretaria Nacional de Políticas de Promoção da Igualdade Racial (Seppir) direcionadas às Comunidades Remanescentes de Quilombos (CRQ) são desenvolvidas no âmbito Programa Brasil Quilombola (PBQ), por meio da Agenda Social Quilombola (ASQ). O Programa tem por objetivo consolidar os marcos da política de Estado para os territórios quilombolas. Sua institucionalização foi ampliada com a publicação do Decreto n.º 6.261/2007, em que as ações são articuladas e executadas por 11 Ministérios, que compõem o Comitê Gestor do Programa, com a coordenação da Seppir.

A Seppir e o Comitê Gestor da Agenda Social Quilombola (Cgasq), em articulação com o Conselho Nacional de Promoção da Igualdade Racial (CNPIR), propuseram o aperfeiçoamento dos mecanismos de monitoramento, controle social e participação da sociedade civil na implementação, no acompanhamento, na fiscalização e na avaliação dos projetos em 2007. Isso resultou no entendimento comum da importância da participação das comunidades quilombolas na discussão, elaboração e implantação das políticas públicas quilombolas de monitorar as ações implantadas.

Em 2017, o Comitê reuniu-se nos meses de maio, junho, julho e novembro, quando foram realizadas reuniões ordinárias, decisões e encaminhamentos pautados por meio de eixos temáticos que descrevem políticas que, mesmo que universais, têm um viés específico para a destinação às comunidades quilombolas, de acordo com as suas necessidades. Os quatros eixos são:

> 1) *Acesso à terra*: certificação e regularização fundiária;
>
> 2) *Infraestrutura e Qualidade de Vida*: programa saneamento básico, habitação rural e programa luz para todos;
>
> 3) *Desenvolvimento Local e Inclusão Produtiva*: selo quilombos do Brasil, declaração de aptidão, programa de aquisição de alimentos;
>
> 4) *Direitos e Cidadania*: ampliação e melhoria da rede física escolar, formação continuada de professores e implementação das Diretrizes Curriculares Nacionais para oferta de educação escolar quilombola, capacitação de gestores para implementação das Diretrizes Curriculares Quilombolas para educação escolar quilombola, programa nacional de alimentação escolar (PNAE), programa nacional de acesso ao ensino técnico e emprego (PRONATEC), programa bolsa família (PBF), programa saúde da família (PSF), documento básico e registro civil. (SECRETARIA NACIONAL DE POLÍTICAS DE PROMOÇÃO DA IGUALDADE RACIAL, 2021, grifos do autor).

Como forma de fortalecimento do monitoramento e da implementação das políticas públicas para as Comunidades Remanescentes de Quilombos, a Seppir vem realizando diagnósticos e pesquisas em parceria com Programa das Nações Unidas para o Desenvolvimento (Pnud) e o Fundo de População das Nações Unidas (Unfpa). A Seppir também estabeleceu apoio financeiro ao Mestrado Profissional em Sustentabilidade para os Povos e Territórios Tradicionais (Mespt) da Universidade de Brasília (UNB).

Todas as informações anteriormente mencionadas visam sistematizar dados sobre os programas intersetoriais vinculados ao PAR e, consequentemente, às comunidades quilombolas. Ademais, contribuem para elevar o nível de monitoramento das políticas públicas destinadas a esse segmento da população e criar um banco de dados e metodologias que consiga auferir aspectos do quantitativo da população quilombola. Atualmente há nove consultorias em andamento pelo Pnud e quatro pelo Unfpa para o período de 2013-2018.

A Pnea traça pressupostos e diretrizes para a implementação de programas nas três esferas. Em nível federal há programas em destaque, como o Vamos Cuidar do Brasil com as Escolas, o COM-VIDA, o Formação Continuada em Educação Ambiental dos Profissionais da Educação e o Programa Nacional de Educação Ambiental, criado em 1994 e revisto pela terceira vez em 2005.

Em 2013, o governo federal criou um incentivo à sustentabilidade nas escolas com o PDDE Escolas Sustentáveis (ES). Nas demais esferas há, também, um grande aumento no número de escolas e iniciativas de EA.

O PDDE/ES tem por objetivo principal favorecer a melhoria da qualidade de ensino e promover sustentabilidade socioambiental nas unidades escolares. Outrossim, potencializou as ações por meio dos recursos. Assim, no Programa Escolas Sustentáveis (PES), os recursos financeiros podem ser utilizados em pelo menos uma das seguintes finalidades, como vemos no Quadro 5:

Quadro 5 – Recursos e Serviços do Programa Escolas Sustentáveis (PES)[17]

I – Contratação de serviços de terceiros:	II – Aquisição de materiais de construção para a realização das seguintes adequações do espaço físico da escola	III – Aquisição de equipamentos	V – Produção e aquisição de materiais didático-pedagógicos
Transportes (aluguel de ônibus e vans). Fornecimento de internet banda larga (pagamento de provedor e servidor de internet). Contratação de mão de obra para oficinas/ formações presenciais e adequações no espaço físico.	Substituição dos telhados de amianto por telhas de fibras naturais. Cisterna para a captação de água da chuva. Viveiro de plantas. Composteira/ minhocário. Filtro biológico de água servida (água cinza) das pias e lavatórios. Calçada verde. Espiral de ervas e plantas medicinais. Bicicletário. Claraboias para iluminação e ventilação natural. Kit de pintura de paredes utilizando tinta de terra.	Notebook. Impressora. Modem de acesso à internet móvel banda larga. Conjunto de umidificadores de ar. Conjunto de aquecedores solares de baixo custo. Conjunto de iluminação solar externa. Conjunto de aeradores para torneiras. Conjunto de lixeiras para coleta seletiva. Coletor para pilhas e bateria.	Publicações. Vídeos. Jogos cooperativos. Banners.

Fonte: elaborado pelas autoras com base nos dados do *site* do MEC/ PDDE – Escolas Sustentáveis (BRASIL, 2013)

Outra fase importante do PDDE/ES é a avaliação, etapa final, definindo-se pela medição dos efeitos gerados pela política pública em confronto

[17] Alguns recursos que poderiam ser adquiridos para a escola e ter uma durabilidade são chamados de capital e os que não possuem durabilidade são denominados de custeio.

com os objetivos traçados. Ocorre quando se verifica se a política pública deu certo ou não, isto é, refere-se "[a]o processo em que se determina como uma política de fato está funcionando na prática." (HOWLETT; RAMESH; PERL, 2013, p. 199). Assim, o diretor, ao final do prazo proposto, deve preencher tabelas e relatórios no Simec, apresentando os resultados do programa na escola e seu entorno.

Na próxima seção discorreremos sobre o Programa Nacional de Biblioteca da Escola (PNBE), uma importante ferramenta de incentivo à leitura, desenvolvida desde 1997. O objetivo de tal ferramenta é promover o acesso à cultura e o incentivo à leitura nos alunos e professores por meio da distribuição de acervos de obras de literatura, de pesquisa e de referência. Convém salientar que o referido programa parou de realizar essa distribuição de livros temáticos.

4.3 PROGRAMA NACIONAL DE BIBLIOTECA DA ESCOLA (PNBE) TEMÁTICO: ACERVO DO PROFESSOR COM O TEMA DE EA

Outro programa do PAR que contribui para o desenvolvimento e para a melhoria da Educação Básica é o Programa Nacional Biblioteca da Escola (PNBE), implementado desde 1997. Ele tem o objetivo de promover o acesso à cultura e o incentivo à leitura nos alunos e professores por meio da distribuição de acervos de obras de literatura, pesquisa e referência. O atendimento é feito de forma alternada: são contempladas as escolas de educação infantil, as de ensino fundamental (anos iniciais), as de ensino fundamental (anos finais), as de educação de jovens e adultos e as de ensino médio. Agora atende, de forma universal e gratuita, todas as escolas públicas de Educação Básica cadastradas no Censo Escolar.

No PNBE (no eixo temático de Educação Ambiental) encontramos vários exemplares sobre Horta na Escola, Escolas Sustentáveis, Comissão de Meio Ambiente e Qualidade de Vida na Escola COM-VIDA, bem como sobre Educação do Campo, Quilombola e Indígena.

O programa disponibilizou obras de referência, elaboradas com base no reconhecimento e na valorização da diversidade humana, voltadas para estudantes e professores dos anos finais do ensino fundamental e do ensino médio. Essas obras contribuem para a formação de uma cultura cidadã e para a afirmação de identidade e de valores que se oponham a todo tipo de preconceito, discriminação e exclusão.

Foram estabelecidos nove temas que contemplam as especificidades e as particularidades dos povos que compõem a sociedade brasileira: indígenas, quilombolas, campesinos, educação de jovens e adultos, direitos humanos, sustentabilidade socioambiental, educação especial, relações étnico-raciais e juventude. No acervo do ano de 2013, foram entregues 45 títulos, englobando todos os temas. A estimativa é que foram distribuídos 85 mil acervos para 60 mil escolas, correspondendo a aproximadamente 3,8 milhões de livros. Entretanto é importante salientar que isso ocorreu no governo da presidenta Dilma Rousseff (Partido dos Trabalhadores, PT), quando existia a Secadi, extinta logo no início do ano de 2019, no governo Jair M. Bolsonaro.

O programa divide-se em três ações. O Programa Nacional do Livro e do Material Didático (PNLD) Literário, que avalia e distribui as obras literárias, cujos acervos são compostos por textos em prosa (novelas, contos, crônicas, memórias, biografia e teatro), em verso (poemas cantigas, parlendas, adivinhas), livros de imagens e livros de histórias em quadrinhos.

O PNBE Periódicos avalia e distribui periódicos de conteúdo didático-metodológico para as escolas de educação infantil, ensino fundamental e médio. Por fim, há o PNBE do professor, que tem por objetivo apoiar as práticas pedagógicas dos professores da educação básica e de jovens e adultos mediante avaliação e distribuição de obras de cunhos teórico e metodológico em vários temas, inclusive os eixos da diversidade de educação inclusiva, quilombola, indígena e ambiental.

Em relação ao Eixo Temático de EA, temos alguns exemplares à disposição nas bibliotecas das escolas. Vale salientar que o PNBE atrela-se à dimensão 2 do PAR, Formação do Professor e de profissionais de Apoio, bem como à dimensão 4, infraestrutura física e recursos pedagógicos.

O procedimento para as escolas públicas receberem os acervos do PNBE é estarem cadastradas no Censo escolar realizado anualmente pelo Inep, não havendo necessidade de adesão. Somente essas estão aptas a receberem as obras do referido programa. A distribuição dos livros é feita diretamente das editoras às escolas ou, dependendo do tipo de acervo, das editoras a um centro de mixagem, para a formação das coleções e o posterior envio às escolas.

A distribuição do PNBE é feita pela Empresa Brasileira de Correios e Telégrafos (ECT). Essa etapa do PNBE conta com o acompanhamento de técnicos do FNDE e das Secretarias Estaduais de Educação. Tratando-se de escolas do campo e quilombolas, os acervos são entregues na sede das prefeituras ou das Secretarias Municipais de Educação, que devem distribuí-los às escolas. Contudo alertamos que o MEC não dispõe de acervos das obras do PNBE nem de livros didáticos do PNLD para a distribuição avulsa ao público, bem como versão para *download* dessas obras.

O referido PNBE Professor teve a edição de 2010, que disponibilizou livros de orientação de ensino em cada disciplina da educação básica para distribuição aos professores da rede pública. O intuito da iniciativa é o apoio pedagógico, destinado a subsidiar teórica e metodologicamente os docentes no desenvolvimento do processo de ensino e aprendizagem nos campos disciplinares específicos, áreas do conhecimento e etapas/modalidades da educação básica. As obras são classificadas em cinco categorias relacionadas a esses segmentos: anos iniciais e finais do ensino fundamental e médio regulares, ensino fundamental e médio da EJA.

Já na edição de 2013, as obras foram para a educação infantil. Desse modo, o PNBE Professor passou a ter acervo em seis categorias: educação infantil, anos iniciais do ensino fundamental regular, anos finais do ensino fundamental regular, ensino médio regular, ensino fundamental de jovens e adultos e ensino médio de jovens e adultos.

Na próxima seção, abordaremos as ações e os programas prioritários para a Educação Escolar Quilombola. Além disso, discorremos sobre a Educação Ambiental nas escolas quilombolas aqui pesquisadas. Construímos um capítulo para compreender também as políticas públicas do PAR no que tange às questões da relação entre BNCC, suas nuances e contradições na Educação Escolar Quilombola.

4.4 AÇÕES E PROGRAMAS PRIORITÁRIOS PARA A EDUCAÇÃO ESCOLAR QUILOMBOLA

É importante destacar que essas ações e programas de Educação Escolar Quilombola representam uma revolução na educação brasileira, tendo em vista que foi uma iniciativa que nasceu das demandas dos movimentos sociais organizados e principalmente do movimento negro e quilombola.

As referidas Diretrizes Nacionais de Educação Escolar Quilombola orientam sistemas de ensino e valorizam os saberes, as tradições, a ancestralidade e a cultura das comunidades remanescentes de quilombos, até então improvável em outros contextos históricos, dado que ela iniciou-se somente em 2003, no governo petista de Luís Inácio Lula da Silva.

Esses avanços e conquistas pela Educação Escolar Quilombola foram e ainda são um processo conflituoso e vagaroso na história de lutas dos movimentos sociais, sobretudo em função das próprias mudanças do sistema educacional e social, as quais abriram caminhos em meio às contradições subjacentes, para a consolidação, o reconhecimento e a efetivação de direitos estabelecidos na Constituição Federal de 1988.

Convém destacar que entraram em curso inúmeros retrocessos no governo Jair M. Bolsonaro (2017) quanto às ações prioritárias para os povos tradicionais quilombolas e indígenas. Vale salientar que a dissolução de todas as conquistas no campo das políticas públicas de ações afirmativas iniciou-se após o golpe midiático em 2016, no governo Michel Temer, quando se efetivou o desmonte da Secadi, em janeiro de 2019, uma pasta que agregava as políticas e as articulações que estruturam a Educação do Campo, a Educação Ambiental, a Educação Especial, a Alfabetização e a diversidade em geral.

No Quadro 4 elencamos algumas políticas públicas globais e os programas do PAR específicos para as Escolas Quilombolas. As análises realizadas nesse quadro trazem aspectos importantes para o acompanhamento das ações do PAR no âmbito da formação continuada de professores, destinadas às escolas quilombolas e a outros programas relacionados à Educação Ambiental, como Horta Escolar e Escolas Sustentáveis, entre outros programas voltados para as questões ambientais, como Horta Escola ou Hortas Agroecológicas e COM-VIDA.

Notamos, diante do apresentado no Quadro 4, que as ações e os programas que o PDE contempla são extremamente diversificados, sobretudo no que se refere aos objetivos, ao volume de recursos destinados ou, ainda, à relevância para a educação nacional. Com relação à incorporação de novas ações no decorrer do tempo desde seu lançamento, por um lado é possível verificar o caráter dinâmico do MEC ao criar ações para alcançar seus objetivos. Por outro, tais programas e ações podem sofrer com a fragmentação das políticas e com a ausência de recursos financeiros, e perder seu foco principal.

Desde a década de 1990, iniciou-se um grande envolvimento dos empresários na reforma da educação pública com o Movimento Todos pela Educação.[18] Outra ação do Compromisso Todos pela Educação que

[18] Movimento lançado em 6 de setembro de 2006, no Museu do Ipiranga, em São Paulo, que se apresentou como uma iniciativa da sociedade civil, conclamando a participação de todos os setores sociais, mas que, de

se consolidou na agenda das políticas públicas brasileiras foi o PAR, para monitorar os avanços das políticas educacionais de forma concatenada com outras políticas públicas educacionais, como o Ideb e o PDDE.

Nesse cerne, o PAR assenta-se como um instrumento do Estado para regulamentar e controlar as metas, os planos e os programas. Ademais, ele revela a forte a influência do setor empresarial na definição dos rumos da educação pública, determina as estratégias no Plano Plurianual das políticas educacionais e orientam os entes federados a firmarem compromissos para atingirem as metas. É perceptível no PAR, no PDE e na BNCC o envolvimento de grandes empresas nessa reforma educacional. Portanto fica a reflexão: esse envolvimento favorece a quem?

O Movimento de Todos pela Educação beneficia um grande conglomerado de empresas, institutos e fundações, como: Instituto Lemann, Instituto Airton Senna, Fundação Roberto Marinho, Fundação Bradesco e Instituto Unibanco. E precisamos enfatizar aqui que grande parte dos programas é resultado das demandas, das lutas e das conquistas da classe trabalhadora, que resistiu e resiste nesses enfrentamentos.

É importante destacar os programas do PAR que atenderam às legislações de Educação Ambiental de 2007 a 2021 (Quadro 6).

Quadro 6 – Programas de Educação Ambiental em Bom Jesus da Lapa e suas origens

Programa	Origem	Esfera
Horta Escolar – 2009	MEC – FNDE	Federal
PDDE Escolas Sustentáveis – 2013	MEC – PDDE-ES – PAR	Federal
Horta Sustentáveis	MEC – PDDE Novo Mais Educação	Federal
Programa Despertar – 2013	Senar	Privada
Educação Ambiental	Novo Mais Educação – MEC – PAR	Federal
PDDE Água e Esgotamento Sanitário	MEC – FNDE	Federal

Fonte: elaborado pelas autoras (2021)

fato, tem se consolidado como um aglomerado de grupos empresariais, com representantes e patrocínio de entidades como: Grupo Pão de Açúcar, Fundação Itaú - Social, Fundação Bradesco, Instituto Gerdau, Grupo Gerdau, Fundação Roberto Marinho, Fundação Educar DPaschoal, Instituto Itaú Cultural, Faça Parte-Instituto Brasil Voluntário, Instituto Ayrton Senna, Cia. Suzano, Banco ABN - Real, Banco Santander, Instituto Ethos, Natura, entre outros (SAVIANI, 2007).

Ao observarmos os documentos da Semed, percebemos que 25 escolas da rede municipal de Ensino de Bom Jesus da Lapa foram contempladas com o Plano de Ação Escolas Sustentáveis. Nesse universo, 10 são escolas quilombolas que tiveram seus planos de ação aprovados no ano de 2013, ainda no governo da presidenta Dilma Rousseff. Muitas dessas escolas receberam 50% dos recursos financeiros entre os anos de 2015 a 2016, e outras foram prejudicadas pela transição do golpe midiático do governo federal em 2016, o que, consequentemente, ressoou nas esferas estaduais e municipais.

A presença do Programa Despertar representa a influência das empresas privadas na educação pública. Nesse quesito, é pertinente ficar atento a duas questões:

> A primeira, já antecipada pela Constituição, estabelece a relação entre o que é básico-comum e o que é diverso em matéria curricular: as competências e diretrizes são comuns, os currículos são diversos. A segunda refere-se ao foco do currículo. Ao dizer que os conteúdos curriculares estão a serviço do desenvolvimento de competências, a LDB orienta a definição das aprendizagens essenciais, e não apenas dos conteúdos mínimos a serem ensinados. Essas são duas noções fundantes da BNCC. (BRASIL, 2007b, p. 11).

Cabe aqui elencar as contribuições de Saviani (2011, p. 7) sobre o currículo:

> Currículo é entendido comumente como a relação das disciplinas que compõem um curso ou a relação dos assuntos que constituem uma disciplina, no que ele coincide com o termo programa. Entretanto, no âmbito dos especialistas nessa matéria, tem prevalecido a tendência a se considerar o currículo como sendo o conjunto das atividades (incluindo o material físico e humano a ele destinado) que se cumpra com vistas a determinado fim.

A BNCC (BRASIL, 2017) tem suas raízes na LDB de 1996, que trata, no artigo 26, da necessidade de os currículos do ensino fundamental e ensino médio possuírem uma base nacional comum, assim como de ancorarem-se nas atualizações dos Parâmetros Curriculares Nacionais[19] (BRASIL, 1997) e de atenderem às metas instituídas no PME, promulgado pela Lei n.º 13.005/2014, que reforça a necessidade de uma diretriz basilar para a educação básica no país.

---

[19] PCN.

No entanto há que se levar em consideração que todos os documentos citados foram previamente definidos em conjunto com organismos internacionais, tais como o Banco Mundial (BM) e o Banco Internacional para Reconstrução e Desenvolvimento (Bird), o que, para Geraldo (2008, p. 133), representa o "comprometimento dessas agências internacionais com o desenvolvimento do modo de produção capitalista em se forjar um sistema de ensino que atenda às necessidades impostas pelo mercado de trabalho". Dessa forma, no ano de 2017, a base foi instituída pela Resolução CNE/CP n.º 02 como

> [...] documento de caráter normativo que define o conjunto orgânico e progressivo de aprendizagens essenciais como direito das crianças, jovens e adultos no âmbito da Educação Básica escolar, e orientam sua implementação pelos sistemas de ensino das diferentes instâncias federativa bem como pelas instituições ou redes escolares. (BRASIL, 2017, p. 1).

Assim, a BNCC é um documento balizador que apresenta "um conjunto orgânico e progressivo de aprendizagens essenciais" (BRASIL, 2017, p. 7). Mas essenciais ou bases para quem? Será que essa base atende às necessidades dos povos campesinos quilombolas? Esses documentos são guiados por uma realidade que difere do espaço campesino e quilombola. Ademais, partindo para uma contextualização da Educação do Campo e da Quilombola, surgem da necessidade de se pensar uma educação para as populações campesinas, resultado da luta dos trabalhadores e de suas organizações por uma política educacional que contemple os interesses dos campesinos, posicionando-se contra o modelo hegemônico ditado pelo Estado. Para que essa educação fosse formalizada, fazia-se necessário pensar em políticas públicas educacionais que dessem sustentação às reivindicações.

A BNCC esclarece o que é básico-comum e o que é diverso. Esses apontamentos foram retomados do Artigo 26 da LDB, que determina que os currículos da educação infantil, do ensino fundamental e do ensino médio devem ter uma base nacional comum, a ser complementada, em cada sistema de ensino e em cada estabelecimento escolar, por uma parte diversificada, exigida pelas características regionais e locais da sociedade, da cultura, da economia e dos educandos. Vejamos os marcos legais da BNCC no Quadro 7.

Quadro 7 – Marcos legais da BNCC

DO	O que é mencionado
Constituição Federal de 1988	Art. 210: Serão fixados conteúdos mínimos para o ensino fundamental, de maneira a assegurar formação básica comum [...] (BRASIL, 1988).
LDBEN n.º 9394/96	Art. 26: Os currículos da educação infantil, do ensino fundamental e do médio devem ter BASE NACIONAL COMUM, a ser complementada em cada sistema de ensino e em cada estabelecimento escolar (BRASIL, 1996, grifo dos autores).
Diretrizes Curriculares Nacionais	Art. 14: Define BASE NACIONAL COMUM como "[...] conhecimentos, saberes e valores produzidos culturalmente, expressos nas políticas públicas e gerados nas instituições produtoras do conhecimento científico e tecnológico [...]" (BRASIL, 2010a).
Plano Nacional de Educação	Metas 2, 3 e 7 (BRASIL, 2014c)

Fonte: Santos e Nunes (2020, p. 51)

Cabe destacar que o Quadro 7 deixa visível que desde 1988, a BNCC estava prevista na Constituição Federal (CF) e somente ganhou força para ser consolidada nos cenários político, econômico e educacional favorável às políticas neoliberais e mercadológicas entre os anos de 2015 e 2017.

Merece destaque também o que a BNCC afirma sobre sua relação com os currículos, trabalhando de forma interdisciplinar e contextualizada, ou seja, diminuindo a fragmentação que há entre as disciplinas e fazendo com que o conteúdo seja visto de forma mais global, relacionando os assuntos abordados em sala de aula com o cotidiano do estudante, tornando-o significativo. É fundamental que isso realmente ocorra e que traga os resultados esperados. Contudo, para que isso seja colocado em prática, é necessária uma atualização por parte dos professores, já que muitos resumem-se a estudar sua área específica, assim como é preciso um melhor planejamento de suas aulas, de modo que a transposição dos conteúdos seja feita de forma a alcançar a aprendizagem dos estudantes.

Essa orientação induziu à concepção do conhecimento curricular contextualizado pela realidade local, social e individual da escola e de seu alunado, que foi uma bússola das diretrizes curriculares traçadas pelo CNE ao longo da década de 1990, bem como de sua revisão nos anos 2000.

Após uma década, o CNE promulgou novas DCNs, ampliando e organizando o conceito de contextualização como "a inclusão, a valorização das diferenças e o atendimento à pluralidade e a diversidade cultural resgatando as várias manifestações da realidade local e de cada comunidade" (BRASIL, 2018). Nesse sentido, a BNCC propõe a superação da fragmentação radical disciplinar dos conhecimentos, o estímulo à sua aplicação na vida, a importância do contexto para dar sentido ao que se aprende e ao protagonismo estudantil, a aprendizagem e a construção do projeto de vida, mas de forma muito superficial.

Vale ressaltar que a BNCC foi legitimada pelo pacto federativo nos termos da Lei n.º 13.005/2014, que promulgou o PNE. A BNCC depende do adequado funcionamento do regime de colaboração para alcançar suas metas e seus objetivos. Sua formulação contou com a ampla participação dos entes federados (Distrito Federal e municípios) e, depois, a ampla consulta popular do documento.

A BNCC é um documento de referência que deve ser seguido pelas escolas da rede pública de ensino e da rede privada. Portanto, tais instituições têm a tarefa de construir os currículos com base nas orientações de aprendizagens essenciais nela estabelecidas, passando a ser um plano normativo propositivo para o plano de ação e de gestão curricular que envolve todo o conjunto de decisões e de ações definidoras do currículo, bem como sua dinâmica. Além disso, a BNCC valoriza e reconhece, em seu contexto histórico e cultural, comunicar-se, ser criativo, analítico-crítico, participativo, aberto ao novo, colaborativo, resiliente, produtivo e responsável, o que requer muito mais do que o acúmulo de informações.

Atender ao que propõe a BNCC requer o desenvolvimento de competências para aprender a aprender, saber lidar com a informação cada vez mais disponível e atuar com discernimento e responsabilidade em diversos contextos de aprendizagem. Também demanda ser proativo, autônomo na tomada de decisões e resolver situações-problema, conviver e aprender com as diferenças e as diversidades.

Mas convém questionar aqui: essas competências são para que e para quem? É preciso ser proativo para servir a quem? Essas competências padronizam a educação e, contraditoriamente, dizem respeitar as diferenças, porém isso ocorre de forma superficial e deixa um fosso enorme nesse aspecto. Na realidade, há um silenciamento das diversidades de gênero, das etnias raciais, dos povos tradicionais quilombolas, dos indígenas, dos caiçaras, dos ciganos, da biodiversidade, dos jovens e das populações marginalizadas.

Orso, Malanchen e Castanha (2017, p. 161) afirmam:

> No rol das políticas públicas de educação, aprovadas nos últimos cinco anos no Brasil, especificamente, após o golpe empresarial, jurídico e midiático e parlamentar contra a presidenta Dilma Rousseff do Partido dos Trabalhadores (PT), experimentamos as consequências de projetos educativos curriculares que tem deteriorado, empobrecido e afastado ainda mais a educação tanto do acesso aos conhecimentos científicos quanto de sua dimensão emancipadora.

Dessa forma, o discurso que sustenta a BNCC é fraco no que diz respeito ao desenvolvimento de uma sociedade que tem fragilidades em relação às questões econômicas, sociais e educacionais, que ficaram ainda mais claras na pandemia da Covid-19, que descortinou as desigualdades em todas as dimensões que afetam diretamente setores da educação, do âmbito social, da dimensão ambiental e da saúde. Trata-se de um projeto de educação subordinado aos ditames do mercado e ao grupo hegemônico dominante, que está no poder a serviço do sistema capitalista.

Frigotto (2017, p. 18-19) colabora nesse ponto dizendo:

> Sendo o capitalismo uma sociedade de classe e frações de classe, na ganância pelo lucro, estabelece-se uma luta entre e intranações e a história nos mostra que tem se resolvido por guerras, revoluções e golpes. Por uma parte, trata-se de uma sociedade que tem em sua estrutura a crise como seu motor. Uma crise cada vez mais profunda e que seu enfrentamento se efetiva por destruição de meios de produção e de forças produtivas, em particular eliminando direitos da classe trabalhadora. Crise que no presente se manifesta, por um lado, pela capacidade exponencial de produzir mercadorias, concentração de riqueza, de conhecimento, de poder e de sua incapacidade de distribuir e de socializar a produção para o atendimento das necessidades humanas básicas; e por outro, pelo domínio do capital financeiro especulativo que nada produz, mas que assalta mediante a dívida pública dos Estados Nacionais, os recursos que seriam destinados a assegurar direitos sociais elementares, tais como os da saúde, da educação de saneamento básico, habitação, transporte, cultura, etc.

Frigotto (2017) tem razão. Arquitetaram o golpe de 2016 e construíram um protejo de destruir nossos direitos, adquiridos com muitas lutas e enfrentamentos. Infelizmente, assistimos perplexos ao avanço dessa armadilha traçada para destruir a classe trabalhadora, que escancarou as portas do Brasil para o mercado internacional e para a especulação financeira, que, por sua vez, avançou expropriando nossos direitos até de viver, estudar e trabalhar.

Assim como o PDE, a BNCC é uma proposta interessante, mas temos ressalvas sobre ela, a saber, o fato de que esse documento não apresenta nada em relação à Educação do Campo, à Educação Quilombola e Indígena, à Educação de Jovens e Adultos, e à Educação Ambiental. Enfim, a parte relacionada à diversidade e aos povos tradicionais ficou esvaziada. Esse silenciamento está a serviço de quem? Provavelmente, atende a interesses da lógica do capital. Além disso, fica claro que o próprio Estado é provedor de políticas públicas que promovem empecilhos ou dificultam sua implementação.

Outro ponto contraditório da BNCC é ser um documento normativo que tenta uniformizar e homogeneizar todos sem respeitar as peculiaridades no universo das diversidades. Isso aplica-se tantos aos alunos quantos aos professores, como se esses sujeitos necessitassem de prescrições. Esperamos que essas mudanças na BNCC não sejam apenas mais uma proposição inovadora sem planejamento e que façam docentes e discentes de laboratório, ou mesmo uma experiência para guardar em arquivos, mas que represente uma verdadeira mudança no panorama educacional e tenha efetividade.

Couto (2016, p. 12) entende que a BNCC apresentada está esvaziada de crítica sobre uma "sociedade desigual e ambientalmente destruidora" e assevera que "o caráter de desigualdade social de degradação ambiental, bem como os conflitos que marcam a formação espacial e geográfica do Brasil e do mundo, foi secundarizado" (COUTO, 2016, p. 22).

Também foi perceptível a falta de conceituação teórica, sobretudo acerca das sustentabilidades ambiental e socioambiental. No que se refere à posição epistêmica adotada, verificamos, do mesmo modo, a ausência da EA como uma abordagem transversal do currículo. Apesar do silêncio sobre a EA, aparece a expressão "consciência ambiental", a opção eleita para compor a BNCC, porém ainda prevalecem raras citações dela.

Em uma pesquisa sobre Educação Ambiental no PNE, Frizzo (2018) também ressalta que na construção inicial da BNCC não houve nenhuma referência à Educação Ambiental. Apresentamos na Tabela 7 o resultado da busca por citações nas quatro versões da BNCC.

Tabela 7 – Levantamento do número de citações para "Educação Ambiental", "desenvolvimento sustentável", "sustentabilidade ambiental" e "sustentabilidade socioambiental" nas versões da proposta para a BNCC de 2015, 2016 e 2017

Documento/ descritor	1ª versão BNCC (2015)	2ª versão BNCC (2016)	3ª versão BNCC (2017)	Versão final da BNCC (2017)
Educação ambiental	0	19	0	1
Desenvolvimento sustentável	1	2	0	1
Sustentabilidade ambiental	2	0	0	0
Sustentabilidade socioambiental	3	3	3	0

Fonte: adaptado de Frizzo (2018)

De acordo com Sorrentino e Portugal (2016), o termo Educação Ambiental é consolidado no Brasil, sendo mantido na literatura especializada, na legislação, nas escolas e nas comunidades. A referida expressão só não está garantida no documento normativo e regulador que rege a educação brasileira, a BNCC.

Nas décadas de 2000-2010, as políticas públicas avançaram timidamente na inserção da Educação Ambiental nos currículos e em programas voltados para as escolas, mesmo com força de leis. O fortalecimento da EA deu-se com o Programa Parâmetros em Ação: meio ambiente na escola, lançado em 2001 pelo MEC; a criação de grupos, como a Comissão Interministeriais de Educação Ambiental (Ciea) nos estados; os coletivos de Educadores Jovens de Meio Ambiente e as Comissões de Meio Ambiente e Qualidade de Vida; a realização de eventos, como os fóruns locais da Agenda 21 (hoje Agenda 2030); os Fóruns Brasileiros de Educação Ambiental e as Conferências Nacionais de Meio Ambiente; e o surgimento de redes de Educação Ambiental nos estados, regiões e municípios do país (BRASIL, 2014c).

No âmbito do FNDE foram lançados, pelo governo federal, programas de incentivo a Escolas Sustentáveis. Elencamos também o Programa Mais Educação e o PDDE-ES, que contemplam, entre suas propostas, o desenvolvimento da sustentabilidade socioambiental nas escolas públicas municipais. Ademais, o segundo fomenta a criação da Comissão de Meio Ambiente e Qualidade de Vida na Escola (COM-Vida). O Programa Escolas Sustentáveis foi uma proposta importante, pois envolveu a tríade *gestão, espaço físico e currículo*.

No próximo capítulo trataremos de Educação Escolar Quilombola e dos Quilombos.

5

EDUCAÇÃO ESCOLAR QUILOMBOLA E OS QUILOMBOS: O PROTAGONISMO DOS MOVIMENTOS SOCIAIS QUILOMBOLAS

> *Na oferta de educação básica para a população rural, os sistemas de ensino promoverão as adaptações necessárias à sua adequação às peculiaridades da vida rural e de cada região, especialmente: I - conteúdos curriculares e metodologias apropriadas às reais necessidades e interesses dos alunos da zona rural; II - organização escolar própria, incluindo adequação do calendário escolar às fases do ciclo agrícola e às condições climáticas; III - adequação à natureza do trabalho na zona rural.*
>
> *(BRASIL, 1996)*

A educação para os povos tradicionais do campo e de comunidades quilombolas em nosso país foi negada desde o Brasil Colônia, o Império e a República. Historicamente, no aspecto legal, o Estado teve uma postura ativa e permissiva perante a discriminação e o racismo que atinge a população afrodescendente até os dias atuais.

A Educação Escolar Quilombola[20] segue a proposta política de um currículo construído com e para os quilombolas, baseado nos saberes e no respeito de suas matrizes culturais. Trata-se de uma educação diferenciada, em que se trabalha a realidade em função da história de luta e resistência desses povos, bem como de seus valores civilizatórios. A Educação Escolar Quilombola fundamenta-se na vivência e na organização coletiva, nos valores ancestrais, na relação com a terra e com o sagrado, fatores que precisam ser incorporados na prática pedagógica das escolas quilombolas e das escolas que atendem estudantes quilombolas.

O termo *quilombo*, segundo Carvalho (1992), tem origem nas ações de negros aliados, após fuga do trabalho forçado das ações escravistas, no intento de viverem com dignidade, livres do cativeiro, em resistência à recaptura. Essas coligações reelaboraram nas Américas e, particularmente, no Brasil,

[20] Para saber mais: http://escolas.educacao.ba.gov.br/educacaoquilombola.

um modo de agrupamento social inspirado em experiências trazidas da África, que receberam múltiplas denominações no Novo Mundo, tais como:

> Quilombos ou mocambos no Brasil; palenques na Colômbia e em Cuba; cumbes, na Venezuela; marrons no Haiti e nas demais ilhas do Caribe francês; grupos ou comunidades de cimarrones em diversas partes da América espanhola; maroons, na Jamaica, no Suriname e no sul dos Estados Unidos. (CARVALHO, 1992, p. 14).

No tocante aos agrupamentos ocorridos no Brasil, segundo Silva (2004), a partir do século XVIII, atribuiu-se a esses grupos a denominação de quilombo, termo aportuguesado da palavra *Kilombo*, originária da língua *kibundo*, e que corresponde a arraial ou acampamento. Já o termo *mocambo*, de acordo com Silva (2004), tem origem no idioma quimbundo e corresponde à cumeeira ou ao telhado, sendo utilizado para identificar comunidades formadas por ex-escravizados.

A análise de Silva (2004) parte da noção de que o quilombo foi uma versão de uma estrutura que floresceu em Angola/África nos séculos XVII e XVIII. Kabengele Munanga (1996) e Ubiratan de Castro (2005) mencionam que a palavra *quilombo* tem origem Banto. Castro (2005) explica que a região Banto compreende um grupo de 500 línguas que se assemelham e são faladas na África Subequatorial, entre elas quiconco, quimbundo e umbundo.

Conforme Moura (1993), quilombos referem-se aos grupos étnicos *lunda, ovibundo, mbundo, kongo, imbagala* e a outros povos trazidos para a escravização no Brasil. Para Reis (1996), o próprio termo derivaria de *kilombo*, fazendo referência a uma sociedade de jovens guerreiros *mbundu* adotada pelos invasores *jaga*, ou *imbagala*, formada por pessoas oriundas de vários grupos étnicos extirpados de suas comunidades originais. O'Dwyer (1995 *apud* MOURA, 1996) afirma que quilombos são grupos que desenvolveram práticas cotidianas de resistência na manutenção e na reprodução de modos de vida característicos e na consolidação do território próprio.

Outra contribuição importante é da Organização Internacional do Trabalho (OIT), na Convenção 169, sobre os Povos Indígenas e Tribais (2004). Nela, instituiu-se a Política Nacional de Desenvolvimento Sustentável dos Povos e Comunidades Tradicionais, na qual os quilombolas são considerados comunidades e povos tradicionais.

Durante o regime escravista no Brasil houve um forte movimento de resistências e revoltas por parte dos escravizados, que lutaram e organizaram-se de diferentes modos. Essa era uma forma de combater o regime escravista, no qual os escravos eram subjugados, o que motivou o surgimento de quilombos, que se estenderam por todo o território brasileiro onde havia escravos. E Gomes (2003, p. 41) completa que

> [...] os negros escravizados procuraram sempre que puderam resistir à opressão a eles imposta no interior dos complexos mundos da escravidão. Buscavam nas diversas formas de enfrentamento – nas quais incluíam agenciamentos e percepções políticas com significados próprios – conquistar aquilo que concebiam como liberdade.

Convém ressaltar que as Diretrizes Curriculares Nacionais para a Educação Escolar Quilombola (DCNEEQ), publicadas em 2012, trazem uma definição de quilombo de acordo com O'Dwyer (1995, p. 2):

> O termo quilombo tem assumido novos significados na literatura especializada e também para grupos, indivíduos e organizações. Vem sendo ressemantizado para designar a situação presente dos segmentos negros em regiões e contextos do Brasil. Contemporaneamente, quilombo não se refere a resíduos ou resquícios arqueológicos de ocupação temporal ou de comprovação biológica. Não se trata de grupos isolados ou de população estritamente homogênea, nem sempre foram constituídos a partir de movimentos insurrecionais ou rebelados. Sobretudo consistem em grupos que desenvolveram práticas cotidianas de resistência na manutenção e na reprodução de seus modos de vida característicos e na consolidação de território próprio. A identidade desses grupos não se define por tamanho e número de membros, mas pela experiência vivida e as versões compartilhadas de sua trajetória comum e da continuidade como grupo. Neste sentido, constituem grupos éticos conceitualmente definidos pela antropologia como um tipo organizacional que confere pertencimento por meio de normas e meio empregados para indicar afiliação ou exclusão. (O'DWYER, 1995, p. 2).

Essa definição de quilombo do autor O'Dwyer (1995) coaduna com Oliveira (2019) ao afirmar que é relevante a compreensão de modos de vida singulares dos povos quilombolas na formação de seus territórios próprios como forma de resistência contra a exclusão que sempre enfrentaram e de fortalecimento de sua identidade campesina e quilombola.

Isso significa que os negros escravizados não aceitaram sua condição de forma passiva. Pelo contrário, em diversos momentos históricos esses indivíduos apresentaram suas insatisfações com a forma como eram tratados no cotidiano. As comunidades quilombolas representam todo esse movimento de revoltas e de construção de um novo modelo de organização coletiva: os quilombos modernos.

Tal compreensão pode ser relacionada com o que Max (1977) evidencia, dado que não é a consciência que determina seu ser, é o ser social que determina sua consciência. Portanto, à medida que o ser é construído, constitui-se em dois polos, subjetivo e objetivo, que determinam suas ações, ou seja, ora é sujeito, ora é objeto da história. Assim são os camponeses quilombolas.

Oliveira (2018, p. 48) define, em sua dissertação de mestrado intitulada *A política municipal de educação escolar quilombola em Vitória da Conquista/ Bahia, entre 2012 e 2017*, a categoria *camponês quilombola* para designar o quilombola do campo:

> O camponês quilombola tem uma característica que é preponderante porque pelas relações de produção, através do trabalho, que ele se diferencia do modelo capitalista de reprodução sociometabólica. O trabalho para o camponês é por excelência, educativo. A economia camponesa se destaca pelo trabalho familiar, pela economia de subsistência, pela propriedade familiar e controle da terra como direito constituído, ou seja, do controle dos meios de produção, além do planejamento da produção que não está associado ao cronológico do capital, diferenciando-os dos demais sujeitos e das propriedades capitalistas. [...] Compreende-se que os quilombolas rurais foram também encontrados para a busca por valorização e reconhecimento de seus modos de produção de existência, através do trabalho que é socialmente educativo e construído por este sujeito identitário a que denominamos de camponês quilombola.

Oliveira (2018, p. 49, grifos da autora) ainda complementa que o

> [...] *camponês quilombola* é a representação que melhor define esses sujeitos que preservam sua identidade campesina, fundamentada na agricultura familiar e sua diversidade étnica em confronto constante com o capital, mas que sustentam uma primazia de resistência, resiliência e existência constituída e em constante mudança, em prol do reconhecimento do seu direito à terra e sua cultura, com vistas na transformação da sociedade.

Arruti (2006, p. 96) também define quilombo e generaliza suas características, descrevendo seu caráter normativo:

> Ruralidade, forma camponesa, terra de uso comum, apossamento secular, adequação a critérios ecológicos de preservação de recursos, presença de conflitos e antagonismos vividos pelo grupo e, finalmente, mas não exclusivamente, uma mobilização política definida em termos de autoidentificação quilombola.

As definições de O'Dwyer (1995) e Oliveira (2018) comungam com a afirmação de Arruti (2006) sobre quilombos, especialmente no tocante às questões da identidade do camponês quilombola com a terra.

No Parecer CNE/CEB n.º 16/2012, referente às DNEEQ, a parecerista Prof.ª Dr.ª Nilma Lino Gomes apresenta as populações quilombolas como

> [...] grupos culturalmente diferenciados e que se reconhecem como tais, possuidores de formas próprias de organização social, utilizam conhecimentos, inovações e práticas gerados e transmitidos pela tradição, são ocupantes e usuários de territórios e recursos naturais como condição à sua reprodução cultural, social, religiosa, ancestral e econômica. (BRASIL, 2012a).

Já as DNEEQ trazem uma redefinição. Conforme o Artigo 3º, entende-se por quilombos:

> I - Os grupos étnico-raciais definidos por auto-atribuição, com trajetória histórica própria, dotados de relações territoriais específicas, com presunção de ancestralidade negra relacionada com a resistência à opressão histórica;
>
> II - Comunidades rurais e urbanas que:
>
> a) lutam historicamente pelo direito a terra e ao território o qual diz respeito não somente à propriedade da terra, mas a todos os elementos que fazem parte de seus usos, costumes e tradições;
>
> b) possuem os recursos ambientais necessários à sua manutenção e às reminiscências históricas que permitam perpetuar sua memória.
>
> III - Comunidades rurais e urbanas que compartilham trajetórias comuns, possuem laços de pertencimento, tradição cultural de valorização dos antepassados calcada numa história identitária comum, entre outros. (BRASIL, 2012a, p. 11).

Essa definição contemporânea elencada pelo Decreto Federal n.º 4.887/2013 regulamenta o procedimento para identificação, reconhecimento, delimitação, demarcação e titulação das terras ocupadas por remanescentes das comunidades dos quilombos de que trata o Artigo 68 do Ato das Disposições Constitucionais Transitórias (ADCT), ressignificando o conceito de quilombo baseado em relações coloniais escravistas para as quais o quilombo era apenas lugar de escravos fugidos.

A participação de grupos sociais também ganhou destaque em fóruns internacionais: na Conferência das Partes (COP 8), na Convenção da Diversidade Biológica (CDB) (Curitiba, 2006), no Ministério do Meio Ambiente (MMA) em cooperação com o Ministério do Desenvolvimento Social e Combate à fome (MDS), na Associação Brasileira de Antropologia (ABA), na Rede Faxinais e em outros representantes de comunidades tradicionais que promoveram o evento paralelamente à Comissão Nacional de Desenvolvimento Sustentável dos Povos e Comunidades Tradicionais no Brasil (CNPCT), uma experiência na criação de espaços públicos para povos indígenas e comunidades locais. Como observamos, há óbvia interferência recíproca entre termos que circulavam no contexto internacional com as efervescentes discussões no âmbito nacional.

Em 2006, a Comissão Nacional de Desenvolvimento Sustentável das Comunidades Tradicionais foi reformulada e renomeada, substituindo-se comunidades tradicionais e adicionando-se povos e comunidades tradicionais em seu nome (Decreto n.º 10.884, de 13 de julho de 2006), cuja sigla é CNPCT. Após duas reuniões nacionais, elaborou-se o texto-base para a futura Política Nacional de Desenvolvimento Sustentável de Povos e Comunidades Tradicionais, enviado para a discussão em cinco reuniões regionais. Das sugestões, a terceira reunião nacional finalizou a proposta instituída pelo Decreto n.º 6040/07. O Inciso I do Art. 3 traz a definição clara de quem são os Povos e as Comunidades Tradicionais (PCT):

> Grupos culturalmente diferenciados e que se reconhecem como tais, que possuem formas próprias de organização social, que ocupam e usam territórios e recursos naturais como condição para sua reprodução cultural, social, religiosa, ancestral e econômica, utilizando conhecimentos, inovações e práticas gerados e transmitidos pela tradição. (BRASIL, 2007a, p. 1).

Convém destacar que o Decreto n.º 1.331, de 17 de fevereiro de 1854, estabelecia que, nas escolas públicas brasileiras, não seriam permitidos escravos, e a previsão de instrução para adultos negros dependia da disponibilidade de professores. Outro documento nacional que causa indignação é Decreto de n.º 7.031-A, de setembro de 1878, que estabelecia que os negros só podiam estudar no período noturno. Diversas táticas foram criadas no sentido de dificultar o acesso pleno desses povos ao ambiente escolar.

Mesmo com a democratização e a promulgação da Constituição Federal de 1988, o Brasil continuou sem atender à população negra e campesina em suas especificidades. Essa negação do direito de estudar, ao longo dos séculos, gerou uma enorme disparidade entre negros e brancos em nossa sociedade.

A Educação Escolar Quilombola (EEQ) surgiu devido às pressões dos Movimentos Sociais, de forma particular ao Movimento Negro Unificado, do Movimento Quilombola. Ela nasceu de um contexto histórico de lutas e de desejos por uma educação que respeitasse as especificidades dos povos quilombolas e ribeirinhos e de comunidades tradicionais e, principalmente, que levasse em consideração os princípios constitucionais que regem a educação básica brasileira para escolas quilombolas, assim como para as demais escolas que atendem estudantes originários de territórios quilombolas. Surgiu, portanto, quando os movimentos sociais levantaram a bandeira de combate ao racismo pela terra, pela territorialidade, pelo território ancestral, pela valorização da identidade e pelo pertencimento no campo e na cidade, demarcando a temática dessa modalidade e dos quilombos, de forma geral, nos cenários político, econômico, ambiental, social e cultural.

Esse cenário só tomou outro rumo a partir da eleição de Luís Inácio Lula da Silva (PT), que, em 2003, assumiu o compromisso de eliminar as desigualdades raciais. Promoveu, assim, políticas de ações afirmativas dos direitos humanos básicos e fundamentais da população negra brasileira.

As lutas e reivindicações realizadas pelos diversos sujeitos permitiram um salto qualitativo no que diz respeito aos instrumentos legais que demarcam o percurso histórico do tema no cenário nacional. Com isso, no primeiro ano de gestão do Presidente Luís Inácio Lula da Silva – 2003 –, foi sancionada a Lei Federal n.º 10.639/2003, que altera a LDB n.º 9.394/96, tornando obrigatório o ensino de História e Cultura Afro-Brasileira e Africana no currículo escolar da educação básica.

Posteriormente, foi criado o documento que determina as Diretrizes Curriculares Nacionais para Educação das Relações Étnico-Raciais, estabelecendo a inclusão de conteúdos sobre a história e a cultura africana e afro-brasileira no currículo, subsidiando novas práticas pedagógicas de combate ao racismo, ao preconceito e à discriminação na formação da sociedade brasileira.

Para complementar essa proposta, logo depois foi sancionada a Lei n.º 11.645/08, que trata da obrigatoriedade do trabalho dos Estudos das Relações Étnico-Raciais História e Cultura Afro-Brasileira, Africanas e Indígenas. Nesse novo documento, acrescentou-se a necessidade de atendimento aos povos indígenas, os quais também tiveram seus direitos, inclusive de posse da terra, negados pela estrutura organizada na sociedade capitalista (BRASIL, 2004a).

Sete anos depois, em 2012, foram implementadas as DCNEEQ (Resolução CNE/CEB n.º 8, de 20 de novembro de 2012). Em 2013, foi a vez de a Bahia implementar as Diretrizes Curriculares Estaduais para a Educação Escolar Quilombola (Resolução CEE/CEB n.º 68, de 20 de dezembro de 2013), que orientam os sistemas de ensino a monitorar e garantir a implementação da modalidade no estado.

Para a Resolução CNE/CEB n.º 8, de 20 de novembro 2012, escolas quilombolas são aquelas localizadas em território quilombola, e Educação Escolar Quilombola compreende a educação praticada nas escolas quilombolas e nas unidades que atendem estudantes oriundos de territórios quilombolas (BRASIL, 2012a). Sendo assim, trata-se de uma educação diferenciada, na qual a realidade, as discussões sobre identidade e cultura e a memória coletiva devem ser trabalhadas em face da história de luta e de resistência desses povos, bem como de seus valores, referenciais e marcos civilizatórios. Para Duarte e Martins (2013), o termo *cultura* é utilizado para referir-se aos costumes e hábitos de um povo, às diferentes maneiras de expressão artísticas, a um modo da civilização ou aos saberes produzidos por determinado grupo.

Logo no ano seguinte, a Resolução CNE/CEB n.º 68, de 20 de dezembro de 2013, que determina a modalidade de Educação Escolar Quilombola, estabelece conceitos fundamentais para o conhecimento de alguns de seus princípios, tais como: direito à igualdade, à liberdade, à diversidade e à pluralidade; direito à educação pública, gratuita e de qualidade; respeito e reconhecimento da história e da cultura afro-brasileira como elementos estruturantes do processo civilizatório nacional; proteção das manifestações da cultura afro-brasileira; valorização da diversidade étnico-racial; promoção do bem de todos, sem preconceitos de origem, raça, sexo, cor, credo, idade e quaisquer outras formas de discriminação; garantia dos direitos humanos, econômicos, sociais, culturais, ambientais, e do controle social pelas comunidades quilombolas; reconhecimento dos quilombolas como povos ou comunidades tradicionais; respeito aos processos históricos de luta pela regularização dos territórios tradicionais dos povos quilombolas, entre outros (BRASIL, 2013).

Nessa perspectiva, a EEQ, em seus projetos educativos, deve considerar o contexto sociocultural e a realidade dos povos quilombolas. O currículo converge para a garantia do direito dos estudantes de conhecerem sua verdadeira história, o processo de formação dos quilombos em suas diversas escalas geográficas e o protagonismo dos Movimentos Negro e Quilombola nas conquistas mencionadas.

Para que isso ocorra deve-se contar a história a partir de outra perspectiva, seguir a proposta política de um currículo construído com e para os quilombolas, baseado nos saberes tradicionais, no conhecimento e na referência às matrizes culturais. O currículo precisa garantir os valores das comunidades, como a cultura, as tradições, o mundo do trabalho, a terra, a territorialidade, a oralidade, a estética, o respeito ao ambiente, a memória e a ancestralidade. As Diretrizes Curriculares Estaduais para a Educação Escolar Quilombola defendem, em seu art. 29, que o currículo deve abranger os

> [...] modos da organização dos tempos e espaços escolares das atividades pedagógicas, das interações do ambiente educacional com a sociedade, das relações de poder presentes no fazer educativo e nas formas de conceber e construir conhecimentos escolares, constituindo parte importante dos processos sociopolíticos e culturais de construção de identidades. (BAHIA, 2013, p. 28).

Já no Art. 33, Inciso II, há a referência à necessidade de flexibilização na organização curricular, no que diz respeito à articulação entre a BNCC e a parte diversificada, no sentido de garantir a relação entre o conhecimento escolar e os saberes tradicionais, aqueles conhecimentos produzidos pelas comunidades quilombolas. Outro ponto importante refere-se à inclusão das comemorações nacionais, regionais e locais no currículo.

A EEQ é desenvolvida em unidades educacionais inscritas em suas terras e cultura, requerendo pedagogia própria em respeito à especificidade étnico-cultural de cada comunidade e formação específica de seu quadro docente, observados os princípios constitucionais, a base nacional comum e os princípios que orientam a educação básica brasileira. Na estruturação e no funcionamento das escolas quilombolas, sua diversidade deve ser reconhecida e valorizada.

O reconhecimento público de uma orientação educacional específica dirigida às comunidades quilombolas é fruto da luta política travada pelos movimentos sociais negros, bem como da própria constituição de um movimento de povos quilombolas no país. Nesse direcionamento, é significativo observarmos que atualmente a EEQ constitui-se como modalidade de ensino da educação básica. Tal especificação é oriunda das deliberações retiradas da Conferência Nacional de Educação (Conae), realizada em Brasília em 2010. Diante de tais conquistas, é importante atentarmo-nos para algumas especificações significativas no trato com essas questões:

- Levantamento das condições reais de funcionamento da escola buscando qualitativamente: transporte e alimentação escolar, infra-estrutura, recursos pedagógicos e quadro de pessoal;
- Garantia de transporte escolar de qualidade para estudantes quilombolas atendidos pela rede de ensino municipal e estadual (escolas que recebem estudantes quilombolas);
- Possibilitar a criação de 21 projetos de construção de escolas de ensino fundamental e 07 de ensino médio em comunidades quilombolas (solicitação entregue ao MEC/FNDE em 27 de outubro de 2009 e ainda estão em andamento);
- Melhoria das escolas quilombolas: rede física (ampliação de cozinhas, banheiros, quadra de esporte, etc.), laboratório de informática; criação e ampliação de bibliotecas, aquisição de material de apoio pedagógico (livros, vídeos e jogos);
- Criar a oferta de curso de educação profissional e EJA – para jovens e adultos – nas comunidades quilombolas;
- Inserção na matriz escolar de temas que sejam comuns à cultura, educação, valores e saberes quilombolas, tais como: terra, territorialidade, identidade, religiosidades, organização comunitária dentre outros;
- Mapear as condições e práticas pedagógicas das escolas localizadas em áreas remanescentes de quilombos envolvendo: educação infantil, jovens e adultos;

- Contemplar no Projeto Político Pedagógico temas/abordagens/metodologias sobre a história e cultura quilombola e sobre a história e cultura africana e afro-brasileira;
- Desenvolver atividades pedagógicas com professores que atuam em comunidades quilombolas e que trabalham em escolas que atendem estudantes quilombolas;
- A partir das práticas vividas, elaborar e registrar experiências de educação já existentes nas comunidades, de modo que esta possa compor o currículo e materiais pedagógicos das unidades escolares;
- Acompanhamento da prática docente com o intuito de contribuir para uma maior interação entre unidade escolar e comunidade. (BRASIL, 2010, p. 468).

Na Bahia, a defesa de uma EEQ adquire mais importância diante da análise realizada em um dos cinco estados brasileiros com maior número de comunidades remanescentes de quilombo. Segundo a FCP, de acordo com as certidões expedidas, existiam 748 comunidades remanescentes de quilombos certificadas, atualizadas até a Portaria n.º 122/2018, publicada no Diário Oficial da União (DOU) de 26 de abril de 2018. A Bahia tem, ainda, o maior número de estudantes matriculados em escolas quilombolas. Segundo os dados do Censo Escolar de 2019, na época a Bahia tinha 582 unidades escolares quilombolas, com 72.693 estudantes, nas quais atuavam 3.347 professores. Sendo assim, é dever do estado a garantia de uma EEQ de qualidade, contextualizada e emancipatória.

Em 2013, o estado da Bahia publicou o documento que estabelece as Diretrizes Curriculares para Educação Escolar Quilombola no Sistema de Ensino da Bahia, que indica, com a devida profundidade, como os sistemas de ensino, por meio de ações colaborativas, devem implementar, monitorar e garantir a EEQ. O Documento Curricular Referencial da Bahia para a Educação Infantil e o Ensino Fundamental vale-se dessas orientações para sua efetiva implementação no contexto escolar quilombola.

Para contemplar as demandas e as orientações das Diretrizes Nacionais de EEQ e de outros documentos oficiais, em 2017, o município Bom Jesus da Lapa consolidou suas próprias Diretrizes Curriculares para a Educação Escolar Quilombola, aprovadas pelo Conselho Municipal de Educação, no dia 18 de dezembro de 2017, e publicadas no Diário Oficial apenas em novembro de 2019. Essas diretrizes foram construídas com a participação efetiva do Movimento Quilombola e dos territórios quilombolas em um processo que durou seis meses.

Assim como as Diretrizes Nacionais e Estaduais para Educação Escolar Quilombola, as municipais entendem quilombos como os grupos étnico-raciais definidos por autoatribuição, com trajetória histórica própria, dotados de relações territoriais específicas, com presunção de ancestralidade negra relacionada com a resistência à opressão histórica. Por essa razão, esse público necessita de uma educação escolar diferenciada, sempre regida pelo princípio da igualdade e da diferença.

As Diretrizes Curriculares Municipais para a Educação Escolar Quilombola também entendem a importância dos movimentos sociais, especialmente o movimento quilombola na história do país, bem como o reconhecimento de que, nos avanços relacionados a uma educação de boa qualidade nos territórios quilombolas, sua participação é sempre fundamental. Nesse sentido, propõem que, nos currículos da EEQ, deve constar, em todas as séries, obrigatoriamente, componente curricular sobre a história do movimento quilombola do Brasil, da Bahia e da região.

Outras políticas públicas foram criadas com o objetivo de reparação social, educacional e racial. Por exemplo, os Programas de Cotas em âmbito federal para atender às comunidades quilombolas, objetivando a garantia do acesso à terra, as ações de saúde e educação, a construção de moradias, a eletrificação, a recuperação ambiental, o incentivo ao desenvolvimento local, o atendimento das famílias por programas sociais e as medidas de preservação e promoção das manifestações culturais quilombolas.

No tocante à educação superior, destacamos ainda a Lei de Cotas (n.º 12.711/2012), que garante 50% das matrículas por curso e turno nas universidades e institutos federais a alunos do ensino médio público. Considera-se também o percentual mínimo correspondente ao da soma de pretos, pardos e indígenas no estado, de acordo com o último censo do IBGE. Algumas universidades têm programas de bolsas específicos para estudantes quilombolas.

O Brasil tem um histórico de 388 anos de escravidão. Quando a escravatura foi abolida, em 1888, a população negra não teve nenhum tipo de política que a ajudasse a ter uma inserção digna no mercado de trabalho e na sociedade. Infelizmente, os negros continuaram sem terra e sem ocupações formais no mercado de trabalho, apesar de alguns avanços. Portanto permaneceram excluídos socialmente quando observamos os dados oficiais. Esse histórico tem reflexo até hoje nas diferenças socioeconômicas entre negros e brancos no país. Pretos e pardos correspondem à metade da população brasileira. No entanto apenas 12% da população preta e 13% da parda têm ensino superior. Entre os brancos, o número é de 31%; ou seja, a desigualdade é imensa.

O sistema municipal de educação de Bom Jesus da Lapa tem a prerrogativa de atender às demandas e às especificidades da EEQ. Sendo assim, diante de todas as dificuldades apresentadas, reconhece seu papel e a sua responsabilidade na implementação e na efetividade de uma política municipal que atenda às necessidades educacionais dos territórios quilombolas.

Na seção seguinte abordaremos a PHC. Seu propósito é fundamentar o trabalho e observar as articulações entre essa Pedagogia, a Educação Ambiental e a BNCC.

5.1 PEDAGOGIA HISTÓRICO-CRÍTICA E EDUCAÇÃO AMBIENTAL

A Pedagogia Histórico-Crítica foi criada pelo professor Dermeval Saviani na década de 1980, no Brasil. Tem como foco a transmissão de conhecimentos científicos e filosóficos da humanidade. É importante ressaltar que embora seja focada na transmissão dos conteúdos, não é uma abordagem pedagógica conteudista. A teoria de Saviani advoga pela pedagogia contra-hegemônica, com inspiração no marxismo, e sempre atenta às dificuldades educacionais decorrentes da exploração do sistema capitalista.

Nessa perspectiva, a PHC – que evidencia, segundo Saviani (1985), a consciência dos condicionantes histórico-sociais da educação – respalda o trabalho com a EA, objetivando um equilíbrio entre teoria e prática, de forma a envolver os estudantes em aprendizagens significativas. Constitui-se como uma ferramenta para despertar as questões socioambientais, uma vez que requer dos profissionais da educação uma nova forma de trabalhar com os objetos e as áreas do conhecimento de maneira contextualizada, evidenciando que os saberes advêm da história produzida pela humanidade e das diversas tessituras nas relações naturais e sociais.

Inicialmente, trataremos dos pressupostos filosóficos da dialética e da ontologia marxista para, em seguida, descrever os caminhos epistemológicos da PHC no contexto educacional da EA.

Para compreender o trabalho educativo na perspectiva histórico-crítica é necessário o entendimento do método histórico-dialético de Marx. E além dos textos do próprio Marx, buscamos essa compreensão ontológica em outros autores. Esse aprofundamento é necessário para entendermos o trabalho e a natureza humana.

A dialética, como uma totalidade que fundamenta as inter-relações sociais, trata-se de um sistema que contém elementos significativos para o desenvolvimento do processo educativo. A prática dialética presente na formação dos educadores e educandos fundamenta os princípios da PHC, cujo método tem sua base no MHD de Marx, que entende o trabalho educativo como necessário para o desenvolvimento histórico da sociedade. Os pressupostos da PHC, no contexto da EA, abordam a constituição dos valores éticos e estéticos e a participação política.

A didática da PHC integra a teoria desenvolvida por Saviani. Tal didática visa oportunizar a efetivação real da ação docente mediante passos estruturados, conforme representado a seguir:

> 1º) a prática social como ponto de partida, comum ao professor e aos alunos, mas apreendida pelos alunos de forma sincrética e pelo professor de forma sintética;
>
> 2º) a problematização, ou seja, a identificação dos problemas postos pela prática social que necessitam da intervenção da educação;
>
> 3º) a instrumentalização e a apropriação dos instrumentos teóricos e práticos que permitem responder aos problemas detectados;
>
> 4º) a catarse, entendida na acepção gramsciana de "elaboração superior da estrutura em superestrutura na consciência dos homens" (GRAMSCI, 1978, p. 53), sendo esse o ponto culminante do processo pedagógico, quando ocorre a efetiva incorporação dos instrumentos culturais, transformados em elementos ativos de transformação social;
>
> 5º) a prática social, compreendida agora não mais em termos sincréticos pelos alunos; nesse momento, ao mesmo tempo em que os alunos ascendem ao nível sintético, em que já se encontrava o professor no ponto de partida, reduz-se à precariedade da síntese do professor, cuja compreensão torna-se cada vez mais orgânica.

Vemos que a compreensão da concepção da PHC amplia-se mediante o domínio da metodologia correspondente e fortalece-se. Apesar de ocorrerem muitos equívocos sobre essa concepção, há impacto negativo das ideias pedagógicas contemporâneas em sua vivência prática no interior das escolas.

A PHC é uma tentativa de superar as teorias pedagógicas não críticas (a pedagogia tradicional, a pedagogia nova e a tecnicista),[21] em um movimento que vai das observações empíricas ao concreto, pela mediação da abstração, e da síncrese à síntese, pela mediação da análise. Trata-se de uma proposta pedagógica original, cujo formulador é, conforme já mencionado, Dermeval Saviani. Tal teoria continuou em desenvolvimento, com contribuições de diversos estudiosos, ou melhor, com um trabalho coletivo.

É importante salientar que outros autores têm colaborado com o desenvolvimento da PHC por meio do trabalho voltado ao tema da consciência, articulado à Psicologia Histórico-Cultural, como é o caso, entre outros, de Newton Duarte, Lígia M. Martins e Ana Carolina Galvão Marsiglia, Tiago Nicola Lavoura, Julia Malanche e Paulinho José Orso, embora o foco do presente texto seja a contribuição originária de Saviani.

Utilizamos livros de autoria de Dermeval Saviani (uma vez que o recorte que pretendemos seguir circunscreve-se ao âmbito das contribuições desse autor para a PHC), bem como artigos de sua autoria ou coautoria, além de entrevistas por ele concedidas (especialmente as veiculadas em periódicos científicos). Tais obras foram essenciais para captar, diretamente da fonte, os conceitos e as estruturas da PHC, de modo a ajudar a compreender o que é, para Saviani, a consciência crítico-filosófica e qual é o seu lugar na proposta da PDH.

Conforme Saviani (2015a, p. 78), a PHC é uma pedagogia socialista de orientação marxista, baseada na teoria do conhecimento elaborada por Marx, cuja "categoria central é a noção de concreto – configura-se, então, como uma pedagogia concreta".

A PHC considera os educandos como indivíduos concretos, ou seja, como síntese de relações sociais, enquanto a pedagogia tradicional enxerga-os como indivíduos abstratos (que, para Saviani, são expressões particulares da essência universal, que caracteriza a realidade do ser humano). Já a pedago-

[21] Saviani formulou seu conceito de teorias pedagógicas não críticas no contexto das décadas de 1970 e 1980. Contudo tais conceitos foram atualizados a partir da década de 2000. Para Saviani (2007a, p. 423), "não é fácil caracterizar em suas grandes linhas essa nova fase das ideias pedagógicas. Isso porque se trata de um momento marcado por descentramento e desconstrução das ideias anteriores, que lança mão de expressões intercambiáveis e suscetíveis a grande volatilidade. Não há, pois, um núcleo que possa definir positivamente as ideias que passam a circular já nos anos de 1980 e que se tornam hegemônicas na década de 1990. Por isso, sua referência se encontra fora delas, mais precisamente nos movimentos que as precederam. Daí que sua denominação tenda a se fazer lançando mão das categorias precedentes às quais se antepõem prefixos do tipo 'pós' ou 'neo'". Saviani busca, então, designar essas novas ideias com base em suas categorias centrais. Ele passa a fazer a classificação em "neoprodutivismo" e suas variantes: "neoescolanovismo", "neoconstrutivismo" e "neotecnicismo" (1991-2001).

gia nova vê os sujeitos como indivíduos empíricos, constituindo-se como centro do processo educativo e sendo singulares, de maneira a distinguirem entre si por sua suposta originalidade, criatividade e autonomia. Tais concepções (da pedagogia tradicional e da nova) naturalizam as relações sociais (SAVIANI, 2015a).

Para a PHC, os educandos são entendidos como indivíduos concretos e, como tal, representam uma rica totalidade de determinações e de numerosas relações. Portanto são síntese de relações sociais que não escolheram, tendo forte determinação pela dinâmica da vida individual e social. Para compreender esse processo e para nele atuar pedagogicamente é necessário orientar-se por uma concepção dialética.

Segundo Saviani (2015a, p. 79), discutir as bases da concepção dialética de educação, as quais, a partir de 1984, passaram a denominar de "pedagogia histórico-crítica", partiu da afirmação de que o movimento que vai das observações empíricas ("o todo figurado na intuição") ao concreto ("uma rica totalidade de determinações e de relações numerosas"), passa pela mediação do abstrato ("a análise, o conceito e as determinações mais simples") e constitui uma orientação segura tanto para a descoberta de novos conhecimentos (o método científico) como para o ensino (o método pedagógico). É a partir daí que podemos chegar a uma pedagogia concreta como via de superação da pedagogia tradicional e da moderna.

Se no método de ensino a inspiração marxiana faz Saviani identificar os três momentos iniciais do processo de aprendizagem em função da prática social, problematizá-la e instrumentalizar os sujeitos, o ponto culminante é a catarse, conceito que Saviani tomou de Gramsci, constituindo o quarto momento da PHC. A catarse representa o instante elevado da elaboração superior da estrutura em superestrutura na consciência humana. Trata-se do momento de efetiva incorporação dos instrumentos culturais, transformados, pela mediação do trabalho pedagógico, em elementos ativos de mudança social (SAVIANI, 2019, p. 9).

É nessa elucidação sobre suas bases que Saviani (2007a, p. 420) evidencia que

> [...] a fundamentação teórica da pedagogia histórico-crítica nos aspectos filosóficos, históricos, econômicos e político-sociais propõe-se explicitamente a seguir as trilhas abertas pelas agudas investigações desenvolvidas por Marx sobre as condições históricas de produção da existência humana

> que resultaram na forma da sociedade atual dominada pelo capital. É, pois, no espírito de suas investigações que essa proposta pedagógica se inspira. Frise-se: é de inspiração que se trata e não de extrair dos clássicos do marxismo uma teoria pedagógica. Pois, como se sabe, nem Marx, nem Engels, Lênin ou Gramsci desenvolveram teoria pedagógica em sentido próprio. [...] Aquilo que está em causa é a elaboração de uma concepção pedagógica em consonância com a concepção de mundo e de homem própria do materialismo histórico.

Em síntese, podemos considerar que a PHC é oriunda da concepção dialética, especificamente na versão do materialismo histórico, tendo fortes afinidades, no que se refere a suas bases psicológicas, com a psicologia histórico-cultural desenvolvida pela "Escola de Vigotski". A educação é entendida como o ato de produzir, direta e intencionalmente, em cada indivíduo singular, a humanidade produzida histórica e coletivamente pelo conjunto dos homens.

Em outros termos, isso significa que a educação é entendida como mediação no seio da prática social global. A prática social põe-se, portanto, como os pontos de partida e de chegada da prática educativa. Daí decorre um método pedagógico que parte da prática social em que professor e aluno encontram-se igualmente inseridos, ocupando, porém, posições distintas, condição para que travem uma relação fecunda na compreensão e no encaminhamento da solução dos problemas postos pela prática social. Aos momentos intermediários do método da PHC cabe identificar as questões suscitadas pela prática social (problematização), dispor os instrumentos teóricos e práticos para a sua compreensão e solução (instrumentação) e viabilizar sua incorporação como elementos integrantes da própria vida dos alunos (catarse).

No livro *Escola e democracia*, a PHC não vê necessidade de negar a essência para admitir o caráter dinâmico da realidade, como faz a pedagogia da existência, inspirada na concepção "humanista" moderna de filosofia da educação (SAVIANI, 2007a). Igualmente, não precisa negar o movimento para captar a essência do processo histórico, como ocorre com a pedagogia da essência, inspirada na concepção "humanista" tradicional de filosofia da educação. Com esse entendimento, a PHC busca superar as pedagogias da essência e da existência dialeticamente, isto é, incorporando suas críticas recíprocas em uma proposta radicalmente nova.

O cerne dessa novidade radical consiste na superação da crença na autonomia ou na dependência absoluta da educação em face das condições sociais vigentes. Compreendendo a educação como o ato de produzir direta e intencionalmente em cada indivíduo singular a humanidade que é construída histórica e coletivamente pelo conjunto dos homens, a PHC, interessada em articular a escola com as necessidades da classe trabalhadora, empenha-se em pôr em ação métodos de ensino eficazes (SAVIANI, 2003). Situa-se, assim, para além dos métodos tradicionais e novos, visando superar por incorporação as contribuições dessas duas tendências pedagógicas.

Nessa perspectiva, seus métodos estimularão a atividade e a iniciativa dos alunos sem abrir mão da iniciativa do professor; favorecerão o diálogo dos alunos entre si e com o professor, sem deixar de valorizar o diálogo com a cultura acumulada historicamente; e levarão em conta os interesses dos alunos, os ritmos de aprendizagem e o desenvolvimento psicológico, sem perder de vista a sistematização lógica dos conhecimentos, sua ordenação e sua gradação para efeitos do processo de transmissão-assimilação dos conteúdos cognitivos (SAVIANI, 2007a).

Orientada por essas preocupações, a PHC procurou construir uma metodologia que, encarando a natureza da educação como uma atividade mediadora no seio da prática social global, tem como ponto de partida e de chegada a própria prática social. O trabalho pedagógico configura-se, pois, como um processo de mediação que permite a passagem dos educandos de uma inserção acrítica e intencional no âmbito da sociedade a uma inserção crítica e intencional.

A referida mediação objetiva os momentos intermediários do método da PHC, a saber: problematização, que implica a tomada de consciência dos problemas enfrentados na prática social; instrumentação, pela qual os educandos apropriam-se dos instrumentos teóricos e práticos necessários para a compreensão e a solução dos problemas detectados; e catarse, isto é, a incorporação, na própria vida dos alunos, dos elementos constitutivos do trabalho pedagógico. Dessa forma, é possível, à semelhança do que se deu com as pedagogias tradicional e nova, estruturar a metodologia da PHC em cinco momentos.

Além disso, a obra *Escola e democracia* apresenta os cinco momentos do método histórico-crítico simetricamente aos cinco passos correspondentes aos esquemas propostos por Herbart (pedagogia tradicional) e Dewey (pedagogia nova), conforme Saviani (2007a). Portanto é necessário apresentá-los para facilitar a compreensão dessa nova proposta pedagógica.

O ponto de partida metodológico da PHC não é a preparação dos alunos, cuja iniciativa é do professor (pedagogia tradicional), nem a atividade, que é de iniciativa dos alunos (pedagogia nova), mas a prática social (primeiro momento), que é comum a professores e alunos. Essa prática comum, porém, é vivenciada diferentemente por ambos. Enquanto o docente tem uma visão sintética da prática social, ainda que na forma de síntese precária, a compreensão discente manifesta-se na forma sincrética. O segundo momento não é a apresentação de novos conhecimentos por parte do professor (pedagogia tradicional), tampouco o problema como um obstáculo que interrompe a atividade dos alunos (pedagogia nova), mas a problematização, isto é, o ato de detectar as questões que precisam ser resolvidas no âmbito da prática social e o modo como a educação encaminhará as devidas soluções.

Para Duarte *et al.* (2020), nessa teoria pedagógica é possível elevar os seres humanos a patamares superiores de individualidade, o que contribui para a superação de uma sociedade e de um cotidiano alienado. Duarte (2013, p. 213) reitera ainda que

> [...] não se trata apenas de que a escola deve colocar os alunos em contato com os conhecimentos científicos, artísticos e filosóficos, mas também que a escola deve produzir nos alunos a necessidade de apropriação permanente desses conhecimentos em níveis mais elevados. A escola enriquecerá o aluno à medida que produza nele necessidades formativas que não surgem espontaneamente na vida cotidiana. A função da escola não é, portanto, a de adaptar o aluno às necessidades da vida cotidiana, mas de produzir nele necessidades referentes às esferas mais elevadas de objetivação do gênero humano.

Diante do que pontua Duarte (2013), notamos uma contradição em relação à priorização dos conhecimentos científicos, artísticos e filosóficos em detrimento dos saberes tradicionais. Todavia, ao refletirmos profundamente, percebemos que a PHC sinaliza que é preciso ir além dos conhecimentos do cotidiano do senso comum e apropriar-se dos saberes para que ocorra a transformação social da classe trabalhadora. De fato, precisamos potencializar nossos alunos a estarem aptos a enfrentarem a educação escolar capitalista.

Na realidade, a PHC está para além das divergências existentes entre as teorias pedagógicas em relação à concepção de conhecimento. Embasa-se em um viés ontológico, histórico, crítico, dialético, além de vincular-se diretamente à formação humana e à transformação social da classe trabalhadora. Para que o ser humano evolua é necessário apropriar-se dos conhecimentos produzidos pela humanidade ao longo da história.

Em um contexto histórico e político de tanto negacionismo, é preciso que ocorra a mediação. Ou seja, é fundamental a apropriação do saber elaborado pela classe trabalhadora e popular para que haja transformação por meio da escolarização, da emancipação humana, da luta e da busca constante pela superação da realidade. Nesse sentido, Kuenzer (2011, p. 187) alerta:

> Torna-se necessário, contudo, não cair no engodo de se tomar o conhecimento socialmente elaborado, como seu ponto de vista de classe, tal como existe, como explicação definitiva, verdadeira, superior ao parcialmente elaborado pela classe trabalhadora. [...] Para superar essa limitação de conhecimento burguês é preciso ir além da imediaticidade, tentado captar a totalidade, o que só é possível pela ação, buscando apreendê-la e compreendê-la como momento do conjunto da sociedade em que seu método resulta de seu ser social [...]. Para superar esse limite, é absolutamente indispensável que o operário se aproprie do saber socialmente elaborado.

É pertinente esclarecer que aqui tratamos da totalidade e não da fragmentação ou do relativismo cultural da classe trabalhadora. É importante que todos tenham o direito e a oportunidade de acesso aos conhecimentos científicos e filosóficos elaborados pela humanidade, sem distinção. Sob essa perspectiva, a proposta de Saviani (2018, p. 55-56) preconiza

> [...] uma pedagogia articulada com os interesses populares [que] valorizará, pois, a escola; não será indiferente ao que ocorre em seu interior; estará empenhada em que a escola funcione bem; portanto, estará interessada em métodos de ensino eficazes. Tais métodos situar-se-ão para além dos métodos tradicionais e novos, superando por incorporação as contribuições de uns e de outros. Serão métodos que estimularão a atividade e iniciativa dos alunos sem abrir mão, porém, da iniciativa do professor; favorecerão o diálogo dos alunos entre si e com o professor, mas sem deixar de valorizar o diálogo com a cultura acumulada historicamente; levarão em conta os interesses dos alunos, os ritmos de aprendizagem e o desenvolvimento psicológico, mas sem perder de vista a sistematização lógica dos conhecimentos, sua ordenação e gradação para efeitos do processo de transmissão-assimilação dos conteúdos cognitivos.

Conforme descreve Saviani (2008, p. 55-56), a reflexão desenvolvida pela PHC busca, nesse sentido, novas aproximações com os saberes tradicionais quando enfatiza que é uma pedagogia articulada com os interesses populares e que valoriza a escola. Consideramos aqui uma clara articulação entre a tríade *Educação Ambiental, Pedagogia Histórico-Crítica e Educação Quilombola*, pois todas foram gestadas em movimentos de lutas e em prol da classe trabalhadora.

Figura 6 – Intersecção da Pedagogia Histórico-Crítica com a Educação Ambiental e a Quilombola

Fonte: elaborada pelas autoras (2021)

Saviani (2009) afirma que o ponto de partida dá-se pela prática social. Assim, os momentos propostos pela PHC apontam para uma problematização que parte da identificação de problemas diante das práticas sociais. Segue-se a apropriação de instrumentos teóricos e práticos para mediar os problemas e sua instrumentalização, e conclui-se com a incorporação dos instrumentos culturais (concebidos como familiares aos alunos), que são transformados em elementos proativos na transformação socioambiental (SAVIANI, 2009).

No ponto de partida da PHC temos o primeiro momento da prática social inicial, tida como ponto de partida do trabalho pedagógico. Esse primeiro momento é a primeira interpretação superficial da realidade.

Consiste em ver a realidade e tomar consciência de como ela coloca-se em seu todo e em suas relações (SAVIANI, 2006). Nesse momento, professor e alunos impõem-se como agentes sociais distintos, os quais representam diferentemente a prática social que lhes é comum (MARTINS, 2013). A prática social inicial é a realidade concreta de professores e alunos derivada de um histórico social decorrente da construção do sujeito enquanto ser sócio-histórico, que deverá ser desvelada em busca da essência para além da aparência.

Nessa tessitura, como afirma Loureiro (2005, p. 327) "a dialética é o método da Teoria crítica". Essa afirmação remete ao sentido epistemológico do termo *dialética*. Em sentido vernacular, a dialética pode ser concebida como discurso dialógico e racional que leva à compreensão enquanto lógica.

Essa construção do ser social é marcada por múltiplas determinações que auxiliam a constituição da sociedade atual em face do trabalho e da apropriação de conhecimentos sistematizados. Outras teorias pedagógicas também tratam de uma prática social primeira, entretanto a trazida por Saviani caracteriza-se por ir além de um momento didático, pois possibilita uma compreensão do sujeito no mundo. Nela, o eu e o nós interpenetram-se e o sujeito compreende-se na coletividade.

Dessa forma, a apropriação do conhecimento científico a ser transmitido e os conceitos que se pretende ensinar são ferramentas indispensáveis para que o professor realize a mediação de maneira prática, sintonizada, para que ocorra a concreticidade de aquisição de conhecimentos novos e a transformação da realidade. Assim, é necessário que haja problematização com criticidade diante da realidade, o que é imprescindível para que cada sujeito crie suas aprendizagens e seja impulsionado a desenvolver e a chegar na prática final, que é a catarse.

Do ponto de vista mais amplo da PHC, o problema geral que se põe ao trabalho pedagógico é: como promover o desenvolvimento humano do sujeito por meio da apropriação do conhecimento científico. Esse problema deve emergir de uma prática social como fenômeno histórico. De acordo com Martins (2013), o segundo momento aponta a direção das condições requeridas ao trabalho pedagógico, à prática social docente.

Por conseguinte, Duarte (2016, p. 13) assevera:

> Nosso desejo não é extinguir essa sociedade, mas superá-la. Mais uma vez concordamos com Duarte, quando nos apresenta que um dos grandes desafios que se colocam à humanidade

> nos dias atuais é o de realizar uma transformação radical da forma de organização da sociedade, de tal maneira que se consiga preservar as conquistas da sociedade capitalista em termos de desenvolvimento das forças humanas, porém superando sua forma capitalista, inserindo essas conquistas numa dinâmica social voltada à promoção da dignidade, liberdade e universalidade da vida humana, o que não será possível sem o estabelecimento de novas relações da produção e novas formas de metabolismo entre a sociedade e a natureza.

Devemos romper os estereótipos que ainda rondam essa instituição escolar, por isso é necessário enxergar além das aparências, ou seja, descortinar o que forma tal instituição, como ela organiza-se e quem é ela por trás daquilo que se apresenta. Portanto analisar algo, como vimos, denota enormes desafios a nós, pedagogas, pois atuamos sobre o que não se pode ver: o psiquismo em pleno desenvolvimento.

Conforme descreve Marsiglia (2011, p. 25-27), a reflexão desenvolvida pela PHC busca propor novos caminhos, soluções e organização metodológica. Os momentos propostos por essa pedagogia estão explicitados na Figura 7.

Figura 7 – Momentos da Pedagogia Histórico-Crítica

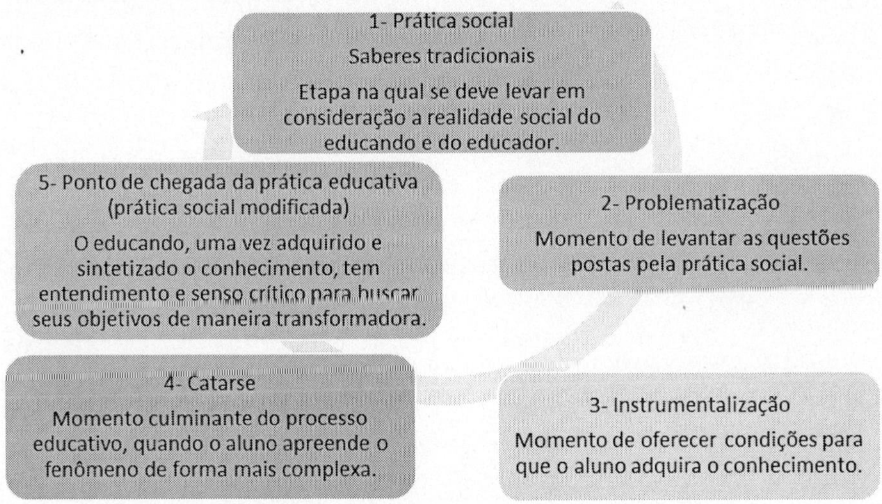

1- Prática social
Saberes tradicionais
Etapa na qual se deve levar em consideração a realidade social do educando e do educador.

2- Problematização
Momento de levantar as questões postas pela prática social.

3- Instrumentalização
Momento de oferecer condições para que o aluno adquira o conhecimento.

4- Catarse
Momento culminante do processo educativo, quando o aluno apreende o fenômeno de forma mais complexa.

5- Ponto de chegada da prática educativa (prática social modificada)
O educando, uma vez adquirido e sintetizado o conhecimento, tem entendimento e senso crítico para buscar seus objetivos de maneira transformadora.

Fonte: adaptado pelas autoras de Marsiglia (2011, p. 25-27)

Esses momentos não necessariamente precisam ocorrer nessa ordem. Em 16 de outubro de 2021, Saviani realizou uma *live* com a seguinte temática: "Pedagogia Histórico-Crítica e Educação do Campo, Indígena e Quilombola". Em seu discurso, o teórico apresentou novas aproximações da PHC com a diversidade da educação e com as lutas do campo e da cidade dirigidas por organizações populares. Para tanto, tratou do engendramento da PHC com os saberes populares e as comunidades tradicionais e fez articulações, inclusive com a contextualização atual da EA.

Santos (2012, p. 181) ressalta que a PHC é uma

> [...] teoria pedagógica originária desse amplo movimento de lutas sociais, tem procurado contribuir de forma específica no intuito de defender a máxima socialização e apropriação do conhecimento sistematizado na formação dos trabalhadores como forma de instrumentalizar a classe em suas lutas pela emancipação humana.

Sob essa ótica, a PHC evidencia a realidade concreta da classe trabalhadora e as possibilidades de futuro para a humanidade. Por essa razão, não faz como as pedagogias do "aprender a aprender", que, na análise do conhecimento, separam o processo do produto, a forma do conteúdo, e reduzem a relação entre pensamento e ação ao utilitarismo cotidiano (DUARTE, 2016, p. 119). Sem dúvida alguma, a PHC faz a opção política pela classe trabalhadora, como assevera Saviani (2011a, p. 72):

> Em relação à opção política assumida por nós, é bom lembrar que na Pedagogia Histórico-Crítica a questão educacional é sempre referida ao problema de desenvolvimento social e das classes. A vinculação entre interesses populares e educação é explícita.

A EA, assumida em sua vertente crítica, tem como método e fundamentação teórico-filosófica o materialismo histórico. É explicitada pela categoria da dialética, pela crítica da razão instrumental (racionalista, não crítica) e pela crítica aos processos de legitimação das ideologias capitalistas. Ao elucidar as relações entre o ser humano e a natureza na perspectiva do materialismo histórico, as múltiplas dimensões humanas (social, biológica, psicológica, cultural e política) e suas variadas formas de interação necessitam de uma análise histórica, cujo método abarque a complexidade da natureza que se impõe. Apoiada na dialética marxiana, a forma de apreender ou mesmo de "recortar" o real passa a ser historicizada, concreta, fundada no seio de transformações sociais e naturais. A Educação Ambiental Crítica, enquanto práxis política, visa à transformação social (PENELUC; SILVA, 2008).

Segundo Pedrosa (2007, p. 71), "a obra de Marx não é cega para com a natureza. Ao contrário, nela há um entendimento da naturalidade histórica do homem que permite entender o capitalismo para além da tragédia econômica: como tragédia humana". Para Marx, o ser humano é um ser histórico-natural, ou seja, historicamente determinado e naturalmente viabilizado em sua existência, porém ele afeta intencionalmente esse processo de interdependência com a natureza (MARX, 2006). Esse entendimento decorre desta afirmação de Marx (2006, p. 137): "a relação do homem à natureza é diretamente a sua relação ao homem, e a sua relação ao homem é a sua relação imediata à natureza, a sua própria condição natural".

A própria condição natural humana é a de ser histórico e natural ao mesmo tempo. Esse fato, para Marx, proporcionou uma análise mais robusta da economia política, concentrando-se concomitantemente no modo de produção que degrada o ser humano mediante o trabalho alienado e as consequências alienantes desse processo para o estranhamento do humano em relação à natureza. Esse estranhamento e distanciamento do ser humano da natureza foi decididamente familiar e central para Karl Marx.

Entendemos a escola como um espaço possível de democratização do saber. Não negamos seus problemas e falhas, mas percebemos

> [...] que, da mesma maneira que a escola pode trabalhar no sentido de contribuir com a manutenção e conservação da estrutura social vigente, pode também, contraditoriamente, ser instrumento de autonomia e fortalecimento da classe trabalhadora. (MALANCHEN, 2016, p. 180).

Isso ocorre, sobretudo, em relação às questões que estabelecemos entre natureza e sociedade.

Nesse sentido, concordamos com Saviani (2013, p. 14) quando ele afirma que é a exigência de apropriação do conhecimento sistematizado, por parte das novas gerações, que torna necessária a existência da escola. A escola existe, pois, para propiciar a aquisição dos instrumentos que possibilitam o acesso ao saber elaborado (ciência), bem como o próprio acesso aos rudimentos desse saber.

Portanto, conforme as afirmações dos autores, entendemos a escola não como um espaço, pura e simplesmente, de socialização cotidiana, do aprender de forma desorganizada, livre e sem planejamento. De acordo com a perspectiva assumida e adotada para a elaboração desta pesquisa, a escola precisa ser reconhecida como um lugar que se diferencia dos demais espaços frequentados pela criança cotidianamente, como um lugar em que se deve promover a construção de um ambiente privilegiado para proporcionar o novo, para ressignificar o ser e o estar. Entretanto, para que essa construção ocorra, é necessário que o professor conheça as especificidades que constituem esse espaço privilegiado de acesso ao conhecimento científico/sistematizado, bem como os aspectos que envolvem o desenvolvimento infantil, a fim de compreender e direcionar o que e como ensinar.

Concordamos, desse modo, com a ideia de que "o trabalho educativo é o ato de produzir, direta e intencionalmente, em cada indivíduo singular, a humanidade que é produzida histórica e coletivamente pelo conjunto dos homens" (SAVIANI, 2013, p. 13). Nessa perspectiva, cabe ao professor ser um agente político que impulsiona o aprendizado crítico mediante as contradições da realidade. Ademais, o trabalho educativo valoriza a cultura, as condições históricas do ser humano, além do envolvimento político dos educadores com os conteúdos sociais que visam à reflexão crítica, principalmente os relacionados com o trabalho e com a concepção dialética do materialismo histórico expressada por Marx no "método da economia política" (MARX, 1973, p. 228-240).

Conforme Duarte (2016, p. 31), entendemos a PHC como uma pedagogia revolucionária, isto é,

> [...] uma ação transformadora coletiva dirigida por fins conscientemente definidos, ela [a revolução] pressupõe a capacidade de antevisão, mesmo que em linhas gerais e provisórias, do tipo de sociedade que se pretende alcançar, caso contrário não seria uma revolução, mas tão somente um ato de revolta desordenada e voluntarista. Se quisermos superar a sociedade capitalista na qual o trabalho é uma atividade alienada, faz-se necessário anteciparmos mentalmente o resultado desse processo, isto é, faz-se necessário projetarmos como será o trabalho não alienado. Tal projeção não é um ato de sonhar acordado, mas uma síntese das máximas possibilidades já existentes.

E Saviani (2018, p. 60) reitera que

> [...] a pedagogia denominada ao longo do texto, na falta de uma expressão mais adequada, "de pedagogia revolucioná-

> ria", não é outra coisa senão aquela pedagogia empenhada decididamente em colocar a educação a serviço da referida transformação das relações de produção.

A referida teoria pedagógica é alicerçada pelo forte ingrediente filosófico, que considera os educadores como agentes políticos que dominam o saber para poder transmiti-lo na escola, instituição destinada ao ensino.

> Nesse sentido, dizer que na educação eu posso ser profundamente político na minha ação pedagógica, mesmo sem falar diretamente de política, porque, mesmo veiculando a própria cultura burguesa, e instrumentalizando os elementos das camadas populares no sentido da assimilação desses conteúdos, eles ganham condições de fazer valer os seus interesses, e é nesse sentido, então, que se fortalecem politicamente. [...] eu acho que nós conseguiríamos fazer uma profunda reforma na escola, a partir de seu interior, se passássemos a atuar segundo esses pressupostos e mantivéssemos uma preocupação constante com o conteúdo e desenvolvêssemos aquelas formas disciplinares, aqueles procedimentos que garantissem que esses conteúdos fossem realmente assimilados. (SAVIANI, 2018, p. 45).

Diante disso, podemos afirmar que a PHC tem um elo com a Educação Ambiental e a Educação Quilombola, pois elas caminham junto às lutas da classe trabalhadora e dos povos tradicionais. Dessa forma, o chamado saber popular das comunidades quilombolas pode ser considerado o "ponto de partida" para a educação, que pode estabelecer uma ponte com as classes populares. Já o "ponto de chegada" refere-se à educação, que deve levar às classes dominadas o saber elaborado, sistematizado, filosófico. Daí a importância do papel do professor instruído nessa pedagogia. Na PHC, a aprendizagem significativa promove o saber científico baseado na realidade, constituindo-se, no caminho educativo, uma consequente aprendizagem crítica, visto que sua questão central são as formas, os métodos e os processos que envolvem o crescimento intelectual do aluno e possibilitam sua prática social.

Ao discorrer sobre a pedagogia da essência, a PHC, Saviani (2018, p. 34) informa-nos que ela

> [...] não deixa de ter o papel revolucionário, pois ao defender a igualdade essencial entre os homens, continua sendo bandeira que caminha na direção da eliminação daqueles privilégios que impedem a realização de parcela considerável

> dos homens. Entretanto, neste momento, não é a burguesia que assume o papel revolucionário, como assumiria no início dos tempos modernos. Nesse momento, a classe revolucionária é outra: não é mais a burguesia, é exatamente aquela classe que a burguesia explora.

A classe revolucionária é, no atual contexto histórico, a classe trabalhadora, os povos tradicionais quilombolas do campo, os indígenas, os ribeirinhos marginalizados. Indubitavelmente, são essas as pessoas vitimadas pelos desmontes das políticas públicas educacionais, principalmente no âmbito das políticas da EA.

De acordo com a abordagem de Malanchen (2016), os conteúdos escolares que compõem o currículo devem ser pautados na realidade objetiva da sociedade. Assim, a escola deve "assegurar aos seus alunos conteúdos científicos, artísticos e filosóficos, pois os conteúdos socializados nesse espaço não podem ser guiados por práticas cotidianas e espontaneísta, mas devem ser intencionais e planejados" (MALANCHEN, 2016, p. 181).

Malanchen (2016) ainda ressalta que, quando falamos de conteúdos escolares, não estamos tratando de qualquer conteúdo, mas de um conteúdo que tenha valor revolucionário, portanto ancorado em conceitos científicos com valorações que possibilitem ações coletivas de transformação da realidade. É por esse motivo que acreditamos na necessidade de um currículo bem-estruturado, pensado e organizado, com conteúdos objetivos e universais. Pensamos o currículo como

> [...] saber objetivo organizado e sequenciado de maneira a possibilitar seu ensino e sua aprendizagem ao longo do processo de escolarização. O currículo não é um agrupamento aleatório de conteúdos, há a necessidade de os conhecimentos serem organizados em uma sequência que possibilite sua transmissão sistematizada. (MALANCHEN, 2016, p. 166).

Com base nesses apontamentos iniciais, Malanchen (2016) recomenda e defende a abordagem dos conhecimentos científicos/sistematizados da Educação Ambiental Crítica (EAC), desde a mais tenra idade, pela via da educação escolar. Saviani (2011) reconhece a educação como meio de transformar as condições sociais e, como tal, segue o MHD marxista, o principal arcabouço filosófico da PHC:

> Em outros termos, o que eu quero traduzir com a expressão pedagogia histórico-crítica é o empenho em compreender a

> questão educacional com base no desenvolvimento histórico objetivo. Portanto, a concepção pressuposta nesta visão da Pedagogia Histórico-Crítica é o materialismo histórico, ou seja, a compreensão da história a partir do desenvolvimento material, da determinação das condições materiais da existência humana. (SAVIANI, 2011a, p. 76).

A teoria da PHC nasceu em um contexto político-econômico-social brasileiro para dar aos educadores de esquerda alguma perspectiva, além de oferecer alternativa científica, razão pela qual os alunos podem apreender conteúdos fundamentais das ciências físicas e naturais, além de desenvolver os valores morais e éticos na busca da transformação social. Desse modo, Saviani (2011a) sustenta a premissa de que a educação desenvolva-se por meio do trabalho educativo, e por isso ele deve levar em conta os saberes sistematizados, pois eles são fundamentais para a educação escolar.

A proposta da PHC encontra em vários autores os aspectos de uma educação crítica continuamente presente na vinculação entre EA e sociedade, em que os professores e alunos são agentes sociais comprometidos com a realidade. Conforme afirma Tozoni-Reis (2007, p. 197),

> [...] a educação, orientada teórica e metodologicamente pelo pensamento marxista, articula, no processo de formação humana, a consciência da alienação e da ideologia com a ação transformadora das relações sociais que as produzem. A educação, no âmbito da pedagogia crítica, tem como preocupação central a prática social transformadora, a construção das relações sociais plenas de humanidade dirigidas para a sustentabilidade social e ambiental.

Dessa forma, Tozoni-Reis (2007) evidencia como a PHC e a EA estão imbricadas, pois ambas seguem a trilha da perspectiva crítica e transformadora da educação, visto que buscam o enfrentamento da questão socioambiental na sociedade. A EA, assumida em sua vertente crítica, tem como método e fundamentação teórico e filosófica o MHD, bem como a PHC. Nesse sentido, ambas são explicitadas pela categoria da dialética, pela crítica aos processos de legitimação das ideologias capitalistas.

Cabe trazer as contribuições de Peneluc e Silva (2008, p. 11):

> Ao elucidar as relações entre ser humano e a natureza na perspectiva do materialismo histórico, as múltiplas dimensões humanas (social, biológica, psicológica, cultural e política) e suas variadas formas de interação, necessitam de uma

> análise histórica, cujo método abarque a complexidade da natureza que se impõe. Apoiada na dialética marxiana, a forma de aprender ou mesmo de "recortar" o real passa a ser historicizada, concreta, fundada no seio de transformações sociais e naturais. A educação ambiental crítica, enquanto práxis política, visa a transformação social.

Da mesma forma, as contribuições do MHD e da PHC para a EAC estão fundamentadas em teóricos como Loureiro (2014), Loureiro e Silva Neto (2016), Lukács e Saviani. Esses autores abordam a ontologia do ser social e a formação humana omnilateral, de modo que fica evidente o potencial da PHC, dadas suas formulações e proposições para a implementação de políticas e práticas de EA, principalmente na EAC, pois a PHC e a EAC estão imbricadas.

Além disso, a produção social, o modo pelo qual os seres humanos produzem e reproduzem suas existências, está sempre mediada por determinada forma histórica de sociedade, pois "toda produção é apropriação da natureza pelo indivíduo no interior de e mediada por uma determinada forma de sociedade." (MARX, 2011, p. 43). Os conteúdos são, portanto, as formas de apropriação da natureza pelo indivíduo, as formas de mediação da natureza pela sociedade e a posição do indivíduo na sociedade.

Lara (2017) ressalta que, para compreendermos o movimento real da sociedade, e isso inclui a problemática socioambiental, devemos investigar além dos aspectos naturais e/ou biologicistas, econômicos, políticos, jurídicos, religiosos, culturais — em suma, ideológicos. Isso recai sobre a advertência de que devemos investigar a forma pela qual homens e mulheres produzem a vida, relacionando-se uns com os outros, bem como com a natureza. Portanto, a realidade socioeconômica e ambiental surge como possível pressuposto pelo qual devemos iniciar o estudo de qualquer forma histórica de sociedade, e isso não permite que vinculemos a análise das relações ambiente-sociedade ao determinante reducionista (LARA, 2017).

A transformação social da qual a EA trata tem como objetivo a superação de desigualdades e injustiças sociais e ambientais. Assim, cumpre à EA incentivar processos que proporcionem o aumento do poder das maiorias hoje submetidas, de sua capacidade de autogestão e do fortalecimento de sua resistência à dominação capitalista de sua vida no trabalho e de seus espaços. A ação política por meio da EA é possível, a educação socioambiental, em específico, ao educar para a cidadania, pode construir a possibilidade da ação política, no sentido de contribuir para formar uma coletividade responsável pelo mundo que habita.

Nessa perspectiva, a PHC estimula a atividade e a iniciativa dos alunos sem abrir mão da iniciativa do professor; favorece o diálogo dos alunos entre si e com o professor, sem deixar de valorizar o diálogo com a cultura acumulada historicamente. Ela leva em conta os interesses dos alunos, os ritmos de aprendizagem e o desenvolvimento psicológico, sem perder de vista a sistematização lógica dos conhecimentos, sua ordenação e gradação para efeitos do processo de transmissão-assimilação dos conteúdos cognitivos (SAVIANI,2007b, p. 69).

Orientada por essas preocupações, a PHC procurou construir uma metodologia que, encarnando a natureza da educação como uma atividade mediadora no seio da prática social global, tem como ponto de partida e ponto de chegada a própria prática social. O trabalho pedagógico se configura, pois, como um processo de mediação que permite a passagem dos educandos de uma inserção acrítica e sem intenção no âmbito da sociedade a uma inserção crítica e intencional.

O ponto de partida metodológico da PHC não é a preparação dos alunos, cuja iniciativa é do professor (pedagogia tradicional), nem a atividade, que é de iniciativa dos alunos (pedagogia nova), mas sim a prática social (primeiro momento), comum a professores e alunos. Essa prática comum, porém, é vivenciada diferentemente pelo professor e pelos alunos. Enquanto o professor tem uma visão sintética da prática social, ainda que na forma de síntese precária, a compreensão dos alunos manifesta-se na forma sincrética. O segundo momento não é a apresentação de novos conhecimentos por parte do professor (pedagogia tradicional), nem o problema como um obstáculo que interrompe a atividade dos alunos (pedagogia nova), mas é a problematização, isto é, o ato de detectar as questões que precisam ser resolvidas no âmbito da prática social e determinar como a educação poderá encaminhar as devidas soluções.

A proposta da PHC encontra em vários autores os aspectos de uma educação crítica que está continuamente presente na vinculação entre EA e sociedade, em que os professores e alunos são agentes sociais comprometidos com a realidade. Conforme afirma Tozoni-Reis (2007, p. 197),

> [...] a educação, orientada teórica e metodologicamente pelo pensamento marxista, articula, no processo de formação humana, a consciência da alienação e da ideologia com a ação transformadora das relações sociais que as produzem. A educação, no âmbito da pedagogia crítica, tem como preocupação central a prática social transformadora, a construção das relações sociais plenas de humanidade dirigidas para a sustentabilidade social e ambiental.

Dessa forma, Tozoni-Reis (2007) evidencia como a PHC e a EA estão imbricadas, pois ambas seguem a trilha da perspectiva crítica e transformadora da educação e buscam o enfrentamento da questão socioambiental na sociedade. É cediço que a EA, assumida em sua vertente crítica, tem como método e fundamentação teórica e filosófica o MHD, bem como a PHC. Ambas (EA e PHC) são explicitadas pela categoria da dialética e pela crítica aos processos de legitimação das ideologias capitalistas.

Escolas sustentáveis são definidas como aquelas que mantêm relação equilibrada com o meio ambiente e compensam seus impactos com o desenvolvimento de tecnologias apropriadas, de modo a garantir qualidade de vida para as presentes e as futuras gerações. Esses espaços têm a intencionalidade de educar pelo exemplo e irradiar sua influência para as comunidades nas quais se situam. A transição para a sustentabilidade nas escolas é promovida por três dimensões inter-relacionadas:

> Espaço físico: utilização de materiais construtivos mais adaptados às condições locais e de um desenho arquitetônico que permita a criação de edificações dotadas de conforto térmico e acústico, que garantam acessibilidade, gestão eficiente da água e da energia, saneamento e destinação adequada de resíduos. Esses espaços sustentáveis possuem áreas propícias à convivência da comunidade escolar, estimulam a segurança alimentar e nutricional, favorecem a mobilidade sustentável e respeitam o patrimônio cultural e os ecossistemas locais.
>
> Gestão: compartilhamento do planejamento e das decisões que dizem respeito ao destino e à rotina da escola, buscando aprofundar o contato entre a comunidade escolar e o seu entorno, respeitando os direitos humanos e valorizando a diversidade cultural, étnico-racial e de gênero existente
>
> Currículo: inclusão de conhecimentos, saberes e práticas sustentáveis no projeto político-pedagógico das instituições de ensino e em seu cotidiano a partir de uma abordagem que seja contextualizada na realidade local e estabeleça nexos e vínculos com a sociedade global. A criação de espaços educadores sustentáveis visa atender às ações elencadas como necessárias ao enfrentamento das mudanças climáticas. Por isso, foi inserida como iniciativa do MEC nas pautas interministeriais previstas no plano nacional de mudança do clima, constituindo elemento facilitador na prevenção e no enfrentamento de riscos ambientais e no fortalecimento do sistema nacional de defesa civil. (BRASIL,2012b, p. 13).

A Resolução CD/FNDE n.º 18, de 21 de maio de 2013, trata da COM-VIDA, elemento estruturante na constituição de espaços educadores sustentáveis. Trata-se de um colegiado que envolve estudantes, professores, gestores, funcionários, pais e comunidade, com o objetivo de promover a sustentabilidade na escola em todas as suas dimensões, estabelecendo relações entre a comunidade escolar e seu território em busca de melhoria da qualidade de vida. A originalidade desse coletivo é estimular e fortalecer a liderança estudantil na definição dos destinos da escola.

Orientada por esses objetivos, a COM-VIDA anima um espaço de construção coletiva do futuro que se deseja; para isso, estabelece a *Agenda 21* na escola. Como espaço de diálogos, a COM-VIDA ajuda a escola a projetar e implementar ações visando a um futuro sustentável. Isso tem reflexos no exercício de cidadania, de respeito aos direitos humanos e à diversidade sociocultural, bem como na gestão do espaço físico da escola. Dessa forma, aprimora a eficiência no uso dos recursos e reduz o desperdício de água, energia, materiais e alimentos.

De acordo a definição do MEC/FNDE (BRASIL, 2013, p. 2),

> [...] COM-VIDA pode influir na política de compras e na destinação adequada de resíduos, entre outras práticas voltadas ao bem-estar pessoal, coletivo e ambiental. Nesse sentido, a transição para a sustentabilidade da comunidade escolar passa, necessariamente, pela criação, estruturação e fortalecimento da Com-Vida. Isso envolve a destinação, pela escola, de espaço para o funcionamento desta comissão, bem como a realização de uma agenda permanente de ações, como diagnósticos da situação socioambiental, promoção de palestras, visitas guiadas, oficinas, entre outras atividades identificadas como necessárias pelo coletivo escolar.

No Brasil, o Instituto de Pesquisa Econômica Aplicada (Ipea) destaca-se por fazer esse tipo de estudo com propriedade. Há dados nos cadernos da Secretaria de Educação Continuada, Alfabetização, Diversidade e Inclusão (Secadi) do MEC e nas pesquisas feitas no Censo Escolar que comprovam que o número de adeptos da EA e o número de projetos têm aumentado, embora haja muitos retrocessos em relação às políticas de EA, como já sinalizamos anteriormente. Soma-se a isso a falta de incentivo à formação do professor e de financiamento para as ações.

5.2 TECENDO AS TRILHAS DA EDUCAÇÃO AMBIENTAL E QUILOMBOLA

Aqui consideramos de suma importância estabelecer um diálogo com os estudos que mais se aproximaram do tema da pesquisa. Maia e Teixeira (2015) destacam os principais estudos no Brasil sobre EA, com certo consenso quanto à definição de que a EA é, antes de tudo, educação (GRÜN, 2007; LOUREIRO, 2004; TOZONI-REIS, 2004). Isso vincula a EA, especificamente, ao enfrentamento pedagógico da questão ambiental, pois a pedagogia, "como ciência da e para a educação, se preocupa com a compreensão teórica e prática dos processos educativos-formativos e diz respeito aos saberes e modos de ação voltados para a formação humana" (TOZONI-REIS, 2007, p. 186).

Do ponto de vista sócio-histórico, tais práticas inserem-se naquilo que Saviani (2007) chamou de "senso comum educacional". Nesse sentido, o autor propõe que os professores superem o senso comum educacional pela consciência filosófica, isto é, que eles partam da realidade empírica do "que fazer" educativo e, mediante reflexões sobre os processos em questão, atinjam a consciência filosófica. Podemos dizer, então, que o autor instrui-nos a superar, pelo movimento de ação-reflexão-ação, a tendência de fazer do processo educativo uma ação que separa a prática da teoria na educação escolarizada das crianças, dos jovens e dos adultos.

Saviani (2007a) afirma que essa busca da travessia do senso comum educacional para uma consciência filosófica dá-se pela reflexão crítica, por meio da qual o professor pode transformar sua prática educativa. Assim, por esse contexto, o autor afirma que o método do MHD oferece uma gama de possibilidades de formação teóricas e metodológicas, pois

> [...] com efeito, a lógica dialética não é outra coisa senão o processo de construção do concreto de pensamento (ela é uma lógica concreta) ao passo que a lógica formal é o processo de construção da forma de pensamento (ela é, assim, uma lógica abstrata). Por aí, pode-se compreender o que significa dizer que a lógica dialética supera por inclusão/incorporação a lógica formal (incorporação, isto quer dizer que a lógica formal já não é tal e sim parte integrante da lógica dialética). Com efeito, o acesso ao concreto não se dá sem a mediação do abstrato (mediação da análise como escrevi em outro lugar ou détour de que fala Kosik). Assim, aquilo que é chamado de lógica formal ganha um significado novo e deixa de ser a

> lógica para se converter num momento da lógica dialética. A construção do pensamento se daria, pois, da seguinte forma: parte-se do empírico, passa-se pelo abstrato e chega-se ao concreto. (SAVIANI, 2007a, p. 4).

Saviani, considerado o idealizador da teoria pedagógica por ele denominada Pedagogia Histórico-Crítica, comunga da ideia de Marx quando se trata do método do MHD e afirma: "Ora, não se elabora uma concepção sem método; e não se atinge a coerência sem lógica" (SAVIANI, 2007a, p. 4). Nesse sentido, a PHC é muito coerente em sua abordagem pedagógica e metodológica.

Reiterando que a PHC adota o MHD, Saviani diz (2013, p. 65):

> Mais do que isso, se trata de elaborar uma concepção que seja suscetível de se tornar hegemônica, isto é, que seja capaz de superar a concepção atualmente dominante, é necessário dispor de instrumentos lógico-metodológicos cuja força seja superior àqueles que garantem a força e coerência da concepção dominante. Aqui são fundamentais as indicações contidas no texto de Marx denominado "Método da Economia Política", o qual coloca de modo correto a distinção entre o concreto, o abstrato e o empírico.

Assim, a PHC dialoga com muita coerência teórico-metodológica com o método marxista e, nesse sentido, com o MHD. Costa e Loureiro (2015) discutem a relação entre interdisciplinaridade e educação à luz do MHD. Os teóricos mais citados nesse estudo acadêmico foram Mészáros (2006), Loureiro (2005), Marx (1982), Kosik (1978), Lukács (2010) e Tozoni-Reis (2006). O trabalho também está referendado em Freire. Cabe destacar, portanto, a compreensão dialética elaborada por Kosik (1978, p. 42), segundo a qual,

> [...] a compreensão da dialética da totalidade significa não só que as partes se encontram em relação de interna interação e conexão entre si e com o todo, mas também que o todo não pode ser petrificado na abstração situada por cima das partes, visto que o todo se cria a si mesmo nas interações das partes.

O texto apresenta Marx para tratar dos enfrentamentos da questão epistemológica presente em seu método à luz da interdisciplinaridade, cita vários trechos do livro *Para a crítica da economia política* e faz referência ao livro *A ideologia alemã*. Convém retomar aqui a concepção de EA nessa visão histórico-crítica:

> Educação Ambiental é dimensão da educação, é atividade intencional da prática social, que imprime ao desenvolvimento individual um caráter social em sua relação com a natureza e com os outros seres humanos, com o objetivo de potencializar essa atividade humana, tornando-a mais plena de prática social e de ética ambiental. Essa atividade exige sistematização/aproximação crítica de conhecimentos, atitudes e valores políticos, sociais e históricos. Assim, se a educação é mediadora na atividade humana, articulando teoria e prática, a educação ambiental é mediadora da apropriação, pelos sujeitos, das qualidades e capacidades necessárias à ação transformadora responsável diante do ambiente em que vivem. Podemos dizer que a gênese do processo educativo ambiental é o movimento de fazer-se plenamente humano pela apropriação/transmissão crítica e transformadora da totalidade histórica e concreta da vida dos homens no ambiente. (TOZONI-REIS, 2004, p. 147).

As ponderações até aqui elencadas foram no sentido de abordar como a EA dialoga com a PHC numa abordagem crítica transformadora levando em consideração as produções de conhecimento e o MHD. Assim, consideramos que elas serviram para potencializar o debate sobre a práxis pedagógica com criticidade em suas proposições. A PHC articula a contradição, a totalidade e o método dialético, que são conceitos fundantes para a compreensão do movimento real das políticas públicas de Educação Ambiental gestadas em meio aos enfrentamentos e lutas sociais do movimento histórico real.

Outrossim, discutir sobre a EA está à altura dos desafios da sociedade atual, denominada sociedade capitalista. Desse modo, questionamos aqui os enormes retrocessos que ocorreram recentemente, não só com as políticas de educação, mas principalmente com o desmonte de políticas públicas em várias dimensões e setores.

Discorrer sobre políticas pública de Educação Ambiental é como um desafio – conforme afirma Saviani –, um ato revolucionário para enfrentar a atual conjuntura política e educacional do país e todas as condições sociais e culturais de crise ambiental e da saúde sanitária em que estamos envolvidos. Em suma, investigar EA nesse cenário em que se encontra o Brasil é entender que a educação como um todo é permeada de contradições e negações, é perceber a importância de debruçarmo-nos sobre essa temática.

Na próxima seção identificamos as ações de EA em Bom Jesus da Lapa. Para tanto, apresentamos a análise dos dados dos questionários e, em seguida, das entrevistas semiestruturadas.

5.3 O PAPEL DA EDUCAÇÃO AMBIENTAL CRÍTICA NAS ESCOLAS QUILOMBOLAS

O papel da EAC é formar pessoas para trabalhar com políticas públicas, com coletivos, com grupos, indivíduos, atores sociais e comunidades. Assim, a EAC precisa ser pensada em função das políticas, dos coletivos e dos movimentos sociais dos povos tradicionais ribeirinhos, quilombolas e campesinos. A EA exige ser desenvolvida em parceria com a escola, com a comunidade e com as associações, entre outras instâncias.

Como amostragem foram aplicados 20 questionários aos professores, que foram subdivididos em três partes: a primeira é sobre a caracterização e a formação dos sujeitos; a segunda discorre sobre o papel da EA; e a terceira busca identificar como é desenvolvida a EA na rede municipal de ensino, analisar a relação da PHC, da EA e da Educação Escolar Quilombola, além de verificar se as ações de EA estão articuladas à BNCC. Esses questionários foram enviados via e-mail ou WhatsApp para preenchimento para todos os 10 professores e 10 coordenadores, e houve devolutiva de todos.

Com a aplicação de tal instrumento para os professores e coordenadores foi possível conhecer o público pesquisado, verificar como acontece a EA e identificar o papel, as ações e a abordagem da PHC e da EA nas escolas quilombolas. Os dados compilados e tabulados possibilitaram várias abordagens e análises da EA, da PHC e da BNCC por meio da visão dos educadores.

Questionamos aos sujeitos da pesquisa: "Qual a importância da inserção da temática ambiental nos currículos escolares?". Os resultados para essa pergunta estão demonstrados no Gráfico 6.

Gráfico 6 – Inserção da temática nos currículos escolares

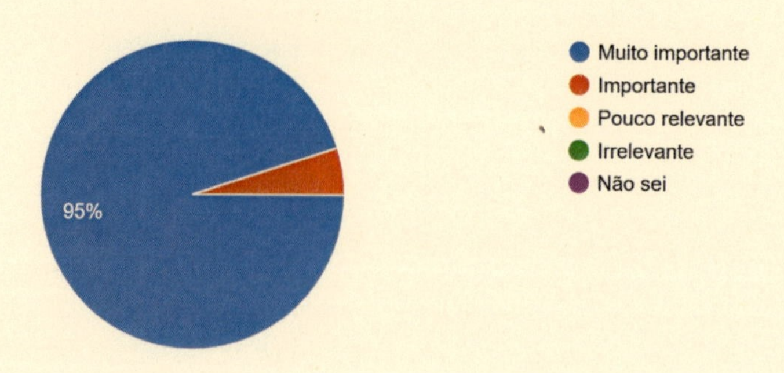

Fonte: dados da pesquisa (2021)

Sobre a inserção da temática de EA nos currículos escolares, 95% dos sujeitos consideravam-na muito importante e 15% importante. Existe uma mediação interessante no que tange à proposta de EA. No que concerne a essa questão, salienta Fracalanza (2004, p. 126) que,

> [...] para pensar a inserção da dimensão ambiental na escola, é fundamental considerar estas três esferas; a organização e o funcionamento das escolas; o currículo, com suas metodologias e a prática de ensino desenvolvida pelo professor; e as estratégias para a formação inicial e continuada dos professores(as) para atuação na área.

É interessante salientar que Francalanza (2004) toca em pontos importantes da EA, que são a base dessa proposta: gestão, currículo, infraestrutura (adaptações de espaços), formação de professores e disponibilização de materiais educativos de forma sistemática. Além disso, o autor menciona a importância de distribuir materiais impressos com informações científicas e dados do ensino e da publicização dos problemas ambientais para veiculação nas comunidades.

Rosa (2014) também aborda a questão da inserção da EA no currículo e comunga das ideias de Francalanza (2004). Rosa (2014, p. 12-13) destaca:

> [...] o desafio da inserção da Educação Ambiental na dimensão curricular. Este aspecto é central do debate em torno da EA escolar e formal, tendo em vista, trata-se do paradigma filosófico educacional que dá suporte ao modelo do sistema de educação e de suas práticas.

Com isso, tanto Francalanza (2004) como Rosa (2014) ressaltam a relevância da EA no currículo e levam em consideração a tríade que sustenta a proposta das Escolas Sustentáveis: gestão democrática, currículo e espaço físico. É cediço que, quando se trata de quilombo, é pertinente agregar a comunidade.

Segundo Loureiro (2004, p. 81), a EA transformadora

> [...] enfatiza a educação enquanto processo permanente, cotidiano e coletivo pelo qual agimos e refletimos, transformando a realidade de vida. Está focada nas pedagogias problematizadoras do concreto vivido, no reconhecimento das diferentes necessidades, interesses e modos de relações na natureza que definem os grupos sociais e o "lugar" ocupado por estes em sociedade, como meio para se buscar novas sínteses que indiquem caminhos democráticos, sustentáveis e justos para todos. Baseia-se no princípio de que as certezas são relativas; na crítica e autocrítica constante e na ação política como forma de se estabelecer movimentos emancipatórios e de transformação social que possibilitem o estabelecimento de novos patamares de relações na natureza.

Convém ressaltar aqui essa premissa de Loureiro (2004), que aborda a importância das pedagogias problematizadoras, como a PHC, que favorece esse movimento dialético da educação e essa mediação entre o concreto vivido e o concreto pensado, a teoria e a prática. Dessa forma, estabelece-se o movimento da educação crítica emancipatória como ato político.

Para Araújo (2019), ao tratar-se de EA em comunidades tradicionais, é necessário levar em consideração, além da gestão democrática, do currículo e dos espaços físicos, a comunidade. Em sua pesquisa de doutorado, Araújo (2019) ressalta que não há como pesquisar a EA desvinculada desses quatro fatores.

É importante considerar a comunidade como mais um elemento mediador na gestão da escola. São marcantes os vínculos das comunidades campesinas quilombolas com a comunidade escolar. Não há como vislumbrar uma proposta pedagógica pautada nos princípios da coletividade descolada da comunidade em que se insere. Essa articulação é fundante para uma dinâmica que pode ser agregada à *expertise* das associações, dos movimentos sociais na organização, na coordenação, sobretudo pelas lideranças, que devem ser convocadas para participarem da construção dos PPPs e em diversas ações desenvolvidas pela escola.

Figura 8 – Inter-relação: comunidade, gestão democrática, espaço físico e currículo

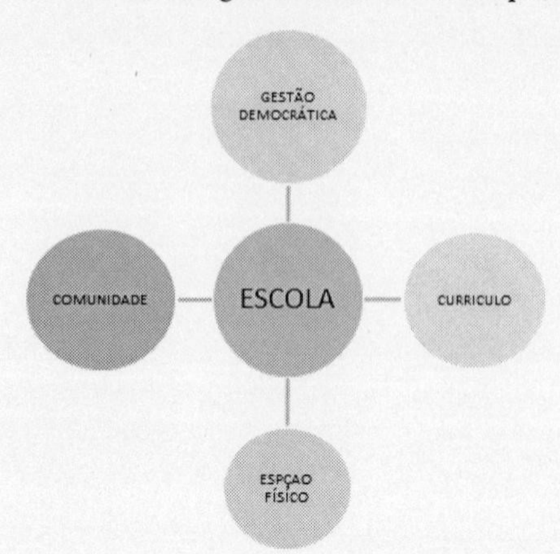

Fonte: Comin (2017, p. 109)

Esses quatro pilares colaboram para que a EA trabalhe dentro de uma estrutura coletiva, acolhedora, democrática e sustentada em uma teoria e práxis que agregue elementos para favorecer as aprendizagens socioambientais favoráveis nas escolas campesinas quilombolas.

Para Sato (2003), a pedagogia crítica e humanista de Paulo Freire pode ser transposta para a EA como possibilidade de transformar a sociedade mediante ações políticas e participativas dos educandos e educadores, transformando-a em pedagogia humana, por meio de um processo de permanente libertação. Segundo a autora, contudo, essa libertação não pode ser apenas intelectual, ela precisa envolver o processo de ação-reflexão, que Paulo Freire chama de práxis.

Compreendemos a EAC como capaz de inserir os sujeitos na realidade complexa na qual nos encontramos, mas ela não se limita apenas ao viés ecológico. Ela deve ser capaz de empoderar as pessoas a agirem nessa sociedade, sempre na busca da construção de um contexto sustentável e justo, superando a realidade contraditória, injusta, desigual e predatória.

No Quadro 8 procuramos evidenciar as proximidades entre a EA Crítica e emancipatória e a Educação do Campo, com o apoio dos autores explorados nos quadros anteriormente expostos nesta pesquisa. Concebemos a educação como processo permanente, histórico e coletivo, que marca a ação e a reflexão, no sentido de transformar a realidade de vida. Na escola do campo, em que deve estar presente a EC, é plenamente possível o trabalho com a EAC, que se soma aos ideais da coletividade, voltando-se para a mudança e para a transformação da realidade socioambiental vivida pelas comunidades do campo.

Quadro 8 – Educação Ambiental Crítica e Emancipatória e Educação do Campo

Eixo vinculante	Educação Ambiental Crítica e Emancipatória	Educação do Campo
Participação social	1. Uma convicção de que o exercício da participação social e a defesa da cidadania são práticas indispensáveis à democracia e à emancipação socioambiental.	1. Suas práticas reconhecem e buscam trabalhar com a riqueza social e humana da diversidade de seus sujeitos: formas de trabalho, raízes e produções culturais, formas de luta, de resistência, de organização, de compreensão política, de modo de vida. Mas seu percurso assume a tensão de reafirmar no diverso, que é patrimônio da humanidade, que se almeja a unidade no confronto principal e na identidade de classe que objetiva superar, no campo e na cidade, as relações sociais capitalistas.
Práxis	2. Educação como práxis e processo dialógico, crítico, problematizador e transformador das condições objetivas e subjetivas que formam a realidade.	2. Os educadores são considerados sujeitos fundamentais da formulação pedagógica e das transformações da escola. Lutas e práticas da EC têm defendido a valorização do seu trabalho e uma formação específica nessa perspectiva.
Visão Problematizadora	3. Busca por transformação social, o que engloba indivíduos, grupos e classes sociais, culturas e estruturas, como base para a construção democrática de "sociedades sustentáveis" e de novos modos de viver na natureza.	3. Vincula-se a uma concepção sociocultural e problematizadora do mundo e da educação. Coloca em evidência a disputa entre dois projetos para o Brasil: o projeto dos povos do campo e o projeto do agronegócio.

Eixo vinculante	Educação Ambiental Crítica e Emancipatória	Educação do Campo
Prática pedagógica	4. Demanda uma prática pedagógica crítica, transformadora e emancipatória.	4. Seus sujeitos têm exercitado o direito de pensar a pedagogia a partir de sua realidade específica, mas não visando somente a si mesmos: a totalidade importa-lhes e é mais ampla do que a pedagogia.
Nova concepção de sociedade	5. A crise ambiental é a manifestação da crise de determinada concepção de civilização. Sua superação depende do rompimento com a matriz de racionalidade que a produz. A sustentabilidade resulta do processo de construção coletiva de uma nova ordem social que seja justa, democrática e ambientalmente responsável.	5. Ideologia da sustentabilidade socioambiental e da transformação do modo de produção capitalista.
Coletividade	6. Cada um fazer sua parte não garante a prevenção e a solução dos problemas ambientais. Isso depende da construção de consensos na sociedade, ou seja, de ação política.	6. Assume a dimensão de pressão coletiva por políticas públicas mais abrangentes ou mesmo de embate entre diferentes lógicas de formulação e de implementação da política educacional brasileira. Faz isso sem deixar de ser luta pelo acesso à educação em cada local ou situação particular dos grupos sociais que a compõem, materialidade que permite a consciência coletiva do direito e a compreensão das razões sociais que o impedem.

Eixo vinculante	Educação Ambiental Crítica e Emancipatória	Educação do Campo
Espaço geográfico	7. A bacia hidrográfica é uma região cuja geografia limita-se por um divisor de águas, geralmente um terreno mais elevado, que direciona as águas da chuva de uma área mais alta para outra mais baixa, constituindo, com os vários afluentes, um curso de água principal. Nessa região, a atividade humana pode refletir diretamente na qualidade e na quantidade das águas, em razão das formas de uso, tipos de solo e relevo, vegetação local existente e desmatamento.	Os povos do campo e da floresta têm como base de sua existência o território, onde reproduzem as relações sociais que caracterizam suas identidades e possibilitam a permanência na terra. Para se fortalecerem, esses grupos sociais necessitam de projetos políticos próprios de desenvolvimento socioeconômico, cultural e ambiental. A educação é parte essencial desse processo.

Fonte: Buczenko (2017, p. 107)

Consideramos esse quadro de Buczenko (2017, p. 107) pertinente, pois faz uma comparação entre a Educação Ambiental Emancipatória e Crítica e a Educação do Campo e traz elementos que dialogam com a PHC e a EA, como: participação social, práxis, visão problematizadora da realidade, prática pedagógica, nova concepção de sociedade e valorização da coletividade. Esses fatores acabam por compor um conceito que une as expectativas de quem labuta por uma EA crítica e emancipatória, assim como de quem defende uma educação historicizada. É nesse entrelaçamento de ideias que se articulam os temas *EA*, *PHC* e *EEQ*.

Temos convicção de que o exercício da participação social e a defesa da cidadania são indispensáveis à educação para sustentabilidade. Suas práticas reconhecem e buscam trabalhar com as riquezas social e humana da diversidade de seus sujeitos.

No Gráfico 7 podemos visualizar e analisar como é o entendimento de professores e coordenadores em relação à compreensão de EA. Os sujeitos participantes responderam à seguinte questão: "Qual é sua compreensão de EA?". Essa questão relaciona-se à concepção de EA dos sujeitos da pesquisa.

Gráfico 7 – Entendimento de Educação Ambiental

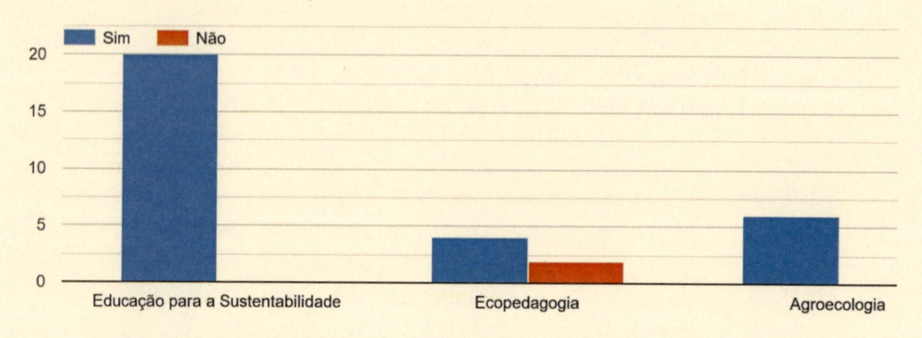

Fonte: dados da pesquisa (2021)

Vinte sujeitos pesquisados sinalizaram no questionário que a EA está relacionada à educação para a sustentabilidade, quatro vincularam-na à Ecopedagogia e seis à Agroecologia. Notamos, assim, que é necessário ampliar o entendimento sobre a EAC para que todos tenham uma acepção mais voltada para a Ecopedagogia e Agroecologia, atreladas a uma EA política e emancipatória.

Vale salientar que os mesmos educadores que entendem EA como educação para a sustentabilidade também marcaram Ecopedagogia e Agroecologia. Percebemos, então, que eles não têm uma definição de EA clara. Assim, é necessário que haja mais formações continuadas e grupos de estudos para que os professores compreendam melhor esses ramos da EA.

Conforme Jacobi (2005, p. 8), "a noção de sustentabilidade implica uma necessária inter-relação entre justiça social, qualidade de vida, equilíbrio ambiental e a necessidade de desenvolvimento com capacidade de suporte". Nesse sentido, a sustentabilidade inclui, inevitavelmente, as questões sociais, caracterizando-se como socioambiental.

Assim sendo, pelo resultado do gráfico percebemos que o termo *sustentabilidade* tornou-se um conceito usado com muita frequência, porém suas concepções diferem-se muito, tanto no campo prático como no teórico. Para alguns autores, a palavra relaciona-se, intrinsecamente, ao crescimento econômico e às mudanças econômicas (BRUSEKE, 2003; CAVALVANTI, 2003; LEFF, 2000; SACHS, 2000).

Isso remete-nos a Mészáros (2008, p. 27), que expressa muito bem essa ideia quando diz que

> [...] o capital é irreformável porque pela sua própria natureza, como totalidade reguladora sistêmica, é totalmente *incorrigível*. Ou bem tem êxito em impor aos membros da sociedade, incluindo-se as personificações "carinhosas" do capital, os imperativos estruturais do seu sistema como um todo, ou perde a sua viabilidade como o regulador historicamente dominante do modo bem-estabelecido de reprodução metabólica universal e social.

Nessa linha de pensamento, compreendemos que o capital transforma-se de acordo com o contexto histórico e determinadas situações para adequar-se, mantendo a estrutura e a superestrutura do capital, de modo que se revigora e assegura o *status quo* diante das situações mais adversas. Desse modo, consegue contorná-las mediante mudanças econômicas, políticas ou sociais repentinas. Para outros, relaciona-se a uma disputa de poder ideológico nos rumos conceituais de desenvolvimentos (HERCULANO, 1992; LAYRARGUES, 1997; NOBRE, 2002; RUSCHEINSKY, 2002).

Dando prosseguimento ao debate, desde a Lei n.º 6.938/81, que institui a Pnea, já evidenciávamos a capilaridade que se desejava imprimir a essa dimensão pedagógica no Brasil com a EA. Ademais, a própria Pnea reforça o direito de todos à EA como "um componente essencial e permanente da educação nacional" (BRASIL, 1999), conforme artigos 2º e 3º da Lei n.º 9.795, de 1999. Essa lei qualifica a EA, indicando seus princípios e objetivos, os atores responsáveis por sua implementação, seus âmbitos de atuação e suas principais linhas de ação.

Nesse engendramento, os princípios contidos no artigo 4º da Lei n.º 9.795/1999

> [...] buscam reforçar a contextualização da temática ambiental nas práticas sociais quando expressam que ela dever ter uma abordagem integrada, processual e sistêmica do meio ambiente em suas múltiplas e complexas ralações, com enfoques humanista, histórico, crítico, político, democrático, participativo, dialógico, cooperativo, respeitando o pluralismo de ideias e concepções pedagógicas. (BRASIL, 1999).

Comparando essa perspectiva do artigo 4º com os dados do Gráfico 7, notamos que precisamos avançar muito para contemplar o que preceituam as legislações de EA. No Gráfico 8 buscamos identificar como é desenvolvida a EA na rede municipal de ensino. Para isso, perguntamos: "A Semed desenvolve e orienta a proposta de Educação Ambiental?". Obtivemos resultados positivos, conforme fica demonstrado no gráfico.

Gráfico 8 – Projetos/Ações de Educação Ambiental da Semed

12 A Secretaria Municipal de Educação desenvolve projeto/s(ou alguma ação) voltados às Políticas de Educação ambiental?
20 respostas

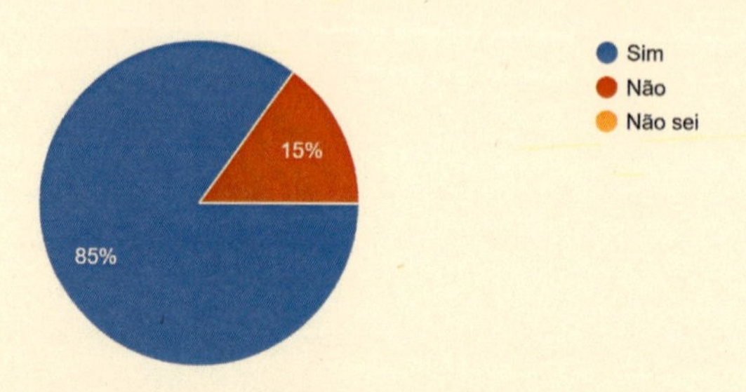

Fonte: elaborado pelas autoras (2021)

Com o resultado de 85% positivo, ficou evidente que a Semed desenvolve projetos ou ações semelhantes voltadas às políticas públicas de EA. Observando alguns relatórios da Semed, percebemos que a intensificação da abordagem de EA ocorreu de forma contínua de 2015 a 2021. Até então não havia uma prática de EA em todas as escolas do município de Bom Jesus da Lapa.

Nesses documentos tivemos acesso a um TAC,[22] de 2012, em que o município foi notificado por não cumprir as legislações de EA e por não ter uma coordenação pedagógica ou um técnico da Semed responsável pela pasta de EA, nem mesmo na Secretaria de Meio Ambiente (Semeia). Contudo, atualmente, esse cenário é bem diferente de anos atrás, quando havia ações pontuais e fragmentadas nesse quesito.

Nesse TAC, o Ministério Público fez uma série de recomendações à gestão municipal referendadas na Lei n.º 9.795/99, também nas legislações estaduais e municipais. O documento recomenda a regularização do Sistema

[22] O Termo de Ajuste de Conduta (TAC) citado no estudo pode ser consultado no site do Ministério Público da Bahia: TAC, IC n.º 676.0.58564/2011 do Ministério Público do Estado da Bahia, Termo de Ajustamento de Conduta, com fulcro no Art. 5º, § 6º da Lei n.º 7.347/85, consoante as cláusulas e as condições seguintes nos autos do IC n.º 676.0.58564/2011 em tramitação na Promotoria de Justiça de Bom Jesus da Lapa-BA, para fins de adequação às normas de defesa dos patrimônios histórico e cultural. Município de Bom Jesus da Lapa, 2011.

Municipal de Meio Ambiente, inquérito civil n.º 676.181018/2012, datado de 9 de março de 2015. Porém, vale salientar que esse inquérito foi instaurado no ano de 2012, ou seja, passaram-se muitos anos sem desenvolvimento da EA conforme a legislação nacional.

Com base no TAC, foram feitas advertências pelo não cumprimento das determinações:

> O não cumprimento da Lei complementar 140, que diz que são ações administrativas dos Municípios: executar e fazer cumprir, em âmbito municipal as Políticas Nacionais e Estadual do Meio Ambiente e demais políticas nacionais relacionadas a proteção do Meio Ambiente, com como formular, executar e fazer cumprir a Política Municipal de Meio Ambiente, harmonizando as ações de proteção ambiental
>
> Exercer a competência ambiental administrativa, os municípios deverão possuir órgão ambiental capacitado e conselho de Meio Ambiente, nos termos do art. 5º da Lei Complementar 140/2011 e fazer cumprir as exigências preceituadas em normas constitucionais e infrainstitucionais em cumprimento ao princípio da legalidade e eficácia do Sistema Municipal de Meio Ambiente – SISMUMA e integração com o SISNAMA E SISEMA;
>
> Exigir por força da Lei Complementar 140/2011 a atuação e pleno funcionamento do Conselho Municipal de Meio Ambiente e para atender esta condição legal deverá o município implementá-lo e assegurar o seu funcionamento, em consonância com o dispositivo no artigo 20 da Resolução do CONAMA n.º 237/1997 e no art. 7º, inciso III da Resolução CEPRAM n.º 3.925/2009 e enfim, do cumprimentos das Lei de Educação Ambiental n.º 9.796/99 e do Programa Estadual de Educação Ambiental, a teor do art. 12.056, de 07 de Janeiro de 2011, devendo ser integrada a Secretaria Municipal de Educação ao SISMUMA;
>
> E alerta ainda que o não cumprimento total ou parcial de quaisquer obrigações aqui assumidas, por parte do compromissário, nas condições e prazos estipulados no presente Termo, autoriza a aplicação de CLAUSÚLA PENAL representada por multa diária de R$ 500,00 (quinhentos reais) conforme prevê o artigo 11 da Lei n.º 7.347/1985. (TAC, IC n.º 676.0.58564/2011)

Com essas informações, vemos que existe certo descaso do poder público em cumprir as legislações de EA. Nesse contexto, a EA tem respaldo na Lei n.º 9.795/99, que institui a Pnea, que afirma que a EA deve estar presente em todas as etapas e modalidades da educação básica. Outrossim, constitui-se como um importante marco para as políticas públicas de EA a instituição das DCNEA.

A análise crítica do documento permite perceber que a EA encontra dispersa entre as diversas áreas do conhecimento do ensino fundamental, sendo atrelada aos seguintes termos, já citados anteriormente: consciência socioambiental, consumo responsável, conservação ambiental, diversidade ambiental, qualidade ambiental, qualidade de vida socioambiental, sustentabilidade socioambiental, degradação ambiental, equilíbrio ambiental e conservação ambiental. Ainda assim, fica o questionamento se a BNCC realmente entende as questões sobre a EA vinculadas ao contexto social. Como as escolas e os/as professores/as trabalharão essa abordagem, em específico? Ademais, podemos concluir, em um primeiro momento, diante da compreensão crítica de um documento de caráter normativo, que, além de estabelecer um caminho, ele deve ser específico com os temais transversais e com a questão da diversidade.

O Gráfico 9 apresenta a compreensão dos educadores sobre a PHC, a abordagem pedagógica do município, desde 2017. A consulta foi realizada numa palestra de abertura de Jornada Pedagógica do município pela professora Celi Taffarrel. Desde então, os momentos formativos seguem essa linha histórico-crítica em todas as formações docentes e em todas as modalidades de ensino. Diante disso, os informantes foram questionados se eles compreendiam essa perspectiva.

Gráfico 9 – Abordagem da PHC

14 Você conhece a abordagem da Pedagogia Histórico-Crítica?

20 respostas

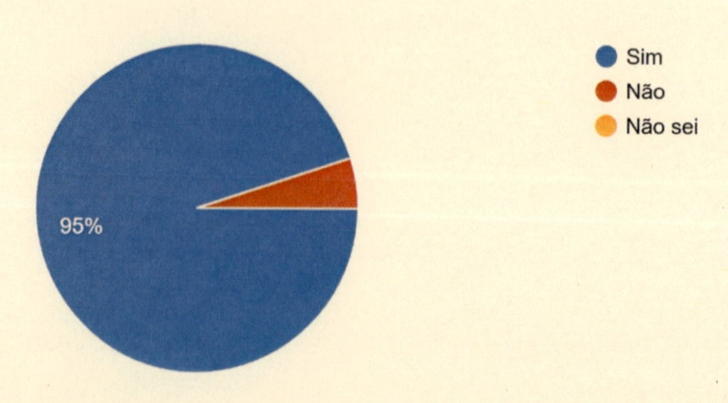

Fonte: elaborado pelas autoras (2021)

Os dados do Gráfico 9 apontam que 95% dos sujeitos tinham alguma compreensão sobre PHC. Após dizer que a conheciam, solicitamos aos sujeitos que apontassem sua opinião sobre a compreensão da PHC, considerando quatro respostas plausíveis quanto à abordagem da PHC. Denominamos os sujeitos com nomes fictícios de árvores no intuito de preservar sua identidade. Eles foram assim designados: Aroeira, Jurema, Acássia, Paineira, Juazeiro e Andiroba. As definições obtidas constam no Quadro 9.

Quadro 9 – Conceito de pedagogia histórico-crítica

Professores/as	Conceito de pedagogia histórico-crítica
Aroeira	*"Tem função de oferecer conteúdos que permitam ao ser humano pensar de forma consciente e resgatar a importância que um ambiente escolar precisa para diferentes ritmos de aprendizagem".*
Jurema	*"Para a Pedagogia Histórico-Crítica, a educação é um instrumento de transformação social, sendo que isso pode ser possível por meio da socialização do conhecimento científico entre as classes dominadas pela desigualdade perversa do capital, ou seja, nessa abordagem a educação escolar é caraterizada enquanto instrumento de luta para os/as trabalhadores/as".*
Acássia	*"Tem como foco a transmissão de conteúdos científicos por parte da escola...".*
Paineira	*"Se contrapõe à diferença entre o ensino ministrado à elite e à classe trabalhadora. Defende que a classe trabalhadora também tenha acesso aos conhecimentos científicos, filosóficos, artísticos e os demais".*
Juazeiro	*"É uma proposta que situa o aluno historicamente, inserindo-o num processo político-social sempre com uma visão de organicidade do pensar sobre a ação e sob uma ótica global".*
Andiroba	*"A pedagogia histórico-crítica está relacionada na compreensão da questão educacional com base no desenvolvimento histórico objetivo que possibilite uma articulação para uma proposta pedagógica baseada na transformação da sociedade".*

Fonte: dados da pesquisa (2021)

Observamos, diante das falas, que a maioria dos professores que responderam aos questionários tem uma coerência em relação à compreensão da PHC. É possível notar, na opinião dos docentes, engajamento e militância na educação e uma efetiva compreensão sobre a PHC. Podemos afirmar que eles participaram dos processos formativos e estão no momento da catarse. Isso é evidente na fala de Jurema, por exemplo: *"Para a Pedagogia Histórico-Crítica, a educação é um instrumento de transformação social, sendo que isso pode ser possível por meio da socialização do conhecimento científico entre as classes dominadas pela desigualdade perversa do capital"*.

A fala desses sujeitos comunga com a compreensão de Kosik (2002, p. 61), segundo a qual temos o

> [...] sujeito histórico real, que no processo social de produção e reprodução cria a base e a superestrutura, forma e realidade social como totalidade de relações sociais, instituições e ideias; e [que] nesta criação da realidade social objetiva cria ao mesmo tempo a si próprio, como ser histórico e social dotado de sentidos e potencialidades humanas e realiza o infinito processo da humanização do homem.

Cabe aqui ressaltar que esses sujeitos passaram por um processo de transformação no entendimento da PHC. Saviani (2012) afirma que a prática social, a realidade (empírica), é o ponto de partida e de chegada do conhecimento, dado após o "retorno" (*detour*) do momento apical do concreto pensado catarse ou da tomada de consciência ambiental com destino à prática social, agora não mais vista sob o olhar do senso comum (fragmentada, sem sentido), mas da consciência filosófica, rumo à práxis emancipatória (SAVIANI, 2012).

Na fala de Juazeiro ocorre uma mediação do conhecimento em relação à PHC. Segundo o entrevistado, *"é uma proposta que situa o aluno historicamente, inserindo-o num processo político-social sempre com uma visão de organicidade do pensar sobre a ação e sob uma ótica global"*.

Nas falas dos educadores/as, evidenciou-se que houve a catarse e a mediação. Nesse cerne, Duarte (2008, p. 19) afirma que

> [...] a luta pela superação do capitalismo exige, entre outras coisas, a luta pela realização, no interior dessa sociedade alienada, das possibilidades máximas de desenvolvimento da individualidade em si. Neste sentido, essa categoria, como síntese das máximas possibilidades de formação dos seres humanos, pode ser tomada como um ponto de referência para a análise da individualidade concreta de cada pessoa.

Em consonância com os autores, as respostas de Jurema, Braúna, Paineira, Juazeiro e Andiroba levam em consideração os conhecimentos científicos, históricos e filosóficos, e indicam que eles são importantes, inclusive, para a classe trabalhadora, que teve a educação fragilizada em nosso contexto histórico educacional. Isso fica bem nítido na afirmação de Paineira: *"Se contrapõe à diferença entre o ensino ministrado à elite e à classe trabalhadora. Defende que a classe trabalhadora também tenha acesso aos conhecimentos científicos, filosóficos, artísticos e os demais"*. Também é possível notar nessa assertiva a contradição entre a educação para a elite e a destinada para a classe trabalhadora.

Portanto, em cada fala dos pesquisados é evidente a compreensão de si e da classe trabalhadora a que pertencem, além da coerência na compreensão de seu papel enquanto educadores/as e da educação como um instrumento de mudança, em consonância à PHC.

Outro aspecto analisado foi o período de realização das formações, conforme evidenciado no Gráfico 10. Nesse gráfico sobre o tempo que o munícipio trabalha com a PHC, fica evidente que há uma discrepância em relação ao período que Bom Jesus da Lapa desenvolveu formações e práticas com essa perspectiva pedagógica. Nesse ponto, notamos uma contradição e certo desconhecimento de uma parcela dos sujeitos participantes em relação a essa proposta de trabalho. Entretanto, levando em consideração a rotatividade de professores temporariamente contratados nas escolas quilombolas e a recorrente não aderência a esses momentos formativos, é até compreensível essa contradição.

Nossa pesquisa envolve e almeja compreender se a EA está concatenada com a PHC e a proposta da BNCC. Diante disso, propusemos a seguinte questão: "As formações continuadas do município de Bom Jesus da Lapa (BJL) apresentam em seu currículo a articulação do tripé *EA, PHC e BNCC*?". Vejamos as respostas no Gráfico 10.

Gráfico 10 – Educação Ambiental na BNCC

20 As formações continuadas recentes sobre a BNCC e o Currículo de Bom Jesus da Lapa, apresentam como abordagem da PHC adotada pelo...la com as orientações da Educação Ambiental?
20 respostas

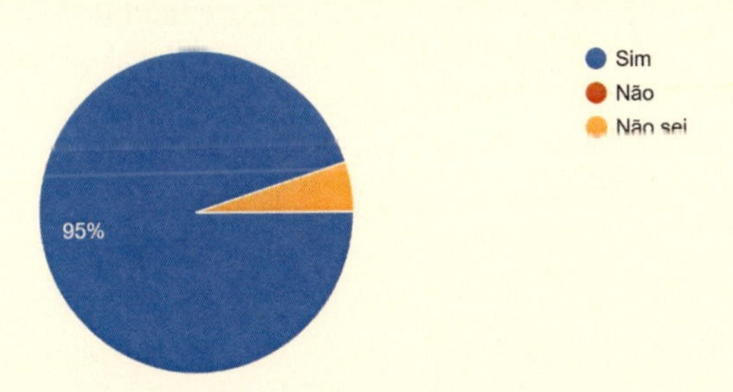

Fonte: dados da pesquisa (2021)

Ao perguntarmos se as formações continuadas recentes sobre a BNCC e o currículo de BJL tinham a PHC adotada pelo munícipio como orientação para a Educação Ambiental, 95% dos entrevistados afirmaram que existiam formações continuadas nesse viés e apenas 5% demonstraram desconhecimento.

Podemos afirmar que, de fato, os processos formativos trilham o caminho da formação crítica e emancipatória da EA, todavia muitos não participam das formações pedagógicas iniciais, como a Jornada Pedagógica e o Simpósio, pois, em geral, esses docentes só são contratados após a Jornada Pedagógica.

É importante destacar que a BNCC não desconsidera o que está disposto nos referenciais e nas diretrizes curriculares nacionais, porém contempla uma abordagem reducionista da EA como área de conhecimento no currículo da educação básica, relacionada, mais especificamente, ao campo de trabalho da Geografia e das Ciências da Natureza.

Nesse engendramento epistemológico, Tozoni-Reis (2007, p. 182) entende que a EA faz parte de um contexto histórico, político e social:

> Se a educação ambiental é uma ação política para contribuir na transformação social, tendo como princípios de cooperação, coletividade, e participação como norteadores do processo educativo, esta educação ambiental refere-se à transformação das relações dos homens entre si e deles como meio ambiente no sentido histórico.

Compreendemos que o silenciamento da EAC na BNCC não é neutro e segue a lógica do sistema capitalista e neoliberal, que atenta para a lógica do mercado e dos reformadores da educação e desvia de processos de ensino como o descrito por Tozoni-Reis (2007). Assim, a exclusão da EA na BNCC prejudica o entendimento e o enfrentamento da crise socioambiental da atualidade, bem como a formação intelectual dos alunos. Destacamos que, conforme já estipulado pelos PCNs da educação básica, a EA consta como campo de conhecimento que deverá ser trabalhado com base em uma abordagem crítica, transversal e integradora.

Quando questionamos se os professores eram incentivados e motivados pela Semed a desenvolverem projetos ou atividades de Educação Ambiental com situações da realidade em que viviam, 100% afirmaram que sim. Elegemos os dois registros que mais nos chamaram a atenção nos questionários. Observemos:

> *A SEMED dá o suporte por meio de formações, materiais didáticos e parcerias, incentivando os professores a desenvolverem projetos*

> *sustentáveis como na horta escolar, plantio de árvores, palestras, oficinas temáticas, etc.* (Jurema, 2021).
>
> *Incentivado a partir de propostas de projetos interdisciplinares que incluem construção de hortas escolares, jardins, arborização e reutilização e reciclagem de resíduos, mas o que desmotiva é a falta de recursos financeiros para a construção e manutenção dessas ações.* (Acássia, 2021).

A Semed, de fato, motiva as escolas a desenvolverem projetos e ações na perspectiva da EA, contudo o que fragiliza essa ação é a falta de suporte financeiro. Isso nos chamou bastante atenção nesta assertiva da professora Acássia: *"O que desmotiva é a falta de recursos financeiros para a construção e manutenção das ações"*. Para Pais (2000, p. 2-3),

> [...] os recursos didáticos envolvem uma diversidade de elementos utilizados como suporte experimental na organização do processo de ensino e de aprendizagem. Sua finalidade é servir de interface mediadora para facilitar na relação entre professor, aluno e o conhecimento em um momento preciso da elaboração do saber.

De fato, os recursos são importantes porque são suportes, mecanismos que podem auxiliar na realização e na mediação do trabalho pedagógico. A própria LDB, no art. 70, apresenta a importância dos recursos como despesas básicas ao cumprimento dos objetivos educacionais:

> Art. 70 Considerar-se-ão como manutenção e desenvolvimento do ensino as despesas realizadas com vistas à consecução dos objetivos básicos das instituições educacionais de todos os níveis, compreendendo as que se destinam a:
>
> I - remuneração e aperfeiçoamento de pessoal docente e demais profissionais da educação;
>
> II- aquisição, manutenção, construção e conservação de instalações e equipamentos necessários ao ensino [...]
>
> VIII - aquisição de material didático-escolar- e manutenção de transporte escolar. (BRASIL, 1996, p. 54).

As orientações da LDB relativas aos recursos e aos conceitos e definições de recursos definem que eles são, na essência, meios enquanto possibilidade e mecanismos de adquirir algo, como: instrumentos ou ferramentas de suporte a determinado fim ou ação. Na realidade, são materiais didáticos como vídeos, livros e textos.

Essa questão diz respeito à dimensão 4 do PAR, que disponibiliza o plano de ações baseado nos indicadores, isto é, distribui os recursos com o plano de ação do programa com que a escola foi contemplada. No caso que analisamos, os programas Horta Escolar, Escolas Sustentáveis e Mais Educação (Educação Ambiental) direcionam recursos para a contratação de técnico agrícola e monitores, para a compra de sementes, adubos, sombrite e equipamentos para a realização das atividades, para a aquisição de mudas, confecção de banner etc.

Segundo Jacobi (2005, p. 247),

> [...] a restrita presença do debate ambiental, seja como disciplina, seja como eixo articulador nos currículos dos cursos de formação de professores (MEC, 2000), É um bom indicador do desafio de internalização da Educação Ambiental, nos espaços educativos. Isto coloca a necessidade de uma permanente sensibilização dos professores, educadores e capacitadores como transmissores de um conhecimento necessário para que os alunos adquiram uma base adequada de compreensão dos problemas e riscos socioambientais, o seu impacto no meio ambiente global e local, da interdependência dos problemas e da necessidade de cooperação e diálogo entre disciplinas e saberes

Então a educação estaria fundamentada no processo de significação do conhecimento diante da realidade em que se vive, transformando as informações em conhecimento, culminando em um processo científico, ideológico, político e epistemológico. Daí a importância de abordar a EA na perspectiva da PHC, que prima exatamente pelos mesmos ideais.

Gráfico 11 – Educação Escolar Quilombola e Educação Ambiental

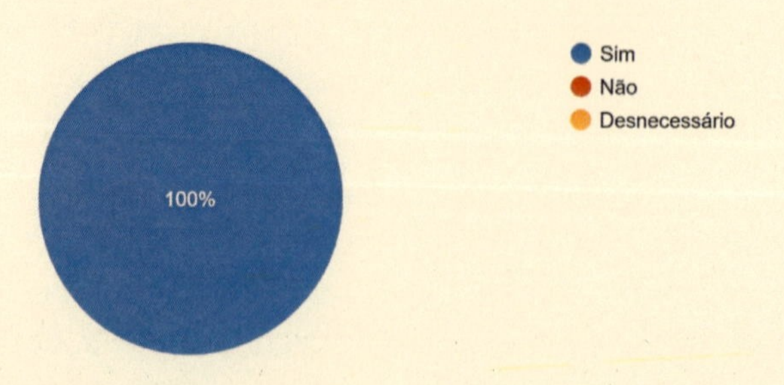

Fonte: dados da pesquisa (2021)

Ao serem questionados se o tema *meio ambiente* está presente na proposta curricular das escolas quilombolas de BJL, os participantes foram unânimes em dizer que "sim", como vemos no Gráfico 11. Porém, ao analisarmos o Plano Municipal de Educação, notamos uma fragilidade dessa pauta ou um esvaziamento dessa discussão em relação aos temas da diversidade. Podemos afirmar que o plano segue a mesma proposta da BNCC, que também não priorizou essa temática, tão necessária para realizar um trabalho pedagógico crítico e transformador.

Conforme já sinalizado anteriormente, é muito fácil notar o silenciamento das questões ambientais na BNCC dentro das competências específicas de Ciências da Natureza. Para o quinto ano do ensino fundamental é disposto o seguinte objetivo:

> Construir argumentos com base em dados, evidências e informações confiáveis e negociar e defender ideias e pontos de vista que promovam a consciência socioambiental e o respeito a si próprio e ao outro, acolhendo e valorizando a diversidade de indivíduos e de grupos sociais, sem preconceitos de qualquer natureza. (BRASIL, 2017, p. 324).

Na realidade, a forma como a BNCC apresenta a EA é esvaziada de seu sentido amplo e político. Enfatizamos o conceito da ecopolítica, que, segundo Veiga-Neto (2014, p. 40), consiste "numa primeira aproximação bem ampla, atualmente compreendemos a ecopolítica como o conjunto de políticas orientadas para o controle da vida no ambiente, no nível planetário". Assim, a ecopolítica entraria no contexto da EA, produzindo um discurso mais sensível de retomada de valores e respeito a um equilíbrio entre os indivíduos e o meio ambiente.

Conforme aponta Acselrad (2005, p. 220), "o meio ambiente é múltiplo em qualidades sócio culturais; não há ambiente sem sujeito". Assim, a EA é também diversidade humana e biológica. Fazemos parte dessa teia e estamos interligados nesse contexto. Infelizmente, essa perspectiva ficou invisibilizada na BNCC, importante documento chamado de Base, porém sem fundamentos referentes a aspectos ambientais, elementos da diversidade dos povos tradicionais, entre outros.

Voltamos a questionar sobre a implementação da EA nas escolas quilombolas com a seguinte pergunta: "Em geral, de que forma se dá a implementação da Educação Ambiental nas escolas quilombolas?". As respostas estão organizadas no Gráfico 12. Esse quesito contribui para responder ao nosso terceiro objetivo específico da pesquisa.

Gráfico 12 – Implementação da Educação Ambiental como disciplina específica?

Fonte: dados da pesquisa (2021)

Notamos que 40% afirmaram que a implementação da EA acontecia por meio de projetos, 20% de temas transversais, 20% de eventos e projetos escolares e 10% de uma disciplina específica. Logo, vemos as contradições nos 10% que indicaram que a EA é uma disciplina. Essa é uma ação que vai de encontro ao que está posto na Lei n.º 9.795/99. Além disso, 5% responderam que se dava por intermédio de eixo estruturante e 5% de conteúdo de uma disciplina específica.

Em relação a qual ente federado os programas pertenciam, as respostas dos sujeitos evidenciaram que 44,4% dos programas são oriundos do governo municipal, via MEC, 38,9% originavam-se da esfera estadual e 11,1% eram de origem federal, via MEC e PDDE-ES. De acordo com a Lei n.º 12.056/201, que institui a Política de Educação Ambiental da Bahia, em seu Art. 1º, parágrafo único, "a elaboração dos programas municipais, bem como de outros programas, projetos e ações relacionados direta ou indiretamente a Educação Ambiental deverão ser norteados pelo objetivo, princípios, diretrizes e instrumentos lá estabelecido" (BAHIA, 2013, p. 152).

Nessa perspectiva, a legislação acrescenta ainda que

> [...] os Programas Municipais de Educação Ambiental – PEAM, devem sistematizar e exprimir o diagnóstico socioambiental, os objetivos da educação ambiental em um espaço definido, as diretrizes, as estratégias, as prioridades de ação e as responsabilidades quanto ao seu desenvolvimento. Ademais, seus conteúdos devem ser permanentemente avaliados e revisados. Mais que um documento, um programa municipal de educação ambiental deve ser a carta de navegação de um conjunto de atores que coordenam, desenvolvem e avaliam a educação no município. (BAHIA, 2013, p. 152).

Com base nos resultados do Gráfico 12, podemos dizer que o município de BJL acolhe vários programas de EA em sua proposta pedagógica, o que significa que são programas ou projetos que seguem as mais diversas linhas ideológicas, filosofias e visões de EA. Isso é importante pontuar porque, se o município tem a abordagem da PHC, é pertinente alinhar-se ao(s) programa(s) que segue(m) a mesma perspectiva teórica. Todavia não foi sinalizado nas respostas dos sujeitos pesquisados um programa de EA próprio do município.

De acordo com o Relatório Final da Secadi, em 2011, sobre os Programa de Educação Ambiental propostos pelo MEC, observamos a promoção de diversos cursos de formação de professores na vertente de EA mediante os programas Escolas Sustentáveis e COM-VIDA. Nesse sentido, no âmbito da Rede de Educação para a Diversidade, por meio da Universidade Aberta do Brasil (UAB), com investimento de R$ 1.237.535,52, foram ofertadas 4.895 vagas na formação continuada de profissionais da educação, distribuídos em cursos como: Escolas Sustentáveis e COM-VIDA; curso de extensão, com 2.505 vagas; curso de EA, de aperfeiçoamento, com 2.010 vagas; e EA como especialização, com 380 vagas.

O Gráfico 13 mostra a origem desses programas e revela se são propostas do governo federal, estadual, municipal ou da iniciativa privada.

Gráfico 13 – Origem dos Programas de Educação Ambiental

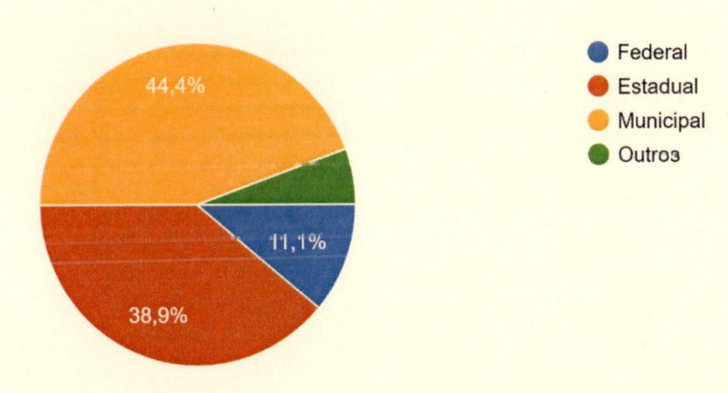

Fonte: dados da pesquisa (2021)

Na realidade, há um equívoco aqui, pois no gráfico relacionado aos programas, a maioria das ações sinalizadas pelos sujeitos é oriunda do governo federal e executada pelos municípios. Nesse cerne, notamos uma contradição na compreensão da origem dos programas de EA. Há uma inversão, os entrevistados consideram os programas federais executados no município como se fosse o município de Bom Jesus da Lapa o proponente.

Nos arquivos e relatórios consultados da Semed, identificamos que as escolas quilombolas foram contempladas com programas do governo federal – como o Mais Educação, o Horta Escolar Sustentável e o Novo Mais Educação – e com alguns projetos da iniciativa privada em parceria com a Semed e a Semeia, como Viveiro-Escola Velho Chico. Este último é uma parceria da Prefeitura com a Secretaria Municipal de Educação por intermédio do Projeto Fábrica de Floresta/Salvador, que instalou um Viveiro-Escola com a proposta da Semente à Floresta e desenvolveu a EA com crianças da educação infantil, do ensino fundamental e do ensino médio, além de atender alunos do Instituto Federal Baiano e das universidades, da Escola Família Agrícola e das associações com a Escola Municipal Nossa Senhora Aparecida, localizada no Bairro Lagoa Grande.

O projeto teve duração de dois anos e houve interrupção, pois o convênio entre o Projeto Fábrica de Floresta e a Prefeitura Municipal encerrou-se em 2018 e o projeto não teve continuidade. Outrossim, a escola não conseguiu manter a proposta do viveiro, segundo relatos dos entrevistados, devido à ausência de um técnico agrícola ou profissional que ficasse responsável pela manutenção do projeto de forma integral. Além de promover a EA, o Viveiro-Escola produzia mudas de plantas nativas da região e arborizava a cidade e o campo com a distribuição de mudas para as escolas.

Existem ainda três Viveiros-Escolas instalados em unidades escolares. Dois têm a parte técnica mantida por uma empresa de energia solar, alocados na Escola Josino Maria da Conceição, na comunidade do campo Lapinha, e na Escola M. Edivaldo Boaventura, sede do município. O terceiro está na Escola Quilombola Josina Maria da Conceição, em Lagoa da Piranhas, e é preservado pela própria escola em parceria com a comunidade.

Temos ainda o Projeto de Educação Ambiental Campo Limpo (PEA), que distribui material didático para alunos e professores, além de promover concurso de desenho e redação acerca da temática do resíduo sólido e da responsabilidade compartilhada sobre essa questão. É um projeto do Instituto Nacional de Processamento de Embalagens Vazias (Inpev).

O Inpev existe desde 2001, atua como entidade gestora do Sistema Campo Limpo nas atividades de destinação de embalagens vazias de defensivos agrícolas e promove ações de destinação, sensibilização de Educação Ambiental sobre a Política Nacional de Resíduos Sólidos (PNRS), conforme previsto na legislação.

Segundo dados do site,[23] o Sistema Campo Limpo é o maior e o mais eficiente programa desse tipo no mundo. Desde 2002, já retirou mais de 450 mil toneladas de embalagens vazias do campo, destinando corretamente 94% das embalagens comercializadas no Brasil. O programa aborda a PNRS (Lei n.º 12.305/2010), que introduz a ideia de responsabilidade compartilhada dos vários setores da sociedade pelo ambiente e tem em suas definições alguns pilares para assegurar uma transição para a economia circular.

O Programa Despertar é um dos Programas de Promoção Social do Serviço Nacional de Aprendizagem Rural – Administração Regional da Bahia (Senar-AR/BA),[24] implementado em abril de 2005, com o objetivo de promover a educação voltada para a responsabilidade social, que deve alavancar mudança de valores, aliada à postura cidadã e socioambiental. Esse programa é realizado pela parceria entre o Senar-AR/BA e o Sindicato dos Produtores Rurais e Prefeituras Municipais (SERVIÇO NACIONAL DE APRENDIZAGEM RURAL, 2021). No município de Bom Jesus da Lapa, ele foi estabelecido em 2013 e pertence ao núcleo 8. Segundo dados do Senar-AR/BA (2021),

> [...] em 2019, o Programa Despertar envolveu 72 municípios da Bahia e 1086 escolas do campo. O Despertar promoveu a educação continuada para 7.258 professores, atendeu diretamente 110.877 alunos. Em 2020 está atendendo a 70 municípios, 1107 escolas, 6.792 professores e 107.523 alunos. O Senar/BA atende indiretamente através do Programa Despertar à aproximadamente 300 mil habitantes do meio rural.

É um programa que tem uma logística e uma superestrutura de materiais impressos e de divulgação com cartilhas e recursos midiáticos e penetra facilmente nas escolas campesinas e quilombolas com o slogan "Qualidade de vida do homem do campo". Em 2021, a nova gestão municipal não firmou o convênio com o Senar/BA.

No Gráfico 14 vemos as condições apresentadas para desempenhar as ações, as campanhas e as atividades de EA no contexto escolar. Elas revelaram-se quando questionamos se existem financiamentos dos projetos e programas de EA.

---

[23] Dados obtidos no site do Programa Despertar/Senar (SISTEMA FAEB, [20--]).

[24] Dados obtidos em Senar ([20--]).

Gráfico 14 – Financiamento dos programas

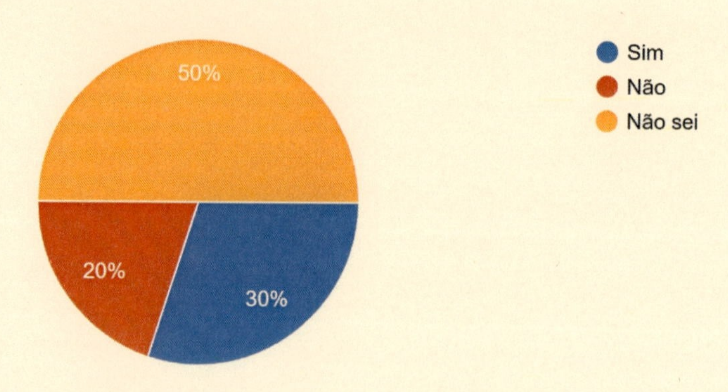

Fonte: dados da pesquisa (2021)

No gráfico podemos observar a falta de conhecimento de professores e coordenadores em relação ao financiamento dos projetos e programas. Dos interlocutores, 50% desconheciam ou não sabiam se os projetos ou programas tinham financiamento, 30% afirmaram que os programas e projetos contavam com recursos financeiros e 20% assinalaram que os programas e projetos não tinham financiamento. Isso demonstra que existe uma alienação nesse sentido, assim como uma contradição, já que muitos citaram os nomes de programas de ordens federal, estadual e municipal.

Em relação ao financiamento da EA, o Pnea, em seu artigo 19, estabelece o seguinte:

> Os programas de assistência técnica e financeira a meio ambiente e educação em níveis federal, estadual e municipal, devem alocar recursos às ações de educação ambiental. Porém, sem mencionar fontes e valores. Neste caso cabe o princípio da discricionaridade, conferida pela lei do gestor público para que este escolha diante de casos concretos, a solução mais adequada ao atendimento das necessidades públicas. (BRASIL, 2007, p. 28).

Diante disso, fica a critério do gestor disponibilizar ou não os recursos para a EA. Assim, o financiamento fica à mercê das vontades e dos interesses políticos, que nem sempre aproximam-se das mudanças de concepção de EAC e, na maioria das vezes, dialoga com o sistema neoliberal vigente.

Esse cenário do financiamento mudou drasticamente em 2013, com o surgimento dos Programas Mais Educação e Escolas Sustentáveis, relacionados ao PDDE-ES. Esses programas ofertavam, além dos recursos financeiros, um monitor para atender os alunos no turno oposto e os meios necessários para desenvolver atividades de EA, como: hortas, palestras, gincanas temáticas, COM-VIDA, Conferência Infanto-Juvenil de Meio Ambiente e Qualidade de Vida nas Escola. Ademais, ofertavam aquisição de livros e insumos para hortas e jardins.

O Programa Escolas Sustentáveis disponibilizou a assistência financeira a projetos de EA, dando continuidade às ações desenvolvidas pela Secadi do MEC, visando incentivar a institucionalização da EA e seu enraizamento em todos os níveis e modalidades de ensino. O objetivo é apoiar a implementação de projetos de pesquisa e a intervenção em escolas da educação básica com vistas à criação de espaços educadores sustentáveis, outro aspecto, nesse programa, que auxiliava na infraestrutura do espaço para desenvolver as ações.

Os recursos do PDDE-ES foram repassados de acordo com o número de alunos da educação básica matriculados na unidade educacional, segundo dados extraídos do Censo Escolar do exercício imediatamente anterior, valores constantes da Tabela 8:

Tabela 8 – Valor disponível do Programa Escolas Sustentáveis de acordo com o número de alunos

Número de alunos	**Valores de repasse(R$)**		
	Custeio (80%)	**Capital (20%)**	**Total**
Até 199	6.400,00	1.600,00	8.000,00
200 a 499	8.000,00	2.000,00	10.000,00
500 a 999	9.600,00	2.400,00	12.000,00
Acima de 999	11.200,00	2.800,00	14.000,00

Fonte: Brasil (2013)

De acordo com os dados apresentados, no ano de 2013, o Programa Escolas Sustentáveis ofertou o suporte financeiro e de orientações metodológica para a realização das ações. Entre os anos de 2016 e 2023 não se tem conhecimento de nenhum outro programa dessa natureza nas esferas federal, estadual ou municipal.

No Gráfico 15 vemos os dados sobre os programas de Educação que abordam a EA nas escolas quilombolas. De 2013 a 2021, houve realmente um avanço notável nas ações, nos programas e nas campanhas educativas nas escolas de BJL, mediante diversos programas, como: Programa Mais Educação, do MEC, Programa Escolas Sustentáveis e Programa Despertar do Senar. Eles foram potencializados com a contrapartida dos municípios, embora nem tenham participado. Ainda podem ser encontrados alguns vestígios desses programas, como arborização das escolas com árvores frutíferas ou nativas, instalação de hortas ou jardins, campanhas educativas, materiais impressos, banners, fotografias, atas de eventos ou relatórios dos programas, além de equipes pedagógicas de gestoras motivadas a desenvolverem a EA. Em base nisso, os participantes foram questionados quanto ao conhecimento sobre legislações e programas de EA.

Gráfico 15 – Conhecimento sobre legislações e programas de EA

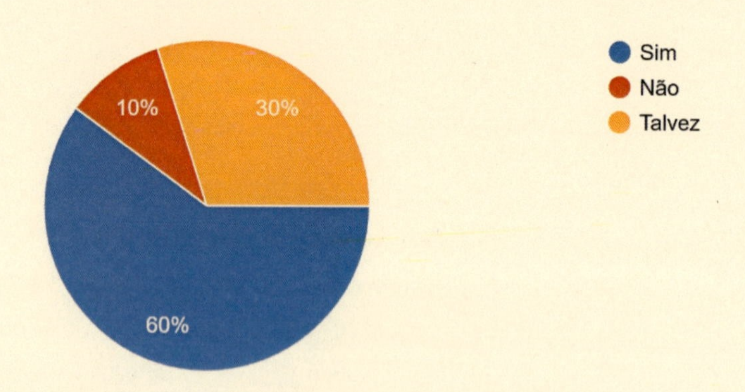

Fonte: dados da pesquisa (2021)

Os dados esclarecem que 60% dos educadores conhecem os programas e as legislações de EA, 10% afirmaram não conhecer e 30% sinalizaram que talvez os conheçam. Temos um quantitativo significativo daqueles que estão cientes das questões e das leis que regulamentam a EA. Apesar disso, temos ainda 40% que não têm conhecimento sobre as legislações de EA.

No Gráfico 16 sobre políticas públicas, sintetizamos as respostas dos entrevistados à pergunta: "Quais políticas públicas de EA vocês conhecem?".

Gráfico 16 – Políticas públicas

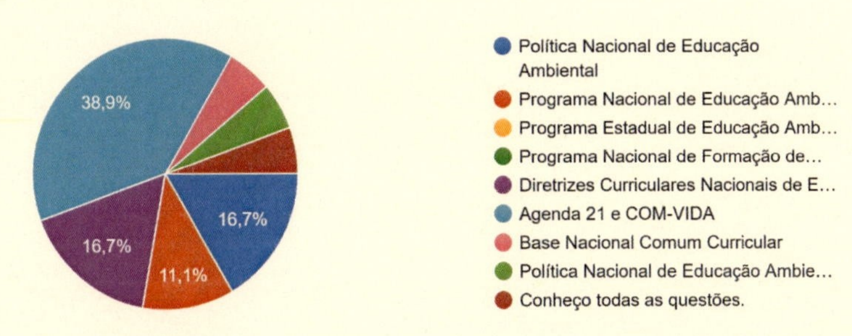

Fonte: dados da pesquisa (2021)

Um total de aproximadamente 38,9% conheciam a Agenda 21 e a COM-VIDA, 16,7% sinalizaram que tinham conhecimento das DCNEA e 16,7% disseram saber o que é a Pnea.

A Lei n.º 9.795, de 27 de abril de 1999, regulamenta todos esses programas citados no gráfico. A Pnea também dá outras providências. Segundo os artigos 205 e 225 da CF, é dever do Estado definir políticas públicas que envolvam o aspecto ambiental, promovam a EA em todos os níveis de ensino e a conscientização pública para a preservação, recuperação e melhoria do meio ambiente. As três estruturas regulatórias básicas da EA (União, entes federados e municípios) promoveram poucas políticas públicas de EA. Trata-se de uma política pública jovem, que emergiu dos movimentos sociais ambientalistas. Infelizmente, notamos um silenciamento da EA acentuado em todas as esferas.

Para Janke (2012), a implementação das políticas públicas de EA sempre foi e está sendo uma disputa histórica.

> No contexto formal, a Educação Ambiental tenta se estruturar num espaço historicamente disputado, acirradamente, entre as correntes tradicionais e críticas, entre o processo educativo pela manutenção do capital contra a luta por uma educação para a transformação social. Em geral, o cenário que tem sobrevivido à disputa, numa situação revelada pela precariedade, é a falta de qualidade da educação nos espaços formais, de um modo geral abrangente. Essa situação é resultado das escolhas político-econômicas daqueles que representam democraticamente o povo, mas que se comprometem repetidamente com interesses privados e de manutenção da ordem social vigente. (JANKE, 2012, p. 7).

Segundo Mészáros (2005), a função da escola foi definida como organismo que continua a manter seu desenvolvimento dentro de uma lógica mais perversa, sem incitar a classe trabalhadora à ação revolucionária. Com isso, o autor propõe uma educação capaz de pacificação dos homens e de resolução de seus problemas.

Podemos ver claramente isso na BNCC e na forma como o atual governo federal busca soluções ou medidas emergenciais somente para salvar a economia e, em último caso, a educação. Assim, tem-se uma população alienada, subserviente, sem conhecimento, para que o sistema capitalista possa facilmente manipular os indivíduos.

Ainda conforme Mészáros (2005, p. 36),

> [...] a educação institucionalizada especialmente, nos últimos cento e cinquenta anos serviu – no seu todo – ao propósito de não fornecer os conhecimentos e o pessoal necessário à maquinaria produtiva em expansão do sistema capitalista, mas também o de gerar e transmitir um quadro de valores que legitima os interesses dominantes, como se não pudesse haver nenhum tipo de alternativa à gestão da sociedade.

Dessa forma, Mészáros ilustra bem o desmonte das políticas públicas em geral e, sobretudo, a interrupção de Programas Educativos no viés da EAC. Todo esse cenário de destruição representado pela extinção da Secadi, em 2019, pelo então presidente Jair Messias Bolsonaro, mostra claramente como as políticas públicas educacionais, sociais e ambientais são afetadas por toda essa crise gerada pelo sistema capitalista e por toda sua estrutura, e está bem representada pelas equipes econômica, ambiental e educacional do nosso país.

Então questionamos os participantes sobre a unidade escolar quilombola ser contemplada com os programas dos entes federados voltados para a temática de EA. As respostas encontram-se no Gráfico 17.

Gráfico 17 – A unidade escolar quilombola é contemplada com os programas dos entes federados voltados para a temática de Educação Ambiental?

32 A Unidade Escolar Quilombola é contemplada com os Programas dos entes federados voltados para a temática de Educação Ambiental:

19 respostas

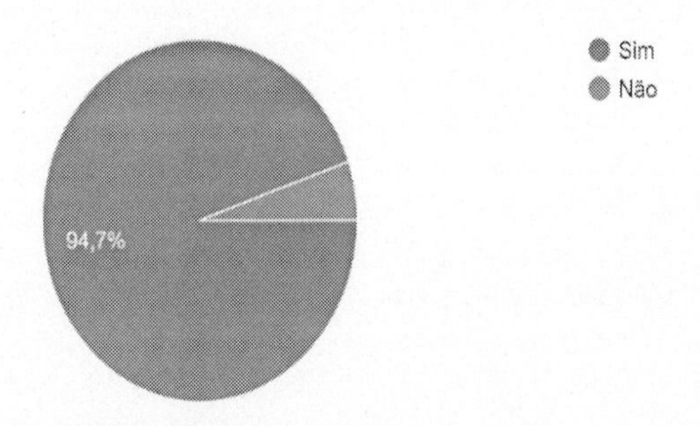

Fonte: dados da pesquisa (2021)

Quanto a esse quesito, 94,7% afirmaram que as escolas quilombolas, de 2015 a 2021, foram contempladas com programas dos entes federados. Os dados do Gráfico 17 demonstram que quase 100% alegaram que existiam programas de EA em escolas quilombolas. Além disso, os entrevistados foram perguntados sobre os programas ofertados no município. O Gráfico 18 apresenta esses programas.

Gráfico 18 – Programas de educação do município

33 Quais são eles?

18 respostas

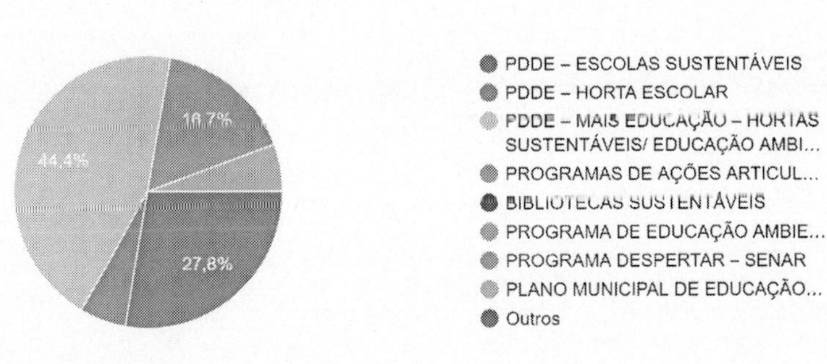

Fonte: dados da pesquisa (2021)

No que diz respeito à questão dos programas adotados pelo município ou contemplados nas escolas quilombolas, dados dos questionários apontam que os interlocutores demonstraram conhecer os programas de EA das últimas décadas. A maioria deles foi gestada pelo PAR, como: o Horta Escolar ou Hortas Sustentáveis, no Programa Mais Educação (Hortas Sustentáveis ou Agroecológicas). Dos sujeitos da pesquisa, 44,4% conheciam esses últimos listados e 27,8% haviam tido contato com o PDDE - Escolas Sustentáveis, em 2013. Já 16,7% tinham consciência sobre o Programa Despertar/Senar, adotado pelo município de 2014 a 2020 nas escolas do campo de BJL.

Pensar em EA é eleger um assunto relevante, que se faz presente graças ao envolvimento de diferentes atores e perpassa por diversos campos do conhecimento. Dada a natureza complexa e plural das questões ambientais, é preciso pensá-las com base nas múltiplas determinações, na coletividade e nas questões públicas que exigem enfrentamento.

Com o intuito de regularizar o Sistema Municipal de Meio Ambiente, o município comprometeu-se a adequar e a regulamentar de forma legal o Código Municipal de Meio Ambiente, prevendo por meio dele princípios, diretrizes, sanções e licenças, entre outros instrumentos aptos a permitir que sejam cumpridos os deveres de proteção ambiental. Ficou acordada, ainda, a manutenção de órgãos como o Conselho Municipal de Meio Ambiente, a Secretaria de Meio Ambiente e o Fundo Municipal de Meio Ambiente, garantindo-lhes as condições necessárias ao seu adequado funcionamento.

Conforme o acordo com as secretarias municipais de Meio Ambiente e de Educação, a EA deve ser estruturada com os equipamentos necessários para serem utilizados de forma exclusiva nas atividades de licenciamento, fiscalização e monitoramento ambientais. Para essas atividades devem ser formadas equipes de funcionários concursados, capacitados periodicamente.

Para implementar a EA, um segundo TAC deixou pactuada a incorporação do conceito de desenvolvimento sustentável no planejamento e na execução das políticas municipais. O município comprometeu-se, ainda, a promover a EA de forma articulada em todos os níveis de ensino, garantindo a transversalidade da temática ambiental, estimulando a participação cidadã nesse processo, tomando por base os problemas e os conflitos ambientais locais. Além disso, ficou estabelecido que o município de Bom Jesus da Lapa deve orientar as escolas quanto à abordagem sobre a EA em seus PPPs, em todos os níveis e modalidades de ensino, assim como promover espaços de formação e capacitação de professores. Ademais, deve propor, em regime de colaboração, um programa de EA elaborado de forma coletiva, participativa e processual, o Conselho de Meio Ambiente (Comdema).

Os participantes da pesquisa também foram questionados sobre o PME. As respostas estão indicadas no Gráfico 19.

Gráfico 19 – Plano Municipal de Educação

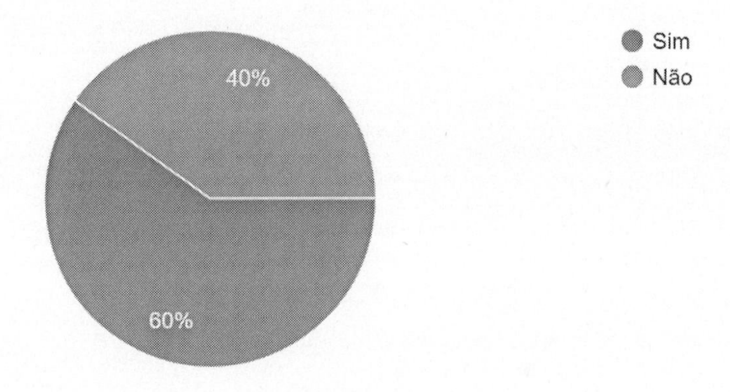

Fonte: elaborado pelas autoras com dados da pesquisa (2021)

Os dados elencados revelam que 60% dos sujeitos que responderam aos questionários conheciam o PME. Por outro lado, 40% desconheciam-no. Isso muito nos preocupa, pois 40% dos professores estão alheios ao que preconiza o plano. Será que esse dado representa alienação ou ausência de formação adequada? Na realidade, existem as duas coisas. De fato, o PME não apresenta as propostas municipais de EA, as formações existentes são pontuais e não continuadas.

Também questionamos sobre a existência do coordenador de EA. Todavia, no Documento Referencial Curricular Municipal, encontramos uma proposta de EA bem fundamentada na PHC que foi construída coletivamente. Vejamos as respostas sintetizadas no Gráfico 20.

Gráfico 20 – Técnico da Semed – Coordenador de Educação Ambiental

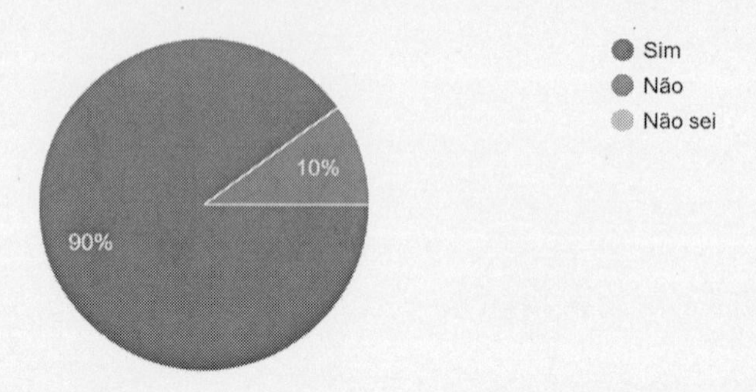

Fonte: dados da pesquisa (2021)

No Gráfico 20, 90% dos sujeitos que responderam ao questionário afirmaram que a Semed tinha um coordenador exclusivo de EA e 10% desconheciam essa informação. Para Silva (2015, p. 51),

> [...] pautado na relevância da formação dos educadores ambientais e nos princípios da PNEA e do ProNEA, o governo federal em 2006 criou o Programa Nacional de Formação de Educadores Ambientais (ProFEA), o referido programa tem como objetivo qualificar as políticas públicas de Educação Ambiental, na direção de desenvolver uma dinâmica nacional continua e sustentável de processos de formação de educadoras (es) ambientais a partir de diferentes contextos.

Os respondentes também foram questionados acerca da existência da formação continuada com tema da PHC e da EA. Vejamos os resultados no Gráfico 21.

Gráfico 21 – Oferta de Formação Continuada com o tema da PHC e da EA

38 A SEMED promoveu formações continuadas para os professores e coordenadores na abordagem na teoria da Pedagogia Histórico-Crít...ucação Ambiental durante os anos de 2018 -2020?
19 respostas

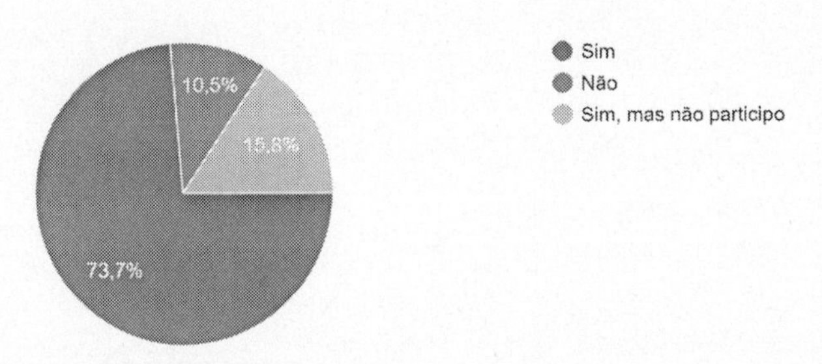

Fonte: dados da pesquisa (2021)

Os dados do Gráfico 21 evidenciam que o município proporcionava formação na perspectiva da PHC, dado que uma porcentagem significativa, 73,7%, respondeu de forma positiva. Assim sendo, a Secretaria Municipal de Educação de BJL promoveu formações continuadas com a abordagem teórica e pedagógica da PHC entre os anos de 2017 e 2021. Os 10,5% que não conheciam e os 15,8% que sabiam que tinham ocorrido as formações nessa vertente, mas que não tinham participado, provavelmente faziam parte dos contratos temporários e eram contratados somente após as Jornadas Pedagógicas, quando iniciam as aulas. Infelizmente, com a ausência ou a escassez de concursos, essa é a realidade de alguns municípios.

A chave é atrelar trabalho, educação e desenvolvimento, estruturando a escola na especificidade da comunidade, atendendo suas necessidades e descortinando um horizonte de possibilidades por meio de suas potencialidades e riquezas. Para tanto, deve-se ter uma perspectiva de desenvolvimento local e sustentável que dialogue com os princípios da Política Nacional de Desenvolvimento Sustentável dos Povos e Comunidades Tradicionais, tais como:

> I – o reconhecimento, a valorização e o respeito à diversidade socioambiental e cultural dos povos e comunidades tradicionais, levando-se em conta, dentre outros aspectos, os recortes etnia, raça, gênero, idade, religiosidade, ancestralidade, orientação sexual e atividades laborais, entre outros, bem como a relação desses em cada comunidade ou povo, de modo a não desrespeitar, subsumir ou negligenciar as

> diferenças dos mesmos grupos, comunidades ou povos ou, ainda, instaurar ou reforçar qualquer relação de desigualdade;
>
> II- a visibilidade dos povos e comunidades tradicionais deve se expressar por meio do pleno e efetivo exercício da cidadania; [...]
>
> V- o desenvolvimento sustentável como promoção da melhoria da qualidade de vida dos povos e comunidades tradicionais nas gerações atuais, garantindo as mesmas possibilidades para as gerações futuras e respeitando os seus modos de vida e as suas tradições; [...]
>
> VIII- o reconhecimento e a consolidação dos direitos dos povos e comunidades tradicionais; [...]
>
> XII- a contribuição para a formação de uma sensibilização coletiva por parte dos órgãos públicos sobre a importância dos direitos humanos, econômicos, sociais, culturais, ambientais e do controle social para a garantia dos direitos dos povos e comunidades tradicionais;
>
> XIII- a erradicação de todas as formas de discriminação, incluindo o combate à intolerância religiosa; e
>
> XIV- a preservação dos direitos culturais, o exercício de práticas comunitárias, a memória cultural e a identidade racial e étnica. A partir disso, e para que esta proposta pedagógica faça a diferença em territórios quilombolas, sugere-se que se leve em consideração alguns elementos. (BRASIL, 2007, p. 1)

Em momentos formativos que aconteceram em 2017 com a professora Cely Taffarel, em uma Jornada Pedagógica, optou-se pela abordagem teórica e metodológica da PHC. A visão filosófica e pedagógica da Secretaria Municipal de Educação, validada pelo conjunto de professores presentes, fortaleceu discussões teóricas posteriores, de modo que foram realizados momentos formativos, como simpósios, jornadas e oficinas e, até o momento presente, expressa-se que a consolidação da PHC foi uma decisão acertada. Inclusive, na Jornada Pedagógica de 2021, contamos com a presença de autores e teóricos renomados da Pedagogia Histórico-Crítica, como José Claudinei Martins, conhecido como professor Zezo, Claudio Felix e Arlete Ramos.

Solicitamos dos sujeitos da pesquisa que elencassem quais são as ações sustentáveis desenvolvidas pelas escolas quilombolas que evidenciam a relação entre a implementação da proposta da EA, a proposta da BNCC e a PHC. Elencamos quatro falas para evidenciar a nossa análise. Denominamos os sujeitos da pesquisa da seguinte forma: P1 (para o professor 1), P2 (para o professor 2) e assim sucessivamente.

Quadro 10 – Ações sustentáveis desenvolvidas pelas escolas quilombolas

P1 Paineira	*A implantação da Horta Escolar, onde não é utilizado agrotóxico; preservação da mata ciliar do Velho Chico; plantio de árvores em volta da escola e projetos voltados para o fortalecimento da produção de alimentos dentro do território quilombola.*
P2 Jurema	*Criação da horta, jardim e arborização escolar, oficina de artesanato a partir de materiais reciclados, uso consciente e reutilização da água do bebedouro etc.*
P3 Joazeiro	*Cuidado com o meio ambiente fora e dentro da escola, preservação da reserva legal da comunidade em parceria com a Semed, família, Semeia e associação.*
P4 Girassol	*Plantio de árvores nas margens do rio São Francisco, Conferência Infanto-Juvenil de Meio Ambiente, hortas escolares, arborização em torno da escola, recolhimento dos lixos ao redor e dentro da escola, entre outros.*

Fonte: dados da pesquisa (2021)

Com as falas percebemos que todos têm uma visão abrangente e crítica de EA, mediante as ações sinalizadas como Conferência Infanto-Juvenil de Meio Ambiente (Conjima), construção de projetos transformadores, como a economia e a reutilização da água do bebedouro escolar, transformações de espaços, como arborização da escola e seu entorno, diálogo sobre as áreas de reservas legais ou Áreas de Preservação Permanente (APP). Isso também é reflexo da metodologia dos programas de EA do Estado e do Programa Escolas Sustentáveis, que trabalham com o diagnóstico da realidade, construção de metas e plano de ações baseados no diagnóstico.

Essa mesma metodologia é adotada pela COM-VIDA, inclusive em 2018, ano em que o tema da Conjima foi *Cuidando do Brasil, cuidando das águas da Bahia*. Convém salientar que BJL sediou a Conferência do Território Velho Chico devido à quantidade de projeto enviados ao MEC. Dois projetos foram eleitos para representar o município na fase estadual em Salvador. É importante frisar que essa é uma proposta que favorece o protagonismo infanto-juvenil e envolve a comunidade escolar, as famílias e a sociedade como um todo em busca de soluções plausíveis para as diversas problemáticas socioambientais presentes nas escolas e, muitas vezes, na própria comunidade, como a escassez de água ou a poluição das águas por agrotóxicos e outras formas de contaminação.

No Gráfico 22 vemos as respostas obtidas da questão que objetivava entender a dinâmica das leis de n.º 10.639/2003 e n.º 11. 645. 2008, e das

Diretrizes de Educação Escolar Quilombola (DMEEQ) no município de BJL. Perguntamos aos entrevistados se eles conheciam as Diretrizes Municipais de Educação Escolar instituídas em 2017 com a Lei n.º 004/2017.

Gráfico 22 – Você tem conhecimento das Diretrizes Municipais de Educação Escolar?

39 O Município de Bom Jesus da Lapa, institui em 2017 a Lei nº 004/2019, as Diretrizes Municipais de Educação Escolas Quilombola. Você tem conhecimento dessas Diretrizes?

20 respostas

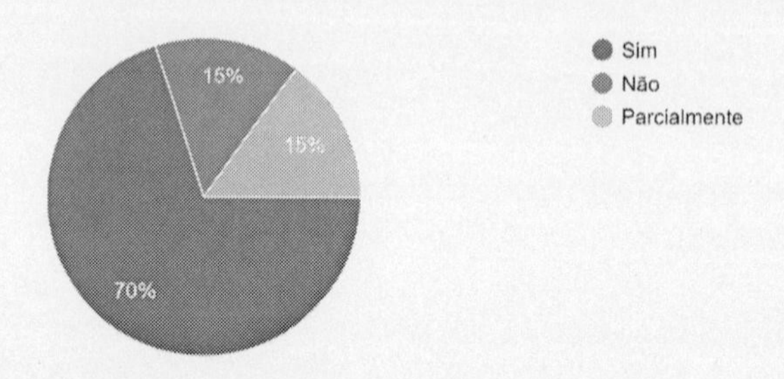

Fonte: dados da pesquisa (2021)

Observamos nos dados do Gráfico 22 que 70% afirmaram conhecer essas diretrizes, 15% disseram que não tinham conhecimento delas e 15% revelaram que as conheciam parcialmente. Notamos aqui uma porcentagem importante de educadores que conheciam as DMEEQ. Verificamos também uma divergência no total dos 30% que as desconheciam ou conheciam de forma parcial, já que foi uma proposta amplamente divulgada em BJL e, de forma especial, nas comunidades com escolas quilombolas, pois a construção das DMEEQ foi realizada por meio de várias rodas de conversas e diálogos sistematizados, organizadas por regiões quilombolas durante todo o ano de 2017, nas próprias unidades escolares quilombolas. Essa metodologia envolveu professores, pais, alunos, representantes das associações, quilombolas em geral e representantes do Fórum de Educação Quilombola da Bahia.

Para elucidar nosso quarto objetivo específico, direcionamos a seguinte questão aos participantes da pesquisa: "Em sua opinião, a proposta pedagógica desenvolvida pelo município, a PHC, segue a mesma direção das DMEEQ?". As opiniões encontram-se representadas no Gráfico 23.

Gráfico 23 – Proposta pedagógica desenvolvida pelo município

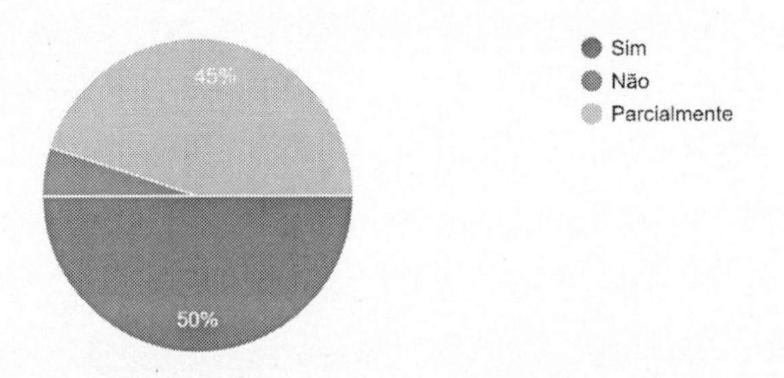

Fonte: dados da pesquisa (2021)

Como podemos observar, 50% dos sujeitos disseram que a proposta pedagógica adotada por BJL, a PHC, dialogava com as DMEEQ, 5% acreditavam que não seguiam a mesma direção e 45% afirmaram que se articulavam parcialmente.

Aqui notamos que não há um consenso. Isso significa que existe uma divergência com relação à aceitação da PHC nas escolas quilombolas do município. Um contingente de 45% disse que se relacionava de forma parcial.

As DCNEEQ preceituam:

> Na formação inicial e continuada de professores/as para a educação escolar quilombola, as diretrizes destacam a importância da inclusão do estudo de memória, ancestralidade, oralidade, corporeidade, estética e do etnodesenvolvimento, produzido pelos quilombolas ao longo do seu processo histórico, político, econômico e sociocultural. A formação de professores/as deverá ainda desencadear o processo de inserção da realidade quilombola no material didático e de apoio pedagógico existente e produzido para docentes da Educação Básica nas suas diferentes etapas e modalidades. (BRASIL, 2012a, p. 35).

Destarte, compete à gestão municipal e ao gestor das escolas que atendem estudantes quilombolas fora de suas comunidades de origem considerar o direito de consulta e a participação da comunidade e de suas lideranças na decisão sobre o transporte dos alunos, conforme o disposto na Convenção 169 da Organização Internacional do Trabalho, ratificada pelo Brasil, por meio do Decreto Legislativo n.º 143/2003 e do Decreto n.º 6.040/2007, que institui a Política Nacional de Desenvolvimento Sustentável de Povos e Comunidades Tradicionais. Esses documentos estabelecem que as unidades escolares devem primar por uma alimentação escolar e um transporte que respeitem as especificidades desses povos.

Outrossim, a DCNEEQ orienta que os sistemas de ensino, ao elaborarem o PAR, proponham ações de: construção de escolas nas comunidades, formação continuada de professores/as, distribuição de materiais didáticos específicos para alunos/as e docentes das referidas comunidades e capacitação de gestores para que a Educação Escolar Quilombola seja implementada no dia a dia da escola.

Esse processo de EAC almeja formar cidadãos conscientes e ativos, com a visão socioambiental dos problemas que afligem o planeta, constituindo uma dimensão da EA denominada de educação política. Reigota (2007, p. 13) ressalta que

> [...] quando afirmamos e definimos a educação ambiental como educação política, estamos afirmando que o que deve ser considerado é a análise das relações políticas, econômicas, sociais e culturais entre a humanidade e a natureza e as relações entre os seres humanos, visando a superação dos mecanismos de controle e de dominação que impedem a participação livre, consciente e democrática de todos.

Nessa perspectiva, a EA, como educação política, está relacionada à formação de cidadãos capazes de identificar problemas, participar da resolução e buscar soluções, sempre agindo consciente e criticamente, de modo a promover, com essa ação, o desenvolvimento de uma sociedade mais justa e com valores éticos para si e para seu próximo.

Esse momento de problematização e catarse coaduna com a dinâmica da PHC. Compete ressaltar aqui que prevalecem as categorias da práxis e mediação. Segundo Rosa (2014, p. 10),

> [...] a formação de Educação Ambiental é destacada nas diretrizes a partir dos cursos de formação inicial e continuada de professores, gestores, coordenadores, especialistas e outros profissionais que atuam na educação básica, com o objetivo de qualificar a atuação escolar e acadêmica.

Educação Ambiental é território. É preciso abordar a EA e os diversos territórios da vida, isto é, o que está acontecendo nesses lugares. Para o

Coletivo de Educadores, a EA envolve tantos os aspectos físicos quanto o das populações (humanas ou não). É preciso contar a história do território, do qual todos compartilham um mesmo espaço, e ressaltar a importância da questão do direito à biodiversidade (metas de Aichi, Protocolo de Nagoya). Dessa forma, é preciso um olhar mais amplo sobre a EA bem como sobre o território, em uma concepção da interconexão. Estamos interligados, por isso a EAC precisa ser inter-relacionada, trans e multidisciplinar, como preceitua a Lei n.º 9.795/1999.

Para Lowy e Melo (2014, p. 126), a EA deve incluir, com o conhecimento das lutas do ambientalismo e socioambientalismo e de seus movimentos, uma reflexão ampla sobre questões éticas, políticas e sociais relacionadas com a problemática ecológica. Segundo Marx (1978, p. 128),

> [...] mesmo uma sociedade inteira, uma nação, ou mesmo todas as sociedades existentes num dado momento em conjunto, não são donas da Terra. São simplesmente suas possuidoras, suas beneficiárias, e tem que legar, num estado melhorado, para as gerações seguintes, como bons pais de família.

Para tanto, é necessário propagar, por meio da EA, que devemos zelar pelos recursos naturais e não os destruir de forma indiscriminada e predatória. Para Ferraro Junior (2013, p. 30), para implementar a

> [...] Educação Ambiental Crítica, na escola, é preciso que professores, professoras, coordenadores e gestores fortaleçam como aprendizes da sustentabilidade. E isso transcende de longe a réplica de livros e teorias. Leva a pensar em escola sustentáveis desde sua estrutura até o sistema escolar, envolvendo todos os atores sociais dentro da escola e seu entorno, o que inclui a socialização de ideias, de material didático contextualizado e de convivência sociocultural, função relevante do ambiente escolar, que não se restringe aos muros da escola.

Na próxima seção apresentaremos os dados dos questionários aplicados aos pais dos alunos.

5.4 EDUCAÇÃO AMBIENTAL NA VISÃO DA FAMÍLIA: ANÁLISE DOS QUESTIONÁRIOS DOS PAIS

Para melhor entendimento sobre o tema de EA, direcionamos algumas perguntas dos questionários aos familiares dos estudantes. Nosso objetivo foi compreender como as famílias percebem o trabalho. Assim, enviamos o questionário para cinco pais que participavam ativamente das associações, mas, para nosso objeto, convém analisar apenas duas respostas.

Entendemos que é importante ouvir a família e identificar como ela compreende o trabalho da Educação Ambiental na vida de seu filho ou filha. Para tanto, apresentamos o seguinte questionamento: "Como a Educação Ambiental é trabalhada na escola de seu/sua filho/a?". As respostas que serão analisadas encontram-se no Quadro 11.

Quadro 2 – As vozes das famílias quilombolas

FAMÍLIA 1	*"Temos trabalhado essa proposta com muita afinidade e responsabilidade, mas às veze temos dificuldades porque alguns professores não se esforçam como é preciso. E eu, como mãe e coordenadora, me sinto meio desmotivada".*
FAMILIA 2	*"É preciso intensificar a aplicação das temáticas EA, pois é de inteira importância para o desenvolvimento do território. No entanto pouco se discute no chão da escola. Dessa forma, os alunos não acessam os processos socioeducacionais de excelência e têm dificuldades de disputar os espaços externos com seus pares no mesmo contexto.* *Os processos de excelência seriam os conteúdos importantes e fundamentais para avançar na vida".*

Fonte: dados da pesquisa (2021)

A fala da entrevistada designada como Família 1 apresenta uma postura crítica de que, na época da entrevista, existiam dificuldades por parte dos professores e de que era preciso avançar, já que ela sentia-se desmotivada. Na resposta da colaboradora denominada Família 2, notamos o desejo de que a EA fosse ensinada com maior intensidade para que os alunos se apropriassem dessas ferramentas culturais e dos conteúdos que possibilitam às camadas populares lutarem pela superação das condições de opressão em que vivem.

Para isso é importante incluir as condições socioambientais, ou seja, trazer essa discussão para a EA juntamente ao conhecimento adquirido e problematizado na escola, o que faz com que os alunos compreendam, de uma forma mais ampla, os variados fatores que incidem e/ou constituem um problema socioambiental, sejam eles naturais, econômicos, políticos etc. Percebemos, na fala da Família 2, que é necessário mudar a forma de ensinar e o que ensinar para os alunos para que eles possam enfrentar a nossa sociedade contraditória e desigual.

Torres (2014, p. 9) afirma que

> [...] é inescapável também a convicção de que seja possível reconfigurar, reconstruir, refazer essa realidade. Se o mundo atual é fruto de uma construção histórica e que se mantém à custa de mecanismos ideológicos de reprodução social, então é possível crer na possibilidade de alterar o rumo e a regra das coisas. Mas desde que compreendidos os fundamentos e expressões desse modelo societário presente, para saber como alterá-lo com competência, operando nas bases de sua estrutura, pois há enormes desafios a superar, como o todo intricado mecanismo de dominação e alienação ideológica e material que paira nas estruturas sociais cotidianamente, contaminando todos nós.

Percebemos, pela fala da Família 2, que os alunos não tinham acesso aos processos de excelência, ou seja, não tinham acesso aos conteúdos científicos e filosóficos que podem promover avanços em diversas áreas do conhecimento e para a vida. Partindo dessa acepção, Saviani (2011, p. 143) argumenta que o compromisso político da "ontologização dos conhecimentos universais é o [...] ponto crítico do processo educativo [...]." E ainda reitera:

> Assim, o objeto da educação diz respeito, de um lado, à identificação dos elementos culturais que precisam ser assimilados pelos indivíduos da espécie humana para que eles se tornem humanos e, de outro lado e concomitantemente, à descoberta das formas mais adequadas para atingir esse objetivo. (SAVIANI, 2011. p. 18).

E Saviani (2011, p. 40) complementa:

> O educador que queira colocar-se na perspectiva da emergente classe trabalhadora deve, pois, romper com a velha concepção de cultura. Isto implica desobedecer, quebrar as regras estabelecidas, ousar comer do fruto da "árvore da ciência do bem e do mal", negando, assim, a inocência paradisíaca que reina na escola capitalista. Utilizo essa simbologia porque ela me parece rica, uma vez que permite entender o processo de desvelamento das leis que regem a sociedade capitalista. Nessa tarefa o educador não necessita começar do zero. Do seio da velha cultura emergiu a "visão cultural socialista" que, embora dominada, é historicamente superior à burguesa a incorpora, de um novo ponto de vista, das conquistas das culturas passadas (SAVIANI, 2011, p. 93).

> E a expressão elaborada dessa nova cultura é a "filosofia da práxis". Esta é a ciência que desvenda os segredos da dominação burguesa. Já que esse ponto de vista é radicalmente novo, isto é, constitui-se de uma "raiz substantivamente diferente", é apenas colocando-se nessa perspectiva que será possível imprimir uma direção genuinamente nova para a prática educativa.

Para Layrargues e Lima (2014), ao debater as ideias propagadas por Loureiro, a EA é, antes de tudo, educação, mas não uma educação genérica. É aquela que se nutre das pedagogias progressistas histórico-críticas e libertárias, as correntes orientadas para a transformação social. Por isso, salienta o autor, é absolutamente crucial para a concretização de um novo patamar societário que a produção em EA aprofunde o debate teórico-prático acerca daquilo que pode tornar possível ao educador discernir uma concepção ambientalista, educacional, conservadora e tradicional de uma emancipatória e transformadora.

Segundo os autores, a EA emancipatória conjuga-se em face de uma matriz que compreende a educação como elemento de transformação social inspirada no diálogo, no exercício da cidadania, no fortalecimento dos sujeitos, na criação de espaços coletivos de estabelecimentos das regras de convívio social, na superação das formas de dominação capitalistas, na compreensão do mundo em sua complexidade e da vida em sua totalidade (LAYRARGUES; LIMA, 2014).

Ede acordo com Loureiro (2011), a EA, em razão de seus princípios basilares, como a promoção da qualidade de vida, tem a oportunidade de formar um elo entre a percepção do ambiente escolar como totalidade. Nela está presente a comunidade que faz parte da instituição escolar, aliada à luta dos profissionais da educação, em todas as suas frentes, que buscam a democratização de acesso aos serviços e das relações de poder. De forma geral, tais processos beneficiam todos os seres humanos envolvidos na educação e, por consequência, a própria natureza.

A EA é analisada pelos princípios da prática educativa, demonstrada como um processo permanente de aprendizagem em que se valorizam as diversas formas de cultura, do conhecimento para a formação omnilateral para o desenvolvimento de uma consciência local e planetária. A teoria pedagógica marxista voltada ao ensino é um resultado histórico que se fundamenta nos princípios da humanização omnilateral, que vê na educação a saída da alienação para o desenvolvimento da consciência filosófica.

Em síntese, sobre a seleção dos conteúdos curriculares fundamentais para a EA escolar e como deveriam ser tratados, Saviani (2003) apresenta-nos uma importante contribuição. O processo de escolha do conhecimento a ser incorporado ao currículo não deve ocorrer de maneira aleatória e, sim, de acordo com o que é necessário ao ser humano conhecer para enfrentar os problemas que a realidade apresenta.

6

REFLEXÕES SOBRE A EDUCAÇÃO AMBIENTAL NAS ESCOLAS

Com a análise das entrevistas foi possível estabelecer cinco categorizações que foram recorrentes em praticamente todas as falas dos sujeitos pesquisados. A identidade dos professores e dos coordenadores foi preservada com o uso de nomes fictícios. Para uma visão preliminar, as categorias estão destacadas no Quadro 12, e são descritas em seguida com detalhes sobre as falas e as análises. Para isso, adotamos as seguintes denominações para as coordenadoras pedagógicas da Semed: Flor do Sertão, Flor de Campo e Flor de Mandacaru.

Quadro 12 – O que dizem as entrevistas: categorias de análise

Abordagem da PHC, Educação Ambiental e Quilombola	**Articulação entre as três temáticas**
Educação Ambiental e BNCC	Esvaziamento ou desmonte
Formações pedagógicas	Formação
Ações educativas predominante	Horta escolar/ quintais produtivos
Proposta curricular	Pedagogia histórico-crítica

Fonte: dados da pesquisa (2021)

Convém salientar que as categorias, conforme expõe Cheptulin (1982, p. 141), “refletem as particularidades dos estágios do conhecimento no próprio momento em que em que elas se formam e por meio de relações necessárias surgidas entre elas”. As categorias revelam, de uma maneira ou de outra, as leis do funcionamento e do desenvolvimento da atividade prática. Portanto uma ação coletiva e institucional é composta por quatro polos: práxis educativa, gestão democrática, espaço físico e comunidade. Eles inter-relacionam-se para garantir o epistemológico ou os conteúdos educativos.

Na próxima seção abordaremos a percepção dos técnicos da Semed em relação às aproximações da PHC com a EA e a Educação Quilombola.

6.1 PERCEPÇÃO DOS TÉCNICOS DA SEMED SOBRE AS APROXIMAÇÕES ENTRE A PEDAGOGIA HISTÓRICO-CRÍTICA, A EDUCAÇÃO AMBIENTAL E A EDUCAÇÃO QUILOMBOLA

Buscamos compreender melhor como se processa a EA em articulação com a PHC, na visão dos profissionais que atuam na Semed. Nas próximas páginas seguem os questionamentos realizados e, logo em seguida, os depoimentos das técnicas da Semed de Bom Jesus da Lapa (BJL).

Para melhor entendimento do leitor procuramos descrever de forma sucinta os colaborares citados. Convém relatar um pouco a trajetória profissional das nossas entrevistadas da Semed.

Flor do Campo tem formação em Pedagogia e mestrado em Educação, já atua há mais de 20 anos na Educação e está na coordenação de rede há 15 anos. *Flor de Mandacaru* é formada em Filosofia, tem mestrado em Ciências da Educação e já atuou como coordenadora de Educação do Campo. Ela também tem mais de 20 anos na educação municipal. *Flor do Sertão* tem graduação em Pedagogia e especialização em Gestão Educacional, já trabalhou em escola quilombola, tem mais de 10 anos na Educação e é a primeira vez que atua como coordenadora de rede.

A EA é um tema abrangente. Quando articulado com a Educação Quilombola e a PHC, no contexto da totalidade, requer uma discussão com os sujeitos que com ela trabalham. Diante do tema exposto é preciso descortinar como realmente os sujeitos, que desenvolvem a educação, percebem esses temas. Direcionamos a questão que intitula o Quadro 13 para as técnicas da Semed. As respostas estão expostas no quadro e são analisadas na sequência.

Quadro 3 – Como você vê a abordagem da PHC, a Educação Ambiental e a Educação Escolar Quilombola no município de Bom Jesus da Lapa?

Flor do Sertão: *A abordagem desses três eixos está estabelecida no Referencial Curricular municipal que foi construído coletivamente com diversos encontros. Dessa forma, está, sim, estabelecida uma articulação [...]. Vejo que no município ainda precisamos avançar no estudo da PHC para que possamos perceber em que medida essas abordagens se associam e se dissociam.*	**Flor de Mandacaru:** *Na Secretaria Municipal de Educação existe a pasta da Educação Ambiental, onde uma coordenadora pedagógica articula e acompanha as ações que envolvem Educação Ambiental dentro da interdisciplinaridade, nas unidades de ensino, durante o ano letivo. Em 2021, a Semed ficou na ausência de um coordenador pedagógico frente às atividades. Assim, as demais coordenações ficaram responsáveis pelas orientações relativas à EA. Porém, devido à grande demanda, a situação da pandemia, o trabalho na área de Educação Ambiental aconteceu em menor proporção. Nessa perspectiva, a Pedagogia Histórico-Crítica, que evidencia a consciência dos condicionantes histórico-sociais da educação (SAVIANI, 1985), respalda o trabalho com a Educação Ambiental, objetivando um equilíbrio entre teoria e prática, de forma a envolver os estudantes em aprendizagens significativas. O município trabalha na concepção da PHC. Muitas estratégias são utilizadas para a implementação da Educação Ambiental nas escolas. Para Vasconcellos (1997), a presença em todas as práticas educativas da reflexão sobre as relações dos seres entre si, do ser humano com ele mesmo e do ser humano com seus semelhantes, é condição imprescindível para que a Educação Ambiental ocorra.*	**Flor do Campo:** *A PHC trabalha como ponto de partida à prática social, o que é importante para problematizar a educação ambiental em sua realidade, com os problemas reais do cotidiano, tomando consciência das transformações socioambientais e como esses processos são acirrados. Ao se tratar da Educação quilombola, ela tem uma ampla relação com as questões ambientais como visão de mundo e sobrevivência na relação do homem com a natureza. A PHC propõe o trabalho com os conhecimentos construídos pela humanidade ao longo dos anos. A Educação quilombola valoriza os conhecimentos tradicionais construídos por seus ancestrais. A Pedagogia Histórico-Crítica trabalha com a necessidade do conhecimento ser desenvolvido na unidade da diversidade e, com isso, os estudantes precisam conhecer como se dão as relações construídas dentro da comunidade quilombola e da sociedade vigente, e serem educados para viver nessa sociedade. Para isso é preciso conhecer como se formou essa sociedade e qual o lugar ocupado pelos quilombolas na ideologia dessa sociedade. O município, na construção do currículo, pautou-se no Documento Curricular Referencial da Bahia. Não foi dada atenção à proposta da BNCC para educação básica. Não que eu me lembre. A Educação no DCRB está com as aproximações da PHC, apresentando educação ambiental com o objetivo de transformação do sujeito social. Transformação não encontrada na BNCC.*

Fonte: transcrição das entrevistas. Dados da pesquisa (2021)

Diante dessas acepções, notamos que as técnicas da Semed compreendem a proposta de EA entrelaçada com a PHC e, também, com a questão quilombola. Flor do Sertão afirmou que o município precisa avançar no estudo da PHC para que seja possível perceber em que medida essas abordagens associam-se e dissociam-se. Já Flor do Campo apresentou clareza em sua resposta no que diz respeito à PHC e à relação intrínseca entre a EA, a PHC e a EEQ.

Flor do Campo ressaltou que a PHC trabalha com os conhecimentos acumulados historicamente. Além disso, destacou a importância dessa pedagogia para a abordagem da diversidade e da ancestralidade dos povos tradicionais como os quilombolas na escola pública. Nesse sentido, percebemos a importância da pedagogia marxista para uma educação emancipatória em prol da diversidade, da cultura e dos conhecimentos acumulados pela humanidade.

Saviani (2018, p. 43) afirma:

> Na sociedade de classe, portanto, na nossa sociedade, a educação é sempre um ato político, dada a subordinação da educação à política. Dessa forma, agir como se a educação fosse isenta de influência política é uma forma eficiente de colocá-la a serviço dos interesses dominantes. E é esse o sentido do programa "escola sem partido" que visa, explicitamente, subtrair a escola do que seus adeptos entendem como "ideologias de esquerda", da influência dos partidos de esquerda colocando-a sob a influência da ideologia dos partidos da direita, portanto, a serviço dos interesses dominantes. Ao proclamar a neutralidade da educação em relação à política, o objetivo a atingir é o de estimular o idealismo dos professores fazendo-os acreditar na autonomia da educação em relação à política, o que os fará atingir o resultado inverso ao que estão buscando: em lugar de, como acreditam, estar preparando seus alunos para atuar de forma autônoma e crítica na sociedade, formarão para ajustá-los melhor à ordem existente e aceitar as condições de dominação às quais estão submetidos.

Historicamente, a educação escolar sempre assumiu uma condição de contradição na sociedade capitalista. Essa contradição ficou evidente quando o governo federal de Jair Messias Bolsonaro e seus ministros promoveu o desmonte de várias políticas públicas, de forma especial das de EA, justamente em um momento em que deveria promover campanhas para fortalecer nossa biodiversidade, nossas florestas, enfim, todo o patrimônio material e não material presente na biodiversidade ambiental brasileira.

Na atualidade, muitos enfrentamentos são travados e são propagadas práticas irracionais, pautadas pelo ódio ao diferente, à diversidade cultural, com disseminação de notícias falsas, que produzem sérias consequências para o futuro formativo das atuais e próximas gerações, que serão impedidas de aceitar o diferente, não terão o direito de dialogar e de conviver com modos de vida distinto na sociedade, porque os alunos estão sendo educados para desrespeitar as culturas e os modos de vida diferentes, ou mesmo estimulados a práticas preconceituosas.

> Em caráter político e contraditório da educação escolar acirra-se ao longo da história do modo de produção capitalista cada vez que este passa por crises. Nos períodos de crise e, consequentemente, do modo como são desenvolvidos os processos de estruturação do capital, a educação escolar sempre é conclamada a ser um difusor ideológico para consolidar o modelo de sociedade vigente [...] É neste sentido que a Pedagogia Histórico Crítica, como teoria pedagógica que se ampara nos fundamentos da ciências, atua no combate aos argumentos sensacionalistas, superficiais e oportunistas que teimam em ganhar força no país com claro objetivo de manter a condição de classe, sobretudo ao dificultar o acesso a uma educação escolar crítica, com conteúdo formativo emancipador. (ORSO, 2020, p. 175-176).

É uma contradição fragilizar ou desmontar as estruturas da Política de Educação Ambiental para o fortalecer as políticas públicas de modo geral. Assim, a abordagem da PHC é uma alternativa de resistência para consolidar o trabalho educativo como ação política revolucionária que favorece a promoção dos conhecimentos científicos e filosóficos que proporcionam uma educação crítica e emancipatória para a sociedade atual.

As falas das três entrevistadas coadunam com a afirmação de Loureiro (2005, p. 329), que sinaliza que os principais elementos a serem observados na averiguação da coerência entre princípios teórico-críticos e a prática da EA são:

> No caso do ensino formal: (1) vinculação do conteúdo curricular com a realidade da vida da comunidade escolar; (2) aplicação prática e crítica do conteúdo apreendido; (3)

> articulação entre conteúdo e problematização da realidade da vida, da condição existencial e da sociedade; (4) projeto político pedagógico construído de modo participativo; (5) aproximação escola-comunidade; (6) possibilidade concreta de o professor articular ensino e pesquisa, reflexão sistematizada e prática docente.

Esses princípios dialogam com as orientações das três vertentes: Educação Ambiental, Educação Quilombola e PHC, principalmente quanto às aproximações da escola e da comunidade, sobretudo em função da problematização com a realidade e a reflexão com a práxis.

Desse modo, é importante pensar na EA na escola com base nos conteúdos científicos, filosóficos e artísticos, assim como na simultaneidade desses conteúdos com os dados da realidade. Isto é, é preciso assegurar, na organização curricular, a visão de totalidade, que comporta o particular e o universal, de modo que sejam estabelecidas relações entre os diferentes conteúdos; ou seja, "trata-se de, por meio da socialização dos conteúdos das diferentes áreas do conhecimento, permitir ao aluno que aprofunde sua compreensão acerca da realidade" (GAMA; DUARTE, 2017, p. 524), em especial no que diz respeito às questões socioambientais.

6.2 EDUCAÇÃO AMBIENTAL E BNCC: DESMONTE OU ESVAZIAMENTO?

Os profissionais foram interpelados sobre as ações desenvolvidas entre a EA e a BNCC, e todos pontuaram que, devido à pandemia da Covid-19, desde 2020, as ações tomaram outro formato, e as formações com oficinas e palestras deixaram de existir. Nesse sentido, pedimos às coordenadoras para falar um pouco sobre suas experiências no que se refere à EA e à BNCC.

Na fala da entrevistada Flor do Sertão percebemos uma contradição. Se a BNCC não tinha, na época, uma proposta de EA consubstanciada e, sim, superficial, como as escolas estavam trabalhando de acordo com a BNCC? Nas falas das entrevistadas também notamos as contradições no universo da educação capitalista e um descompasso entre as orientações da BNCC e os documentos locais, como o DCRB, e que era necessário avançar nos estudos da BNCC, bem como nas propostas dos documentos oficiais sobre Educação Ambiental. Vejamos suas afirmações no Quadro 14.

Quadro 4 – Ações desenvolvidas entre EA e BNCC

Flor do Sertão: *A partir das experiências apresentadas nas atividades remotas percebe-se que as escolas têm trabalhado de acordo com o que é proposto pela BNCC, sem perder de vista o caráter prático dos conteúdos.*	**Flor do Campo:** *Desde o ano passado, devido à pandemia, não houve formações relacionadas à Educação Ambiental. Com as limitações que a pandemia da Covid-19 nos impôs, o município adotou o ensino por meio de atividades domiciliares, o que fragilizou a Educação Ambiental. Na proposta curricular do município, a Educação Ambiental traz em seu bojo [e] aborda a sustentabilidade, a preservação e a conservação ambiental com os princípios da agroecologia, na busca do desenvolvimento de estudantes críticos e com conhecimento dos problemas ambientais e quais são as suas causas. Trabalhamos expectativas de aprendizagem e habilidades sem alinhamento com as competências da BNCC.*	**Flor de Mandacaru**: *Os educadores e educadoras ambientais manifestaram preocupação e desaprovação da Base Nacional Comum Curricular* [BNCC] *e reivindicaram, de modo veemente, uma ampla reformulação do documento que simplesmente justapõe-se aos conteúdos disciplinares. A Educação Ambiental precisa estar prevista na BNCC nos termos que se apresenta na Política Nacional de Educação Ambiental e nas Diretrizes Curriculares Nacionais de Educação Ambiental* [Resolução n.º 2 de 2012, do Conselho Nacional de Educação]. *A BNCC não pode ser o único documento orientador do planejamento docente. O município participou de uma Formação Continuada para a elaboração de um Referencial Curricular. Grupos de estudos foram cuidadosamente divididos de acordo com as modalidades e especialidades, para debate e construção de um documento realmente significativo, respeitando as especificidades. Portanto, Bom Jesus da Lapa, tem um documento conciso e norteador em prol do desenvolvimento educacional no município.*

Fonte: transcrição das entrevistas – dados da pesquisa (2021)

Notamos, assim, que o município estava amparado no que diz respeito à proposta curricular e às ações de Educação Ambiental. Ademais, ficou evidente como estavam presentes os preceitos da Pedagogia Histórico-Crítica que dialoga com a Educação Quilombola. Isso ficou evidente na resposta de Flor do Sertão.

A coordenadora Flor do Campo deixou bem claro que as ações de Educação Ambiental não estavam alinhadas com a BNCC, pois esta apresentava essa fragilidade ou a contradição de não indicar de forma objetiva e aprofundada a proposta de EA. Pelo contrário, descreveu-a de modo incipiente.

Saviani (2011) postula em seus conceitos a necessidade da formação integral do aluno tendo como ponto de partida a cultura popular, os saberes do cotidiano que o envolve e o saber dos povos tradicionais. Como ponto de chegada, busca-se a cultura erudita, que possibilita, ao final do processo, a consciência sobre o mundo em que se vive.

Como vimos, a escola constitui-se em um dos espaços privilegiados de formação integral do ser visando à inserção nos mundos social, político e econômico como um todo. Portanto ela funciona, ao mesmo tempo, como um sistema de valores e ideologias gestadas pelo meio social. Enfim, podemos dizer, dessa forma, que ocorre a dialética, a mediação, as articulações múltiplas de saberes e de conhecimentos para que ocorra a construção do saber elaborado.

Nesse sentido, a educação faz parte de um processo permanente, histórico, crítico e coletivo, que marca a ação e a reflexão, no sentido de transformar a realidade social. Ela tem como ponto inicial a cultura popular e os saberes tradicionais do cotidiano e agrega, também, os conhecimentos científicos, filosóficos e artísticos construídos pela humanidade.

Loureiro (2004, p. 160) destaca que,

> [...] nesta lógica, o processo de trabalho do qual participam ser humano e natureza de forma integrada constitui a unidade dialética que conforma a realidade vivida, proporcionando nessa mediação necessária que se constitua em ser "humanamente natural e naturalmente humano", porque é pelo trabalho que se supre as necessidades de sobrevivência e nos constituímos socialmente, e é nessa relação que se transforma a própria natureza.[25] Visto assim é elemento ontologicamente fundante do ser social, gerador, pela sua capacidade de modificar a realidade objetiva, o que permite compreender as relações entre a história humana e a natureza modificada como especificidade da natureza humana.[26]

[25] Logo, não é o ato humano transformador que é intrinsecamente destruidor da natureza, mas as formas específicas de trabalho sob certas formações socioeconômicas que geram efeitos destrutivos na natureza (inclusive humana). Para a teoria marxiana, é no capitalismo, sob relações de apropriação privada do que é socialmente produzido e de acumulação de riqueza material, que se objetiva o acelerado processo de degradação da natureza e coloca-se a vida sob risco de extinção (LOUREIRO, 2003).

[26] Referimo-nos à natureza humana não como algo dado *a priori* e constituinte do ser, mas como aquilo que faz com que o ser humano realize sua natureza pelas mediações que o definem como ser de natureza em relações sociais.

Para o ser humano, o trabalho constitui-se em determinação geral ontológica, e o trabalho de cada um forma-se em determinações específicas, particulares, estruturadas na história.

> A Educação Ambiental Crítica objetiva promover ambientes educativos de mobilização desses processos de intervenção sobre a realidade e seus problemas socioambientais, para que possamos nestes ambientes superar as armadilhas paradigmáticas e propiciar um processo educativo, em que nesse exercício, estejamos, educandos e educadores, nos formando e contribuindo, pelo exercício de uma cidadania ativa, na transformação da grave crise socioambiental que vivenciamos todos. (GUIMARÃES, 2004, p. 30).

De acordo com essa premissa, a formação do educador em EA é de suma importância para melhorar a prática pedagógica em relação aos processos ambientais. Diante desse contexto, o educador pode desenvolver metodologias diversificadas que venham a sanar as dificuldades apresentadas pelo especialista, de modo que seja promovida a reflexão sobre a práxis para aprimorar o trabalho em face da crise socioambiental atual.

Nessa linha de reflexão, Aquino (2010, p. 177) salienta que

> [...] as transformações aceleradas da sociedade se refletem no cotidiano da escola, exigindo, também, mudanças para as organizações, compatíveis com as demandas de cada comunidade. Dentre as prioridades, a formação de um novo perfil profissional, cuja capacidade permita a compreensão e interpretação dos contextos histórico, social, cultural e político integrante às relações ambientais, exigindo uma nova concepção de currículo para formação de professores.

Diante disso, a EA insere-se como componente essencial no processo de educação e formação permanente, com uma abordagem direcionada para a reflexão crítica da realidade. Isso contribui imensamente para o envolvimento ativo dos diversos atores sociais, para a transformação social de cada sujeito em sua individualidade ontológica.

Na escola quilombola do campo é plenamente possível o trabalho com a EAC, que vem a somar aos ideais da coletividade, sobretudo pela busca da mudança e da transformação da realidade socioambiental vivida pelas comunidades tradicionais. Assim, são incorporados assuntos essenciais que farão um diferencial na vida dos educandos e da comunidade. Por conseguinte, tais transformações promoverão uma qualidade de vida coletiva.

Para Orso e Santos (2020, p. 177),

> [...] a ofensiva produzida para atacar a educação pública vai desde o sucateamento das estruturas físicas que ofertam o ensino até os projetos curriculares, a exemplo da BNCC. Ao encaminhar uma política curricular pautada na BNCC, o governo brasileiro sinaliza alinhamento ao que há de mais recrudescido no campo da formação humana, pois não há na BNCC uma perspectiva filosófica que busca a emancipação humana dos sujeitos por meio da apropriação da cultura mais elevada. O que vemos nesse documento são tentativas exacerbadas de adaptação do conteúdo escolar a um rol de comportamentos esperados, desejados e exigidos pelo mercado de trabalho (que não oferece trabalho para todos!), que reforçam a teoria do capital humano, como meio de contribuir com a manutenção da empregabilidade, passando pela ênfase na certificação aligeirada, que é hoje, mais do que nunca, comandada pelo capital rentista das grandes corporações empresariais.
>
> No entanto, também mais do que nunca, a Pedagogia Histórico-Crítica sinaliza como teoria pedagógica que pode fazer o enfrentamento aos ataques da ignorância perpetrados pela onda obscurantista de Temer e Bolsonaro no espaço escolar. Esse enfrentamento deve sustentar pelo que sempre balizou a PHC, o conhecimento científico, sistematizado ao longo da história e socializado por meio dos conteúdos escolares.
>
> A defesa da educação e da escola pública como patrimônio cultural da sociedade brasileira deve ver o horizonte a ser perseguido mesmo em tempos obscuros, uma vez que a tarefa de construir a humanidade no outro, em direção à emancipação humana e ao fim da sociedade capitalista, demanda a defesa incontestável de uma educação escolar que passe pela apropriação dos bens materiais e não materiais que essa humanidade produziu.

O excerto alerta-nos sobre as lacunas na BNCC, principalmente ao determinar as competências e o projeto de vida sem levar em consideração as condições materiais e estruturais em que cada sujeito vive, ou mesmo a emancipação humana pautada pela totalidade. Contudo o que observamos na prática é um evidente esvaziamento dos conteúdos escolares, além de um tratamento superficial e pouco aprofundado de assuntos como Educação Quilombola, Educação Ambiental e Educação do Campo. Isso promove uma fragilidade nos temas da diversidade cultural e não favorece a educação emancipatória e transformadora para a classe trabalhadora.

Na próxima seção abordaremos os quatro pilares da Educação Ambiental. Como visto anteriormente, são eles: espaço físico, gestão democrática, organização curricular e comunidade.

6.3 AÇÕES DE EDUCAÇÃO AMBIENTAL ARTICULADA AOS QUATROS PILARES DA SUSTENTABILIDADE: ESPAÇO FÍSICO, GESTÃO DEMOCRÁTICA, ORGANIZAÇÃO CURRICULAR E COMUNIDADE

O desmonte ou a ausência das políticas públicas para os povos tradicionais quilombolas, ribeirinhos, indígenas, agricultores familiares, entre outros que são ignorados, revela de modo explícito as contradições do modelo de desenvolvimento capitalista em curso, em que os governantes, em seus discursos, incentivam e autorizam a devastação ambiental e o desmatamento. Notamos a ausência de uma EA voltada para as mudanças climáticas nas escolas e na sociedade como um todo, o que prejudica o meio ambiente em todas as dimensões.

Em oposição a uma educação emancipatória, é notório o estímulo a uma educação voltada para o empreendedorismo e a especulação mobiliária, que desconsidera as questões ambientais. A macrotendência crítica expõe as contradições em concordância com Layrargues e Lima (2012 p. 414), que afirmam: "É uma falácia imaginar que o capital 'está em crise' pois o Capital 'é' crise, uma estratégia do poder hegemônico para fazer acreditar que, vez por outra o capital entra em crise. É uma forma de impedir que se conteste, se discuta, esse modo de dominação".

Nas falas dos entrevistados, notamos as contradições entre as determinações da BNCC e a EAC emancipatória. Isso fica evidente nos depoimentos apresentados no Quadro 15, que desvelam as fragilidades do documento e, em seguida, a ausência da EA na BNCC, bem como o não alinhamento com o que está previsto no documento.

Quadro 5 – Como são as formações de Educação Ambiental para as escolas quilombolas levando em consideração os espaços físicos, a gestão democrática, a organização curricular e a comunidade?

Flor de Mandacaru: *A Educação Escolar Quilombola no município também está embasada na Pedagogia Histórico-Crítica, realizando a construção crítica para que possa compreender o processo educacional e transformá-lo. Devido às fragilidades da BNCC, a Secretaria Municipal de Educação implementou o Eixo Estruturante na matriz Curricular Educação Ambiental e Práticas Agroecológicas, no sentido do orientar e mediar aprendizagem pautada no ODS[27] e também na Agenda 2030. Além disso, aproximadamente 25 unidades escolares foram contempladas desde 2014 com o programa do governo federal no período como Política Pública do Programa Dinheiro Direto na Escola, na modalidade escolas sustentáveis. Para isso são levantadas situações-problemas que estimulam o raciocínio e a investigação para solucionar as questões, abrindo o caminho que predispõe o educando para a aprendizagem significativa. As formações continuadas são ofertadas pela Secretaria Municipal de Educação em parceria com outras secretarias e entidades. Porém é necessário um maior alcance formativo às comunidades quilombolas.*	**Flor do Sertão:** *O município de Bom Jesus da Lapa assinou um Termo de ajuste de conduta com relação ao trabalho com a Educação Ambiental. Assim, era preciso fortalecer. A partir de então, muitos trabalhos foram desenvolvidos em parceria com as escolas, com a Secretaria do Meio Ambiente, com programas do governo federal, entre outras instruções e empresas. Foram desenvolvidos trabalhos como: escolas sustentáveis, quintais produtivos, viveiro escolar, conferências com as COM-VIDAS educação, campanha para arborizar a cidade, projeto Ipê, campanha para preservação do Velho Chico, entre outras ações que inclui o trabalho com o programa de viés capitalista agrário Despertar para as Escolas do Campo. O município, na construção do currículo, pautou-se no DCRB. Não foi dada atenção à proposta da BNCC para a educação básica. Não que eu me lembre. A Educação no DCRB está com as aproximações da PHC, apresentando Educação Ambiental com o objetivo de transformação do sujeito social, transformação não encontrada na BNCC.* *As formações aconteceram no município, tanto os professores vindos para a sede do município bem como a coordenação da Semed fazendo núcleos de formação nas escolas do campo, entre elas, as quilombolas. Assim que iniciou a pandemia, as formações foram paralisadas, começando a retornar de forma remota em 2021.*	**Flor do Campo:** *Antes da pandemia eram promovidas diversas ações da Semed sob a mediação da coordenação de Educação Ambiental em parceria com universidades, Secretarias de Meio Ambiente, Saúde e universidades e empresas de energia solar: Play Energy (curso de energia solar e confecção de brinquedos com energia solar) palestras, Conferência Infanto-Juvenil de Meio Ambiente, Campanha Morro à Vista, Campanha Eu viro Carranca pra Defender o Velho Chico, Oficinas Agroecológicas em parceria com IF Baiano, compostagem, arborização de escolas e também em praças, horta sustentáveis, logística reversa, Seminário Escolas Sustentáveis. Com a pandemia, as ações práticas foram paralisadas.*

Fonte: transcrição das entrevistas – Dados da pesquisa (2021)

[27] Os Objetivos de Desenvolvimento Sustentáveis (ODS) foram criados no âmbito da ONU e estruturados em 2000. Com base nos Objetivos de Desenvolvimento do Milênio (ODM) surgiu a Declaração do Milênio das Nações Unidas, adotada pelos 191 estados membros, no dia 8 de setembro de 2000. Atualmente, a ONU lançou

Flor de Mandacaru citou em sua fala os programas do governo federal presentes no município e algumas ações locais em parceria com empresas privadas e outras de iniciativa da Semed. Notamos, na fala das entrevistadas, várias ações de EA no município de Bom Jesus da Lapa. Tais ações estão representadas em alguns registros fotográficos de antes da pandemia, tanto do arquivo pessoal das autoras como do acervo da Semed.

Figura 9 – Horta Agroecológica na Escola Quilombola Josina Maria da Conceição

Fonte: arquivo pessoal das autoras (3 out. 2019).

Figura 10 – Viveiro-Escola Josino Pereira Dias

Fonte: arquivo pessoal das autoras (3 dez. 2019).

A realização da política na EA permite compreender que a PHC contribui para o desenvolvimento de um trabalho educativo crítico, que valoriza educadores e educandos em processo de formação humana. Portanto a didática elaborada e a proposta de um planejamento e da prática educativa na PHC podem ser efetivadas com base nos problemas ambientais presentes na escola, na comunidade e na sociedade para a construção de uma educação crítica e comprometida em ações éticas e políticas, visando ao desenvolvimento da cidadania consciente do ser humano e da natureza.

a Agenda 2030 compreendida como um documento que propõe 17 ODS e 169 metas correspondentes a serem alcançados pelos países membros até o ano de 2030.

Figura 11 – Formação de Hortas Agroecológicas com professores em parceria com o IF Baiano, Campus Bom Jesus da Lapa

Fonte: arquivo pessoal das autoras (15 nov. 2019)

Figura 12 – Conferência Infanto-Juvenil de Meio Ambiente

Fonte: arquivo da Semed (2018)

Figura 13 – Quintais Produtivos PDDE Escola Sustentável

Fonte: arquivo pessoal das autoras (2021)

Encontramos vários registros das ações de Educação Ambiental e atividades correlatas, como palestras, Conferência Infanto-Juvenil de Meio Ambiente (Conjima), Quintais Produtivos, Formação de Horta Escolar com professores e coordenadores, oficinais de compostagem, instalação de Viveiro-Escola e intercâmbio em horta em formato de mandalas. Essas ações de EA sempre mobilizam a comunidade e as escolas.

Tais registros ilustram as falas das entrevistadas Flor do Sertão, Flor do Campo e Flor de Mandacaru. Ademais, esses documentos representam a ambientação curricular de projetos ou programas de EA desenvolvidos nas escolas pesquisadas, que são laboratórios vivos de aprendizagens para a unidade de ensino e a comunidade.

CONSIDERAÇÕES CONCLUSIVAS: A RESISTÊNCIA DA EDUCAÇÃO AMBIENTAL DIANTE DO DESMONTE DE SUAS POLÍTICAS PÚBLICAS

> *A decisão sobre o que ensinar às novas gerações por meio da educação escolar envolve relações entre o presente, o passado e o futuro da sociedade e da vida humana.*
> *(DUARTE, 2016, p. 1)*

Ao compreender os aspectos históricos da Educação Ambiental (EA) no Brasil, evidencia-se que o arcabouço legal caracteriza-se como "letra morta", o que ocorre quando pouco ou nada em sua concreticidade sustenta-se, por ser o Estado, em sua essência, portador de limites históricos reais, que o colocam como subsidiário dos desmontes e retrocessos das legislações ambientais para favorecer o contexto econômico capitalista.

Todavia a EA resiste nos espaços escolares pesquisados por intermédio de educadores e educadoras engajados em promover uma educação emancipatória. Tais aspectos foram notados nas falas, assim como nos registros fotográficos, que evidenciam a consciência da necessidade dessa educação politizada e crítica.

Pelas argumentações apresentadas, o presente estudo teve como objetivo geral analisar se as políticas públicas de Educação Ambiental estão articuladas à Pedagogia Histórico-Crítica (PHC) nas escolas quilombolas de Bom Jesus da Lapa (BJL), bem como se elas estão sustentadas na Base Nacional Comum Curricular (BNCC), com destaque às contradições e às interlocuções subjacentes e aos seus desdobramentos. Mediante os resultados da pesquisa, os objetivos específicos pontuados foram alcançados.

Foi possível notar a materialidade das políticas públicas de EA em sua articulação com a PHC adotada pelas escolas quilombolas em BJL. Mesmo diante dos retrocessos e dos desmontes dessas políticas, as escolas quilombolas demonstraram compromisso com essa abordagem. Percebemos, mesmo no contexto pandêmico, algumas ações sustentáveis desenvolvidas pelas escolas quilombolas pesquisadas entre 2015 e 2021 que evidenciaram a relação entre a implementação da proposta da PHC e a EA.

A princípio, foram levantados os dados das escolas quilombolas de Bom Jesus da Lapa, construindo um quadro com a estrutura física dessas instituições, assim como um breve contexto histórico das escolas e de suas respectivas comunidades. Em seguida, realizamos uma pesquisa bibliográfica sobre as políticas públicas de Educação Ambiental, considerando os dispositivos legais nos contextos internacional e nacional. Também realizamos um levantamento das produções acadêmicas e científicas sobre a EA e as articulações com a PHC, além de elencarmos as políticas públicas de Educação Escolar Quilombola concatenadas com as políticas de Educação Ambiental.

Nesse sentido, concentramo-nos nas políticas públicas estabelecidas no Plano de Ações Articuladas (PAR) e nas interfaces com as ações e metas de Educação Ambiental. Nesse estágio da pesquisa foi necessário um olhar criterioso para perceber as especificidades da EA nas políticas públicas em geral e no contexto da Educação.

Observamos muitos retrocessos nas políticas públicas de EA nas esferas federal, estadual e municipal, embora haja avanços nas ações e mobilizações das escolas. Observamos também que no município de Bom Jesus da Lapa, as escolas quilombolas acolhem diversos programas de Educação Ambiental, sobre os quais construímos tabelas e quadros, incluindo ações municipais de relevância socioambiental.

Em um terceiro momento buscamos, por meio de questionário no Google Forms, aproximarmo-nos do contexto das escolas quilombolas e verificar se, de fato, as políticas públicas estavam presentes nas unidades escolares e quais as condições financeiras e estruturais que gestores e professores encontravam para desenvolver as políticas de EA no município. Verificamos que o lócus da investigação estava permeado de programas e ações públicas e privadas.

As opiniões foram apresentadas por intermédio de gráficos e respostas, que revelaram realidades diversas. Convém salientar que as condições de infraestrutura das escolas quilombolas eram favoráveis, encontramos equipes pedagógicas motivadas a desenvolverem projetos socioambientais articulados à PHC nos quatro eixos, que envolvem a gestão democrática, os espaços físicos sustentáveis, o currículo e a comunidade. Porém os gráficos e os relatos dos sujeitos apontaram tanto similaridades quanto contradições em relação às políticas públicas de EA articulada à PHC.

Destacamos que a formação continuada, enquanto política pública da rede de educação, proporcionou poucos momentos para estudo da teoria pedagógica curricular, com as formações acontecendo pontualmente. Em geral, segue-se a tendência de realizar um treinamento focado na transmissão de estratégias e técnicas práticas, de modo que não é garantido o aprofundamento teórico-metodológico necessário à formação do professor.

As análises dos documentos curriculares, juntamente aos dados apresentados nas entrevistas realizadas, confirmaram a hipótese levantada no início desta pesquisa de que a teoria que direcionou as ações desenvolvidas, desde 2015 a 2021, não foi exclusivamente a da PHC, embora os documentos que orientam o currículo estejam direcionados por essa teoria pedagógica, cuja bandeira de luta visa à propagação dos conhecimentos científicos e filosóficos para a classe trabalhadora.

A BNCC, como documento de política educacional, insere-se nessa totalidade social. Desse modo, expressa e reproduz contradições do capitalismo contemporâneo. Além disso, a pesquisa apresenta a mediação e a práxis para a superação das desigualdades educacionais e o respeito à diversidade com vistas à construção de uma sociedade democrática.

Ganharam destaque no cenário nacional e até no internacional os desmontes das políticas públicas na esfera federal, algumas nos âmbitos estadual e municipal. São muitos os efeitos danosos pela ausência de políticas socioambientais voltadas para a proteção dos nossos ecossistemas, como: mudanças climáticas, secas, inundações, falta de alimentos, escassez de água, violência, crise energética, crescimento desordenado das cidades, desmatamento exagerado, deslocamentos populacionais em massa e contaminação de solos e mares.

Essas mudanças influenciam as relações sociais, pois o acesso a um ambiente saudável e equilibrado acaba sendo mediado pelos poderes econômico, político e ideológico de determinados segmentos sociais, fragilizando a cultura de respeito aos direitos humanos. Dessa forma, a Educação Ambiental Crítica (EAC) é fundamental para abordar esses temas de forma aprofundada nas escolas, para se combater a superficialidade e a discussão descontextualizada de seus processos históricos.

Enfim, até aqui notamos que houve uma mobilização para avançar nas ações de EA, inclusive sob recomendações de órgãos competentes, como podemos perceber no Termos de Ajustes de Condutas anexados a este estudo. Além disso, existem muitos programas (Escolas Sustentáveis, Mais Educação, Escola Conectada, Mais Cultura, entre outros) e projetos nas escolas quilombolas, embora haja fragilidades no que diz respeitos aos financiamentos.

O estudo identificou a necessidade de aprofundar os conceitos teóricos da PHC. Também destacamos a necessidade de algumas intervenções a fim de garantir a efetivação dessa abordagem na rede municipal, como: fortalecimento da oferta de formação continuada em parceria com a universidade voltada ao estudo teórico da PHC; criação de grupos de estudos em todas as escolas municipais, que contem com o apoio do Grupo História, Sociedade e Educação da Uesb (HistedBR) para essa ação; aquisição e disponibilização de obras sobre a temática para os docentes; criação de políticas de incentivo à participação de professores da rede municipal em mestrados e doutorados.

Diante do exposto, constatamos que o objetivo foi atingido, pois foi possível analisar e verificar a articulação da PHC com a EA nas escolas quilombolas. Além disso, identificamos elementos dessa perspectiva no currículo de BJL e nas políticas curriculares desenvolvidas na rede. Também conseguimos examinar como as políticas de EA materializam-se nas escolas, bem como as ações sustentáveis.

A pesquisa contextualizou historicamente o processo de consolidação da políticas públicas de Educação Ambiental e, por isso, pode contribuir para o debate acadêmico sobre a realidade escolar e de seu entorno, no sentido de dar visibilidade à abordagem da EA dentro do contexto de escolas quilombolas localizadas no campo. Cabe destacar, também, a originalidade do tema proposto, uma vez que, com a consulta ao banco de teses e dissertações da Coordenação de Aperfeiçoamento de Pessoal de Nível Superior (Capes), fundação do Ministério da Educação (MEC), não localizamos nenhum trabalho acadêmico com a mesma temática da pesquisa.

Por meio dessa nova tendência pedagógica, Saviani pretendeu superar a opção entre a essência humana abstrata e a existência empírica. Para ele, a PHC pode ser o ponto de partida e de chegada para uma prática social igualitária, pois a superação do autoritarismo da pedagogia tradicional e do caráter de frouxidão dos conteúdos e disciplinas, desencadeados pela pedagogia nova, permitirá optar-se por uma teoria que trabalhe dialeticamente a prática pela teoria e a teoria pela prática, para valorizar o ensino sistematizado e o conteúdo historicamente acumulado.

A pedagogia defendida por Saviani difere-se das demais, uma vez que parte da compreensão do homem como ser concreto, ao mesmo tempo em que propõe uma educação que valoriza a assimilação do saber objetivo produzido historicamente – não obstante, o reconhecimento de matérias-primas, produção e compreensão de suas manifestações.

Para abordar a ação pedagógica, Saviani procura trabalhar três grandes problemas: a ausência de um sistema de educação, a teoria incorporada na prática e a descontinuidade das atividades educacionais. Esses três problemas, também denominados pelo autor de desafios, fazem parte do conjunto para iniciar a ação pedagógica da PHC, uma vez que, observada a educação brasileira, não vemos definido qual é o sistema educacional ao qual a teoria está vinculada e qual propósito ela revela na prática. Assim, cabe à teoria um grande desafio: a criação de um sistema educacional. Isso, segundo Saviani (2008, p. 108), é um grande problema, pois parece um "entrave prático ao avanço da teoria".

Ao abordar o segundo desafio, Saviani (2008) trata de uma organização objetiva, na qual a prática absorve outras teorias, como se estivessem incorporadas, enraizadas. O autor adverte que, nesse caso, a teoria trabalhada deve ter uma organização objetiva direcionada para sua prática.

O terceiro e último desafio diz respeito à descontinuidade da educação, como se todos os projetos educacionais começassem, mas não continuassem, parando sempre no meio. Isso desfavorece a continuidade da teoria e de sua relação com a prática para que, enfim, tenha seus objetivos alcançados.

De acordo com Saviani (2008, p. 14), os desafios enfrentados pela PHC obrigam-na "a tomar consciência desse estado de coisas, visando compreender suas causas e acionar não só explicações, mas os mecanismos possíveis de enfrentamento desse tipo de situação". Diante do exposto, compreendemos que a PHC, em toda sua teoria, busca uma prática renovadora dentro do contexto sócio-histórico atual das escolas brasileiras, valorizando a passagem do conteúdo à aquisição do conhecimento dos alunos, especialmente a transformação da prática social.

Com os resultados da pesquisa pudemos elencar os diversos avanços na EA em BJL. Entretanto precisamos ter clareza e criticidade em reconhecer que ainda é preciso avançar no que diz respeito a uma proposta municipal própria, o que evitará a adoção de programas da iniciativa privada, que primam por uma educação mercadológica e voltada ao agronegócio. Além disso, adentrar em análises de teorias na busca pela fundamentação possibilitou efetuar uma releitura de conceitos, procedimentos e relações que se entrelaçam na trama do fenômeno educativo, cujo conhecimento representa possibilidade de um desempenho profissional com melhor qualidade.

Os resultados deste estudo são limitados à especificidade das escolas campesinas quilombolas. Destacamos que, no caso de Bom Jesus da Lapa, existe a necessidade do empenho e do compromisso de todos os envolvidos no processo de desenvolvimento das políticas curriculares municipais, em que se priorize a formação teórica, com o intuito de avançar na implantação da PHC no município. Esperamos que este estudo sirva de base para futuras investigações, a fim de aprofundar as reflexões sobre a formação teórica de professores e todos os envolvidos na educação.

Torcemos para que esta investigação apresente-se como um caminho alternativo de ressignificação e de reflexão para retroalimentar as concepções críticas da EA de forma contextualizada. Para que isso aconteça de fato, a gestão local deve priorizar formações pedagógicas voltadas para práticas sustentáveis nos espaços do campo em uma perspectiva emancipatória, política e libertadora. Para isso, deve considerar os saberes culturais dos povos e comunidades tradicionais, bem como os conhecimentos científicos e filosóficos acumulados pela humanidade, de modo que sejam respeitadas, sobretudo, as singularidades dos povos quilombolas.

Desejamos que outras experiências investigativas debrucem-se sobre o rico lócus da pesquisa, constituído pelas escolas quilombolas, já que existem poucas investigações nessa vertente. Sabemos que esta pesquisa é somente um recorte desse contexto e esperamos que muitos outros estudos investigativos sejam propostos. Também almejamos que os/as educadores/as das escolas quilombolas do campo assumam posturas questionadoras e inquietantes acerca dos pacotes educacionais que chegam às nossas escolas campesinas e não retratam a realidade do campo com criticidade.

Diante dos dados coletados e analisados, podemos dizer que a prática educativa ambiental na BNCC parece ter sido deixada de lado, mas continua viva nas escolas. Em síntese, a EA, que podemos chamar de histórico-crítica, discute sua inserção na escola voltada para o processo de formação plena de indivíduos singulares que, ao apropriarem-se criticamente dos elementos da cultura, em especial no que diz respeito às relações das sociedades com o ambiente em que vivem, têm condições objetivas de formarem-se para uma prática social transformadora. A PHC traz, então, entre outras contribuições, a necessidade de a EA escolar resgatar a importância dos conteúdos curriculares em seu processo educativo, propondo, inclusive, um caminho metodológico para isso.

À guisa de conclusão, nos colocamos à disposição para apresentar os resultados desta pesquisa nos espaços formais e informais, ou mesmo contribuir na construção de uma proposta de Educação Ambiental Municipal alicerçada na PHC, entrelaçada com os objetivos da Educação Quilombola e em prol da agroecologia, com princípios ancorados na sustentabilidade campesina.

Enfatizamos nosso repúdio ao desmonte da Política Nacional de Educação Ambiental (Pnea) por parte do governo federal no período de 2019-2022 e denunciamos ao mundo o ecogenocídio instalado na sociedade capitalista. Por fim, manifestamos nosso desprezo à necropolítica em curso, aos ataques e retrocessos das políticas públicas em defesa e gestão do meio ambiente no país. Fiquemos atentos e resistentes, porque o desmonte das políticas públicas de EA e outros retrocessos na educação continuam.

REFERÊNCIAS

100 DIAS sem educação ambiental. *In*: OBSERVATÓRIO DA EDUCAÇÃO AMBIENTAL: Observare. [*S. l.*], 8 abr. 2019. Disponível em: https://cutt.ly/yW5rkpo. Acesso em: 1 jan. 2022.

ACSELRAD, Henri. Justiça ambiental: narrativas de resistência ao risco social ampliado. *In*: FERRARO Jr., Luiz A. (org.). **Encontros e caminhos**: formação de educadoras(es) ambientais e coletivos de educadores. Brasília: MMA/DEA, 2005. p. 219-228.

AGUM, Ricardo.; RISCADO, Priscila; MENEZES, Monique. Políticas públicas: conceitos e análise em revisão. **Revista Agenda Política**, São Carlos, v. 3, n. 2, p. 12-42, jul./dez. 2015.

AQUINO, Maria. Sacramento. A Formação do professor para a educação ambiental: a prática da pesquisa como eixo norteador. *In*: CABRAL NETO, Antônio; MACEDO FILHO, Francisco D. (org.). **Educação ambiental**: caminhos traçados, debates políticos e práticas escolares. Brasília: Líber Livro, 2010. p. 15-21.

ARAÚJO, Marlene Comin de. **Educação ambiental nos colégios de assentamentos organizados no MST**: tendências conservadoras e crítica. 2019. 192f. Tese (Doutorado em Educação) – Universidade Tuiuti, Curitiba, 2019.

ARROYO, Miguel Gonzalez; CALDART, Roseli Salete; MOLINA, Mônica Castagna (org.). **Por uma educação do campo**. 4. ed. Petrópolis: Vozes, 2009.

ARRUDA, Rinaldo. "Populações tradicionais" e a proteção dos recursos naturais em Unidades de Conservação. **Ambiente & Sociedade**, São Paulo, ano 2, n. 5, p. 79-92, 1999.

ARRUTI, José Maurício. **Mocambo**: antropologia e história no processo de formação quilombola. Bauru: Edusc, 2006.

ARRUTI, José Maurício. Quilombos. **Revista Jangwa Pana**, Magdalena, v. 48, n. 44, p. 102-121, 2009.

AZEVEDO, Janete M. L. de. **A Educação como política**. 3. ed. Campinas: Autores Associados, 2004. (Coleção Polêmicas do Nosso Tempo, v. 56).

AZEVEDO, Janete M. L.; AGUIAR, Márcia A. Políticas de educação: concepções e programas. *In*: WITTMANN, Lauro C.; GRACINDO, Regina V. (coord.). **O estado**

da arte em política e gestão da educação no Brasil: 1991 a 1997. Brasília: Inep, 1999. p. 43-51.

BAHIA. Secretaria da Educação do Estado da Bahia. **Diretrizes Curriculares para Educação Escolar Quilombola**. Salvador: Secretaria da Educação do Estado da Bahia, 2013.

BAHIA. Secretaria do Meio Ambiente. **Lei n.º 12.056 de 07 de janeiro de 2011**. Política Estadual de Educação Ambiental. Salvador: Secretaria do Meio Ambiente, 2012.

BAHIA. Secretaria do Meio Ambiente. **Programa de Educação Ambiental do Estado da Bahia (PEABA)**. Salvador: Empresa Gráfica da Bahia, 2013.

BAHIA. Secretaria de Planejamento da Bahia. **Territórios de Identidade**. Salvador: Secretaria do Planejamento, 2024. Disponível em: http://www.seplan.ba.gov.br/modules/conteudo/conteudo.php?conteudo=17. Acesso em: 21 fev. 2024.

BARBOSA, Giovani; Oliveira, Caroline T. Educação ambiental na base nacional comum curricular. Remea – Revista Eletrônica do Mestrado em Educação Ambiental, Rio Grande, v. 37, n. 1, p. 323-335, 2020.

BARROSO, João. O Estado, a educação e a regulação das políticas públicas. **Educação e Sociedade**, Campinas, v. 26, n. 92, p. 725-751, out. 2005. Disponível em: http://www.scielo.br/pdf/es/v26n92/v26n92a02.pdf. Acesso em: 9 jul. 2019.

BOAVENTURA, Edivaldo. Abertura planetária da educação global. **A Tarde**, [*s. l.*], Caderno 1, p. 8, 5 mar. 1998a.

BOBBIO, Norberto. **Estado, governo e sociedade**. Rio de Janeiro: Paz e Terra, 1987.

BOBBIO, Norberto. **Dicionário de Política**. 12. ed. Brasília, DF: Universidade de Brasília, 2002.

BOBBIO, Norberto. **Estado, governo, sociedade. Fragmentos de um dicionário político**. Tradução de Marco Aurélio Nogueira. Posfácio de Celso Lafer. 2. ed. Rio de Janeiro; São Paulo: Paz e Terra, 2017.

BOBBIO, Norberto; BOVERO, Michelangelo. **Sociedade e Estado na filosofia política moderna**. São Paulo: Brasiliense, 1986.

BOBBIO, Norberto; MATTEUCCI, Nicola; PASQUINO, Gianfranco. **Dicionário de política**. Brasília, DF: Editora da Universidade de Brasília, 1998.

BOM JESUS DA LAPA. Secretaria Municipal de Educação. Conselho Municipal de Educação. **Resolução n.º 4, de 20 de dezembro de 2017**. Define Diretrizes

Curriculares Municipais para a Educação Escolar Quilombola na Educação Básica. Bom Jesus da Lapa: Conselho Municipal de Educação; Secretaria Municipal de Educação, 2017. Disponível em: http://bomjesusdalapa.ba.gov.br/arquivos/publicacoes/120207201919121.pdf. Acesso em: 16 abr. 2021

BORNHEIM, Gerd. **Dialética**: teoria e prática. Rio de Janeiro: Globo, 1983.

BRASIL. **Constituição da República Federativa do Brasil de 1988**. Brasília, DF: Presidência da República, 2019. Disponível em: http://www.planalto.gov.br/ccivil_03/constituicao/constituicao.htm. Acesso em: 8 jun. 2019.

BRASIL. **Decreto n.º 4.281, de 25 de junho de 2002**. Regulamenta a Lei n.º 9.795, de 27 de abril de 1999, que institui a Política Nacional de Educação Ambiental, e dá outras providências. Brasília, DF: Presidência da República, 2002. Disponível em: http://www.planalto.gov.br/ccivil_03/decreto/2002/D4281.htm. Acesso em: 21 maio 2021.

BRASIL. **Decreto n.º 4.887, de 20 de novembro de 2003**. Regulamenta o procedimento para identificação, reconhecimento, delimitação, demarcação e titulação das terras ocupadas por remanescentes das comunidades dos quilombos de que trata o Art. 68 do Ato das Disposições Constitucionais Transitórias. Presidência da República Casa Civil Subchefia para Assuntos Jurídicos. Brasília, DF: Presidência da República, 2003a. Disponível em: http://www.planalto.gov.br/ccivil_03/decreto/2003/d4887.htm#:~:text=DECRETO%20N%C2%BA%204.887%2C%20DE%2020,Ato%20das%20Disposi%C3%A7%C3%B5es%20Constitucionais%20Transit%C3%B3rias. Acesso em: 10 fev. 2021.

BRASIL. **Decreto n.º 6.040, de 07 de fevereiro de 2007**. Institui a Política Nacional de Desenvolvimento Sustentável dos Povos e Comunidades Tradicionais. Brasília, DF: Presidência da República, 2007a. Disponível em: http://www.planalto.gov.br/ccivil_03/_ato2007-2010/2007/decreto/d6040.htm. Acesso em: 2 jan. 2022.

BRASIL. **Decreto n.º 6.094, de 24 de abril de 2007**. Dispõe sobre a implementação do Plano de Metas Compromisso Todos pela Educação, pela União Federal, em regime de colaboração com Municípios, Distrito Federal e Estados, e a participação das famílias e da comunidade, mediante programas e ações de assistência técnica e financeira, visando a mobilização social pela melhoria da qualidade da educação básica. Brasília, DF: Presidência da República, 2007b. Disponível em: http://www.planalto.gov.br/ccivil_03/_ato2007-2010/2007/decreto/d6094.html. Acesso em: 3 maio 2021.

BRASIL. **Decreto n.º 7.352, de 4 de novembro de 2010**. Dispõe sobre a Política de Educação do Campo e o Programa Nacional de Educação na Reforma Agrária (Pronera). Brasília, DF: Presidência da República, 2010. Disponível em: http://www.planalto.gov.br/ccivil_03/_ato2007-2010/2010/decreto/d7352.html. Acesso em: 3 maio 2022.

BRASIL. **Decreto n.º 9.465, de 2 de janeiro de 2019**. Aprova a Estrutura Regimental e o Quadro Demonstrativo dos Cargos em Comissão e das Funções de Confiança do Ministério da Educação, remaneja cargos em comissão e funções de confiança e transforma cargos em comissão do Grupo-Direção e Assessoramento Superiores (DAS) e Funções Comissionadas do Poder Executivo (FCPE). Brasília, DF: Presidência da República, 2019. Disponível em: https://www.in.gov.br/materia/-/asset_publisher/Kujrw0TZC2Mb/content/id/57633286. Acesso em: 1 maio 2022.

BRASIL. **Lei n.º 6.938 de 31 de agosto de 1981**. Dispõe sobre a Política Nacional de Meio Ambiente, seus fins e mecanismos de formulação e aplicação, e dá outras providências. Brasília, DF: Presidência da República, 1981. Disponível em: http//www.ufvjm.edu.br/en/adimistration/consultancy-environment/legislation/doc_view/897-lei-693881.html. Acesso em 15 jul. 2013.

BRASIL. **Lei n.º 9.795, de 27 de abril de 1999**. Dispõe sobre a Educação Ambiental, institui a Política Nacional de Educação Ambiental e dá outras providências. Brasília, DF: Presidência da República, 1999. Disponível em: http://www.planalto.gov.br/ccivil_03/leis/l9795.html. Acesso em: 8 jun. 2019.

BRASIL. **Lei n.º 10.639, de 9 de janeiro de 2003**. Altera a Lei n.º 9.394, de 20 de dezembro de 1996, que estabelece as Diretrizes e Bases da Educação Nacional, para incluir no currículo oficial da Rede de Ensino a obrigatoriedade da temática "História e Cultura Afro-Brasileira", e dá outras providências. Brasília, DF: Presidência da República, 2003b. Disponível em: http://www.planalto.gov.br/ccivil_03/leis/2003/l10.639.html. Acesso em: 3 maio 2022.

BRASIL. **Lei n.º 11.645, de 10 de março de 2008**. Altera a Lei n.º 9.394, de 20 de dezembro de 1996, modificada pela Lei n.º 10.639, de 9 de janeiro de 2003, que estabelece as Diretrizes e Bases da Educação Nacional para incluir no currículo oficial da rede de ensino a obrigatoriedade da temática "História e Cultura Afro-Brasileira e Indígena". Brasília, DF: Presidência da República, 2008a. Disponível em: http://www.planalto.gov.br/ccivil_03/_ato2007-2010/2008/lei/l11645.htm. Acesso em: 3 maio 2022.

BRASIL. **Lei n.º 13.005, de 25 de junho de 2014**. Aprova o Plano Nacional de Educação (PNE) e dá outras providências. Brasília, DF: Presidência da República, 2014. Disponível em: planalto.gov.br/ccivil_03/_ato2011-2014/2014/lei/l13005.htm#:~:text=LEI%20Nº%2013.005%2C%20DE%2025, Art. Acesso em: 3 maio 2022.

BRASIL. Ministério da Educação. **Base Nacional Comum Curricular**. Proposta preliminar. Segunda versão revista. Brasília, DF: Ministério da Educação, 2016a.

BRASIL. Ministério da Educação. **Base Nacional Comum Curricular.** Proposta preliminar. Segunda versão revista. Brasília, DF: Ministério da Educação, 2017. Disponível em: http://basenacionalcomum.mec.gov.br/#/site/base/o-que. Acesso em: 22 mar. 2021.

BRASIL. Ministério da Educação. Conselho Nacional de Educação. Câmara de Educação Básica. **Resolução CNE n.º 8, de 20 de novembro de 2012**. Define Diretrizes Curriculares Nacionais para a Educação Escolar Quilombola na Educação Básica. Brasília, DF: CEB; CNE; MEC, 2012a. Disponível em: http://portal.mec.gov.br/index.php?option=com_docman&view=download&alias=11963-rceb008-12-pdf&category_slug=novembro-2012-pdf&Itemid=30192. Acesso em: 3 maio 2022.

BRASIL. Ministério da Educação. Conselho Nacional de Educação. Câmara de Educação Básica. **Parecer CNE/CEB n.º 1/2006**. Dias Letivos para a aplicação da Alternância nos Centros Familiares de Formação por Alternância. Brasília, DF: CEB; CNE; MEC, 2006. Disponível em: http://portal.mec.gov.br/cne/arquivos/pdf/pceb001_06.pdf. Acesso em: 3 maio 2022.

BRASIL. Ministério da Educação. Conselho Nacional de Educação. Câmara de Educação Básica. **Resolução n.º 4, de 13 de julho de 2010**. Define Diretrizes Curriculares Nacionais Gerais para a Educação Básica. Brasília, DF: CEB; CNE; MEC, 2010. Disponível em: http://portal.mec.gov.br/dmdocuments/rceb004_10.pdf. Acesso em: 3 maio 2022.

BRASIL. Ministério da Educação. Conselho Nacional de Educação. Conselho Pleno. **Resolução n.º 1, de 17 de junho de 2004**. Institui Diretrizes Curriculares Nacionais para a Educação das Relações Étnico Raciais e para o Ensino de História e Cultura Afro-Brasileira e Africana. Brasília, DF: CP; CNE; MEC, 2004a. Disponível em: http://portal.mec.gov.br/cne/arquivos/pdf/res012004.pdf. Acesso em: 3 maio 2022.

BRASIL. Ministério da Educação. Conselho Nacional de Educação. Conselho Pleno. **Resolução n.º 2, de 15 de junho de 2012**. Estabelece as Diretrizes Curriculares

Nacionais para a Educação Ambiental. Brasília, DF: CP; CNE; MEC, 2012b. Disponível em http://portal.mec.gov.br/index.php?option=com_ docman&view=download&alias=10988-rcp002-12-pdf&category_slug=maio-2012 pdf&Itemid=30192. Acesso em: 23 out. 2017.

BRASIL. Ministério da Educação. Conselho Nacional de Educação. **Parecer CNE/CP n.º 03/2004, 10 de março de 2004**. Diretrizes Curriculares Nacionais para a Educação das Relações Étnico-Raciais. Brasília, DF: CNE; MEC, 2004. Disponível em: http://portal.mec.gov.br/dmdocuments/cnecp_003.pdf. Acesso em: 3 maio 2022.

BRASIL. Ministério da Educação. **Lei de Diretrizes e Bases da Educação Nacional**. Brasília, DF: MEC, 1996.

BRASIL. Ministério da Educação. **Lei n.º 10.257, de 10 de julho de 2001**. Regulamenta os arts. 182 e 183 da Constituição Federal, estabelece diretrizes gerais da política urbana e dá outras providências. Brasília, DF: MEC, 2001. Disponível em: https://www.planalto.gov.br/ccivil_03/Leis/LEIS_2001/L10257.htm. Acesso em: 3 maio 2022.

BRASIL. Ministério da Educação. **Manual escolas sustentáveis**. Brasília, DF: MEC, 2013. Disponível em: http://pdeinterativo.mec.gov.br/escolasustentavel/manuais/Manual_Escolas_Sustentaveis_v%2005.07.2013.pdf. Acesso em: 6 maio 2021.

BRASIL. Ministério da Educação. Plano de Ações Articuladas. **Relatório Público**. Brasília, DF: PAR; MEC, 2007c. Disponível em: http://simec.mec.gov.br/cte/relatoriopublico/principal.php. Acesso em: 10 jan. 2017.

BRASIL. Ministério da Educação. **Programa Mais Educação**. Brasília, DF: 2018. Disponível em: http://portal.mec.gov.br/programa-mais-educacao. Acesso em: 20 dez. 2020.

BRASIL. Ministério da Educação. **Resolução n.º 2/2008, de 28 de abril de 2008**. Estabelece diretrizes complementares, normas e princípios para o desenvolvimento de políticas públicas de atendimento da Educação Básica do Campo. Brasília, DF: MEC, 2008b. Disponível em: http://portal.mec.gov.br/arquivos/pdf/resolucao_2.pdf. Acesso em: 3 maio 2021.

BRASIL. Ministério da Educação. Secretaria de Educação Fundamental. **Parâmetros Curriculares Nacionais**. Brasília, DF: SEF; MEC, 1997. Disponível em: http://portal.mec.gov.br/seb/index.php?option=content&tasck=view&id=557. Acesso em: 21 fev. de 2024.

BRASIL. Ministério da Educação. Secretaria da Educação Fundamental. **Parâmetros Curriculares Nacionais**: apresentação dos temas transversais: ética. 3. ed. Brasília, DF: SEF; MEC, 2024.

BRASIL. Ministério da Educação. Secretaria de Educação Fundamental. **Parâmetros Curriculares Nacionais, terceiro e quarto ciclos**: apresentação dos temas transversais. Brasília, DF: SEF; MEC, 1998.

BRASIL. Ministério da Educação. **Tratado de Educação Ambiental para Sociedades Sustentáveis e Responsabilidade Global**. Brasília, DF: MEC, 1992. Disponível em: http://portal.mec.gov.br/secad/arquivos/pdf/educacaoambiental/tratado.pdf. Acesso em: 15 fev. 2021.

BRASIL. Ministério do Meio Ambiente. Ministério da Educação. **Programa Nacional de Educação Ambiental (Pronea)**: documento básico. 3. ed. Brasília, DF: MMA: MEC, 2005.

BRASIL. Ministério da Saúde. Conselho Nacional de Saúde. **Resolução n.º 466, de 12 de dezembro de 2012**. Brasília, DF: CNS; MS, 2012c. Disponível em: https://bvsms.saude.gov.br/bvs/saudelegis/cns/2013/res0466_12_12_2012.html. Acesso em: 21 fev. 2024.

BRASIL. Ministério da Saúde. Conselho Nacional de Saúde. **Resolução nº 510, de 07 de abril de 2016**. Brasília, DF: CNS, MS, 2016b. Disponível em: https://bvsms.saude.gov.br/bvs/saudelegis/cns/2016/res0510_07_04_2016.html. Acesso em: 21 de fev.2024

BRASIL. Secretaria de Políticas de Promoção da Igualdade Racial da Presidência da República. **Educação Quilombola** – Apresentação. Brasília, DF: Seppir/PR, 2013. Disponível em https:/monitoramento.seppir.gov.br/painéis/pbq/index.vm?eixo+4. Acesso em: 21 maio 2021.

BRASIL. Secretaria Especial de Políticas de Promoção da Igualdade Racial. **Decreto nº 6.261/2007**. Dispõe sobre a gestão integrada para o desenvolvimento da Agenda Social Quilombola no âmbito do Programa Brasil Quilombola, e dá outras providências. Brasília, DF: Secretaria Especial de políticas de promoção da Igualdade Racial, 2007c. Disponível em: http://www.planalto.gov.br/ccivil_03/_ato2007-2010/2007/decreto/d6261.htm. Acesso em: 10 ago. 2021.

BRASIL. **Programa Nacional de Educação Ambiental**. 3. ed. Brasília, DF: Presidência da República, 1995.

BRASIL. Secretaria Especial de Políticas de Promoção da Igualdade Racial. **Decreto nº 6.872, de 4 de junho de 2009**. Institui o Plano Nacional de Promoção da Igualdade Racial. Brasília, DF: Secretaria Especial de políticas de promoção da Igualdade Racial, 2009. Disponível em: http://www.planalto.gov.br/ccivil_03/_ato2007-2010/2009/decreto/d6872.htm. Acesso em: 08 mar. 2020.

BUARQUE, Chico; MILANEZ, Pablo. **Canción por la unidad de Latinoamérica**. *In*: Letras. [s. l.], 2015. Disponível em: https://www.letras.mus.br/chico-buarque/85942/. Acesso em: 6 maio 2022.

BUCZENKO, Gerson L. **Educação ambiental e educação do campo**: o trabalho do coordenador pedagógico em escola pública localizada em área de proteção ambiental. 2017. 345f. Tese (Doutorado em Educação) – Universidade de Tuiuti do Paraná, Curitiba, 2017.

CALDART, Roseli Salete. Teses sobre a pedagogia do Movimento. *In*: ITERRA. **Educação básica de nível médio nas áreas de reforma agrária**: texto de estudo. Boletim de Educação - Edição Especial, n. 11. São Paulo: Iterra, 2006. p. 137-149.

CANDAU, Vera Maria. Multiculturalismo e educação: desafios para a prática pedagógica. *In*: MOREIRA, Antônio Flávio; CANDAU, Vera Maria (org.). **Multiculturalismo**: diferenças culturais e práticas pedagógicas. Petrópolis: Vozes, 2008. p. 13-37.

CANEN, Ana. Metodologia da pesquisa: abordagem qualitativa. *In*: SALGADO, Maria Umbelina Caiafa; MIRANDA, Glaura Vasques de. **Veredas**: Formação superior de professores – Módulo 4. Belo Horizonte: Secretaria de Estado de Educação de Minas Gerais, 2003. v. 1. p. 216-238.

CAPRA, Fritjof. Alfabetização ecológica: o desafio para a educação do século 21. *In*: TRIGUEIRO, André (coord.) **Meio ambiente no século 21**: 21 especialistas falam da questão ambiental nas suas áreas de conhecimento. Rio de Janeiro: Sextante, 2003, p. 1-5.

CARVALHO, Isabel Cristina Moura. Educação, meio ambiente e ação política. *In*: ACSERALD, Henri (org.). **Meio Ambiente e democracia**. Rio de Janeiro: Instituto Brasileiro de Análises Sociais e Econômicas (Ibase), 1992, p.1-55.

CARVALHO, Isabel Cristina Moura. **Educação ambiental**: a formação do sujeito ecológico. São Paulo: Cortez, 2004.

CARVALHO, Isabel Cristina Moura. **Educação ambiental**: a formação do sujeito ecológico. 6. ed. São Paulo: Cortez, 2012.

CARVALHO, Isabel Cristina de Moura; FRIZZO, Taís Cristine Ernst. Environmental Education in Brazil. *In*: ENCYCLOPEDIA OF EDUCATIONAL PHILOSOPHY AND THEORY. Cingapura: Springer, 2016. p. 1-6.

CHAUÍ, Marilena. **Iniciação à Filosofia**: ensino médio. Volume único. São Paulo: Ática, 2019.

CHEPTULIN, Alexandre. **A dialética materialista**: categorias e leis da dialética. Tradução de Leda Rita Cintra Ferraz. São Paulo: Alfa-Ômega, 2004. Série 1. v. 2.

CONFERÊNCIA INTERGOVERNAMENTAL SOBRE EDUCAÇÃO AMBIENTAL. *In*: SÃO PAULO (Estado). Secretaria do Meio Ambiente. **Educação ambiental e desenvolvimento**: documentos oficiais. São Paulo: Secretaria do Meio Ambiente, 1994. p. 27-53. Disponível em: http://arquivos.ambiente.sp.gov.br/cea/cea/EA_DocOficiais.pdf. Acesso em: 21 fev. 2024.

COSTA, César Augusto Soares da; LOUREIRO, Carlos Frederico Bernardo. Interdisciplinaridade e educação ambiental crítica: questões epistemológicas a partir do materialismo histórico-dialético. **Ciência & Educação**, Bauru, v. 21, n. 3, p. 693-708, 2015.

COUTO, Marcos Antônio Campos. **Base Nacional Comum Curricular (BNCC)**. Componente curricular: geografia – Parecer Crítico. Brasília, DF: MEC, 2016. Disponível em: http://basenacionalcomum.mec.gov.br/images/relatorios-analiticos/Marcos_Antonio_Campos_Couto.pdf. Acesso em: 11 set. 2021.

CUNHA, Célio da; SOUSA, José Vieira; SILVA, Maria Abádia (org.). **O método dialético na pesquisa em educação**. Campinas: Autores Associados, 2014. (Coleção Políticas Públicas de Educação).

DIETOS, Juliano Marcelino; SOBZINSKI, Janaína Silvana. **O materialismo histórico e dialético**: contribuições para análise de Políticas Públicas. São Paulo: Impulso, 2015.

DUARTE, Newton. **Sociedade do conhecimento ou sociedade das ilusões? Quatro ensaios crítico-dialéticos em filosofia da educação**. Campinas: Autores Associados, 2008.

DUARTE, Newton. **Vigotski e o "aprender a aprender"**: crítica às apropriações neoliberais e pós-modernas da teoria vigotskiana. 5. ed. Campinas: Autores Associados, 2011.

DUARTE, Newton. **A individualidade para si**: contribuição a uma teoria histórico-crítica da formação do indivíduo. 3. ed. rev. Campinas: Autores Associados, 2013. (Coleção Educação Contemporânea).

DUARTE, Newton. **Os conteúdos escolares e a ressurreição dos mortos**: contribuições à teoria histórico-crítica do currículo. Campinas: Autores Associados, 2016.

DYE, Thomas. **Understanding public policy**. Englewood Cliffs: Prentice Hall, 2005.

ESCOBAR, Marcus Vinicius de Matos. A incompletude explicativa do materialismo. **Revista Eletrônica de Filosofia**, São Paulo, v. 11, n. 1, p. 24-33, jan./jun. 2002.

FERNANDES, Florestan. **A integração do negro na sociedade de classes**. 3. ed. São Paulo: Ática, 1978.

FERNANDES, Florestan. **O negro no mundo dos brancos**. 2. ed. São Paulo: Global, 2007.

FERRARO JUNIOR, Luiz A (org.). **Encontros e caminhos**: formação de educadores(es) ambientais e coletivos de educadores. Brasília, DF: Ministério do Meio Ambiente; Departamento de Educação Ambiental, 2013. v. 3.

FERREIRA, Norma Sandra de Almeida. As pesquisas denominadas "Estado da Arte". **Revista Educação e Sociedade**, Campinas, ano XXIII, n. 79, p. 257-272, ago. 2002.

FÓRUM NACIONAL DE EDUCAÇÃO DO CAMPO (FONEC). **Notas para análise do momento atual da Educação do Campo**. Brasília, DF, 2012. Disponível em: https://educacaodocampo.furg.br/images/pdf/historia-das-ledocs-fonec.pdf. Acesso em: 1 set. 2016.

FRANCALANZA, Hilário *et al.* Educação Ambiental no Brasil: panorama inicial da produção acadêmica. *In*: ENCONTRO NACIONAL DE PESQUISA EM EDUCAÇÃO EM CIÊNCIAS (ENPEC), 5., 2005, Bauru. **Anais** [...]. Bauru: Associação Brasileira de Pesquisa em Educação em Ciências, 2005. Disponível em: https://econtents.bc.unicamp.br/inpec/index.php/cef/article/view/9162/4601. Acesso em: 17 jun. 2021.

FRIGOTTO, Gaudêncio. Escola pública brasileira na atualidade: lições da história. *In*: LOMBARDI, José Claudinei; SAVIANI, Dermeval; NASCIMENTO, Maria Isabel Moura (org.) **A Escola Pública no Brasil:** História e historiografia. Campinas, SP: Autores Associados, 2005, p. 89-105.

FRIGOTTO, Gaudêncio (org.). **Escola "sem" partido**: esfinge que ameaça a educação e a sociedade brasileira. Rio de Janeiro: Universidade Estadual do Rio de Janeiro; Laboratório de Políticas Públicas, 2017.

FRIZZO, Taís Cristine Ernst. **Educação e Natureza**: os desafios da ambientalização em escolas próximas a unidades de conservação. 2018. 281f. Tese (Doutorado em Educação) – Pontifícia Universidade Católica do Rio Grande do Sul, Porto Alegre, 2018.

FRIZZO, Taís C. E.; Carvalho, Isabel C. de M. Políticas públicas atuais no Brasil: o silêncio da educação ambiental. **Remea** – Revista Eletrônica do Mestrado em Educação Ambiental, Rio Grande, v. 1, p. 115-127, 2018.

FUNDO NACIONAL DE DESENVOLVIMENTO DA EDUCAÇÃO. **Resolução FNDE/CD n.º 32, de 10 de agosto de 2006**. Estabelece as normas para a execução do Programa Nacional de Alimentação Escolar (PNAE). Brasília, DF: Fundo Nacional de Desenvolvimento da Educação, 2006. Disponível em: https://www.fnde.gov.br/index.php/acesso-a-informacao/institucional/legislacao/item/3106-resolu%C3%A7%C3%A3o-cd-fnde-n%C2%BA-32-de-10-de-agosto-de-2006. Acesso em: 13 jan. 2021.

FUNDO NACIONAL DE DESENVOLVIMENTO DA EDUCAÇÃO. **Sobre o PAR**. Brasília, DF: Ministério da Educação, 2024. Disponível em: https://www.fnde.gov.br/index.php/programas/par/sobre-o-plano-ou-programa/perguntas-frequentes-2. Acesso em: 21 fev. 2024.

GADOTTI, Moacir. **Perspectivas atuais da educação**. Porto Alegre: Artes Médicas, 2000.

GALVÃO, Ana Carolina Galvão; LAVOURA, Tiago Nicola Lavoura; MARTINS, Lígia Márcia Martins. **Fundamentos da didática histórico-crítica**. 1. ed. Campinas: Autores Associados, 2019.

GAMA, Carolina N.; DUARTE, Newton. Concepção de currículo em Dermeval Saviani e suas relações com a categoria marxista de liberdade. **Interface**, Botucatu, v. 21, n. 62, p. 521-530, 2017.

GARCIA, Maria Franco; MIDITIERO, Marco Antônio Junior; VIANA, Pedro Costa Guedes. Acesso das mulheres a terra e ao território no Brasil: entraves e estratégias das camponesas quilombolas no espaço agrário da Paraíba. *In*: MONTEIRO, Karoline dos Santos (org.). **A questão agrária no século XXI**: escalas, dinâmicas e conflitos territoriais. 1. ed. São Paulo: Outras Expressões, 2015. p. 309-362.

GATTI, Bernadete Angelina. **Grupo focal na pesquisa em Ciências Sociais e Humanas**. Brasília: Líber Livro, 2005.

GERALDO, Antonio Carlos Hidalgo. **Didática de Ciências e de Biologia na perspectiva da pedagogia histórico-crítica**. 2008. 204f. Tese (Doutorado em Educação) – Universidade Estadual Paulista, Bauru, 2008.

GIL, Antonio Carlos. **Métodos e técnicas de pesquisa social**. São Paulo: Atlas, 1995.

GIL, Antonio Carlos. **Como elaborar projetos de pesquisa**. 2. ed. São Paulo: Atlas, 2002. Disponível em: http://www.scielo.br/scielo.php?script=sci_arttext&pid=S1516731320150003000011&lng=pt &nrm=isso. Acesso em: 21 fev. 2024.

GOMES, Nilma Lino. Educação e diversidade étnico-cultural. *In*: SEMTEC. **Diversidade na educação**: reflexões e experiências. Brasília, DF: Programa Diversidade na Universidade, 2003.

GONÇALVES, D. R. P. Educação ambiental e o ensino básico. *In*: SEMINÁRIO NACIONAL SOBRE UNIVERSIDADE E MEIO AMBIENTE, 4., 2006, Campinas. **Anais** [...]. [*S. l: s. n.*], 2006.

GONÇALVES, Luiz Alberto Oliveira; SILVA, Petronilha Beatriz Gonçalves e. Movimento negro e educação. **Revista Brasileira de Educação**, Rio de Janeiro, n. 15, p. 134-158, 2000.

GRAMSCI, Antonio. **Quarderni del Carcere**. Totino: Einaudi, 1975. 4 v. (Edizione critica dell'Istituto Gramsci a cura da Valentino Gerratana).

GRAMSCI, Antonio. **Concepção dialética da história**. 2. ed. Rio de Janeiro: Civilização Brasileira, 1978.

GRÜN, Mauro. **Ética e educação ambiental**: a conexão necessária. 11. ed. Campinas: Papirus, 2006.

GUIMARÃES, Mauro. Educação ambiental crítica. *In*: LAYRARGUES, Philippe Pomier (org.). **Identidades da educação ambiental brasileira**. Brasília, DF: Ministério do Meio Ambiente, 2004, p. 1-156.

GUIMARÃES, Mauro. **A formação de educadores ambientais**. 8. ed. Campinas: Papirus, 2018.

HEIDEMANN, Francisco G.; SALM, José F. (org.). **Políticas públicas e desenvolvimento**. Brasília, DF: Editora da Universidade de Brasília, 2009.

INSTITUTO BRASILEIRO DE GEOGRAFIA E ESTATÍSTICA. **Censo Demográfico 2010. Vitória da Conquista**. Rio de Janeiro: Instituto Brasileiro de Geografia e Estatística, 2010.

INSTITUTO BRASILEIRO DE GEOGRAFIA E ESTATÍSTICA. **Censo Demográfico 2013. Vitória da Conquista**. Rio de Janeiro: Instituto Brasileiro de Geografia e Estatística, 2013.

INSTITUTO BRASILEIRO DE GEOGRAFIA E ESTATÍSTICA. **Censo Demográfico 2015. Vitória da Conquista**. Rio de Janeiro: Instituto Brasileiro de Geografia e Estatística, 2015.

JACOBI, Pedro. Meio ambiente e sustentabilidade. *In*: CENTRO DE ESTUDOS E PESQUISAS DE ADMINISTRAÇÃO MUNICIPAL. **O município no século XXI**: cenários e perspectivas. São Paulo: Centro de Estudos e Pesquisas de Administração Municipal, 2005. p. 175-183.

JANKE, Nadja. **Políticas públicas de educação ambiental**. 2012. 221f. Tese (Doutorado em Educação e Ciências) – Faculdade de Ciências, Universidade Estadual Paulista, Bauru, 2012.

KONDER, Leandro. **O que é dialética**. 28. ed. 12. reimpr. São Paulo: Brasiliense, 2011.

KOSIK, Karel. **Dialética do concreto**. Tradução de Célia Neves e Alderico Toríbio. Rio de Janeiro: Paz e Terra, 1969.

KOSIK, Karel. **Dialética do concreto**. 2. ed. 6. reimpr. Rio de Janeiro: Paz e Terra, 1995.

KOSIK, Karel. **Dialética do concreto**. Tradução de Célia Neves e Alderico Toríbio. 6. ed. Rio de Janeiro: Paz e Terra, 1997.

KOSIK, Karel. **Dialética do concreto**. Tradução de Célia Neves e Alderico Toríbio. São Paulo: Paz e Terra, 2002.

KUENZER, Acacia. **Pedagogia da fábrica**: as relações de produção e a educação do trabalhador. 8. ed. São Paulo: Cortez, 2011.

LARA, Ricardo. **História e práxis social**: introdução aos complexos categoriais do ser social. Bauru: Canal 6, 2017.

LASSWELL, Harold. La orientación hacia las políticas. *In*: AGUILAR, Villanueva L. F. (org.). **El estudio de las políticas públicas**. México: Miguel Ángel Porrúa, 2004, p. 1-25.

LAYRARGUES, Philippe Pomier; LIMA, Gustavo Certeira da Costa. As macrotendências político-pedagógicas da educação ambiental brasileira. **Revista Ambiente e Sociedade**, São Paulo, v. XVII, n. 1, p. 23-40, jan./mar. 2014.

LEFF, Henrique. **Epistemologia ambiental**. Tradução de Sandra Valenzuela. Petrópolis: Vozes, 2000.

LÊNIN, Vladimir. **Obras completas**. [*S. l.: s. n.*], 1985.

LOMBARDI, José Claudinei. **Reflexões sobre educação e ensino na obra de Marx e Engels**. 2010. 457f. Tese (Livre Docência em Educação) – Faculdade de Educação, Universidade Estadual de Campinas, Campinas, 2010.

LOUREIRO, Carlos Frederico Bernardo. Educação ambiental e gestão participativa na explicitação e resolução de conflitos. **Gestão em Ação**, Salvador, v. 7, n. 1, jan./abr. 2004. Disponível em: http:///homologa.ambiente.sp.gov,br/EA/adm/admarqs/FredericoLoureiro.pdf. Acesso em: 29 dez. 2015.

LOUREIRO, Carlos Frederico Bernardo. **Trajetória e fundamentos da educação ambiental**. São Paulo: Cortez, 2004.

LOUREIRO, Carlos Frederico Bernardo. Complexidade e dialética: contribuições à práxis política e emancipatória em EA. **Educação e Sociedade**, Campinas, v. 26, n. 93, p. 1.473-1.494, set./dez. 2005.

LOUREIRO, Carlos Frederico Bernardo. Complexidade e dialética: contribuições à práxis política e emancipatória em educação ambiental. **Educação e Sociedade**, Campinas, v. 27, n. 94, p. 131-134, jan./abr. 2006.

LOUREIRO, Carlos Frederico Bernardo. Educação ambiental e movimentos sociais na construção da cidadania ecológica e planetária. *In*: LOUREIRO, Carlos Frederico Bernardo *et al.* (org.). **Educação ambiental** – repensando o espaço da cidadania. 5. ed. São Paulo: Cortez, 2011. p. 73-103.

LOUREIRO, Carlos Frederico Bernardo *et al.* Contribuições da teoria marxista para a educação ambiental crítica. **Caderno Cedes**, Campinas, v. 29, n. 77, p. 81-97, jan./abr. 2009.

LOWI, Michel. **Ecologia e socialismo**. São Paulo: Cortez, 2005.

LUKÁCS, Georg. As bases ontológicas do pensamento e da atividade do homem. **Temas de Ciências Humanas**, [*s.* l.], v. 4, p. 1-18, 1978.

MAIA, Jorge S. da S.; TEIXEIRA, Lucas A. Formação de professores e educação ambiental na escola pública: contribuições da pedagogia histórico-crítica. **Revista HISTEDBR**, Campinas, v. 15, n. 63, p. 293-305, 2015. Disponível em: https://periodicos.sbu.unicamp.br/ojs/index.php/histedbr/article/view/8641185. Acesso em: 5 dez. 2020.

MALANCHEN, Julia. **Cultura, conhecimento e currículo**: contribuições da pedagogia histórico-crítica. Campinas: Autores Associados, 2016.

MARSIGLIA, Ana Carolina Galvão. A prática pedagógica na perspectiva da pedagogia histórico-crítica. *In*: MARSIGLIA, Ana Carolina Galvão (org.). **Pedagogia histórico-crítica**: 30 anos. Campinas: Autores Associados, 2011. p. 101-120.

MARSIGLIA, Ana Carolina Galvão; MARTINS, Lígia Márcia. A natureza contraditória da educação escolar: tensão histórica entre humanização e alienação. **Revista Ibero-Americana de Estudos em Educação**, Araraquara, v. 13, n. 4, p. 1.697-1.710, 2018.

MARTINS, Ligia Márcia. Formação de professores: desafios contemporâneos e alternativas necessárias. *In*: MARTINS, Ligia Márcia; DUARTE, Newton (org.). **Formação de professores:** limites contemporâneos e alternativas necessárias. São Paulo: Editora da Universidade Estadual Paulista; Cultura Acadêmica, 2010. p. 1-191.

MARTINS, Lígia Márcia. **O desenvolvimento do psiquismo e a educação escolar**: contribuições à luz da psicologia histórico-cultural e da pedagogia histórico-crítica. Campinas: Autores Associados, 2013.

MARTINS, Lígia Márcia. A dinâmica consciente/inconsciente à luz da psicologia histórico-cultural. **Revista Ibero-Americana de Estudos em Educação**, Araraquara, v. 11, n. 2, p. 679-689, 2016.

MARTINS, Lígia Márcia; DUARTE, Newton (org.). **Formação de professores**: limites contemporâneos e alternativas necessárias. São Paulo: Editora da Universidade Estadual Paulista; Cultura Acadêmica, 2010.

MARX, Karl. **O capital**. Rio de Janeiro: Civilização Brasileiro, 1968. Livro 1.

MARX, Karl. **Contribuições à crítica da economia política**. São Paulo: Martins Fontes, 1977.

MARX, Karl. **A assim chamada acumulação primitiva**. São Paulo: Abril Cultural, 1978. (Coleção Os Economistas).

MARX, Karl. **A origem do capital (a acumulação primitiva)**. Tradução de Walter S. São Paulo: Global, 1979.

MARX, Karl. **Manuscritos econômicos filosóficos**. São Paulo: Abril Cultural, 1992. (Coleção Os Pensadores).

MARX, Karl. **Manuscritos econômicos filosóficos**. São Paulo: Boitempo, 2004.

MARX, Karl. **Manuscritos econômicos filosóficos.** Tradução de Alex Martins. 2. ed. São Paulo: Martim Claret, 2006.

MARX, Karl. **Miséria da filosofia**: resposta à Filosofia da Miséria de Proudhon. Tradução de Paulo Roberto Benhara. São Paulo: Escala, 2007. (Coleção Grandes Obras do Pensamento Universal, 77).

MARX, Karl. **Contribuição à crítica da filosofia do direito de Hegel**. Tradução de Lícia Ehlers. 1. ed. São Paulo: Expressão Popular, 2010.

MARX, Karl. **Grundisse:** manuscritos econômicos de 1857-1858: esboços da crítica da economia política. São Paulo: Boitempo; Rio de Janeiro: Editora da Universidade Federal do Rio de Janeiro, 2011.

MARX, Karl; ENGELS, Frederich. **A ideologia alemã**: Teses de Freubach. São Paulo: Alfa-Ômega, 1994.

MARX, Karl; ENGELS, Friedrich. **Textos sobre educação e ensino**. Campinas: Navegando, 2011.

MELLO, Soraia Silva de; TRAJBER, Rachel. **Vamos cuidar do Brasil**: conceitos e práticas em educação ambiental na escola. Brasília, DF: Ministério da Educação; Unesco, 2007. Disponível em: http://portal.mec.gov.br/dmdocuments/publicacao3.pdf. Acesso em: 15 dez. 2021.

MÉSZÁROS, István. **A educação para além do capital**. São Paulo: Boitempo Editorial, 2005.

MÉSZÁROS, István. **Teoria da alienação em Marx**. Tradução de Isa Tavares. São Paulo: Boitempo, 2006.

MÉSZÁROS, István. **A educação para além do capital**. 2. ed. São Paulo: Boitempo, 2008.

MÉSZAROS, István. **Filosofia, ideologia e ciência social**. São Paulo: Boitempo, 2008.

MÉSZÁROS, István. **Para além do capital**: rumo a uma teoria da transição. Tradução de Paulo Cezar Castanheira e Sérgio Lessa. 1. ed. revista. São Paulo: Boitempo, 2009.

MÉSZÁROS, István. **Para além do capital**. 1. ed. rev. São Paulo: Boitempo, 2011.

MÉSZÁROS, István. **O poder da ideologia**. Tradução de Magda Lopes e Paulo Cezar Castanheira. 1. ed. São Paulo: Boitempo, 2014.

MINAYO, Maria Cecília de Souza. **Pesquisa social**: teoria, método e criatividade. 24. ed. Petrópolis: Vozes, 1994.

MOURA, Glória. A cultura da festa nos quilombos contemporâneos. **Revista Palmares**, Brasília, DF, n. 1, p. 45-48, 1996.

MUNANGA, Kabengele. Uma abordagem conceitual das noções de raça, racismo, identidade e etnia. **Cadernos Penesb**, Niterói, n. 5, p. 15-23, 2003.

NETTO, João Paulo. **O que é marxismo**. São Paulo: Brasiliense, 2006.

NETTO, João Paulo. **Introdução ao estudo do método em Marx**. São Paulo: Expressão Popular, 2011.

NOSELLA, Paolo. Ética e pesquisa. **Educação & Sociedade**, Campinas, v. 29, n. 102, p. 255-273, abr. 2008. Disponível em: http://www.scielo.br/scielo.php?script=sci_arttext&pid=S0101-73302008000100013. Acesso em: 21 ago. 2020.

NOVA ITAMARATI. Programa Nacional de Reforma Agrária (PNRA): Decreto n.º 9.311, de 15 de março de 2018. *In*: NOVA ITAMARATI. [*s. l.*], 16 mar. 2018. Disponível em: https://novaitamarati.com.br/programa-nacional-de-reforma-agraria-pnra-decreto-9-311/?msclkid=098cd07bd0c811ecacdfefa62ffce577. Acesso em: 23 maio 2022.

O'DWYER, Eliane Cantarino (org.). **Remanescentes de quilombos no Brasil. Boletim da ABA - Terras de Quilombos**. Rio de Janeiro: ABA: Centro de Filosofia e Ciências Humanas: Universidade Federal do Rio de Janeiro, 1995.

OLIVEIRA, Dalila Andrade. Das políticas de governo à política de estado: reflexões sobre a atual agenda educacional Brasileira. **Educação & Sociedade**, Campinas, v. 32, n. 115, p. 323-337, jun. 2011. Disponível em: http://www.scielo.br/scielo.php?script=sci_arttext&pid=S0101-73302011000200005&lng=en&nrm=iso. Acesso em: 3 abr. 2021.

OLIVEIRA, Luiz Fernandes de; CANDAU, Vera Maria Ferrão. Pedagogia decolonial e educação antirracista e intercultural no Brasil. **Educação em Revista**, Belo Horizonte, v. 26, n. 1, p. 15-40, abr. 2010. Disponível em: http://www.scielo.br/scielo.php?script=sci_arttext&pid=S0102-46982010000100002&lng=pt&nrm=iso. Acesso em: 11 set. 2020.

OLIVEIRA, Niltânia Brito. **A política da educação escolar quilombola no município de Vitória da Conquista/Bahia, período 2012 a 2017**. 2019. 156f. Dissertação (Mestrado em Educação) – Universidade Estadual de Santa Cruz, Ilhéus, 2019.

ORSO, Paulinho José. As possibilidades e limites da Educação na sociedade de classes. *In*: SEMINÁRIO NACIONAL DO HISTEDBR, 9. 2019, Campinas. **Anais** [...]. Campinas: Faculdade de Educação; Universidade Estadual de Campinas, 2019. Disponível em: https//histedbrnovo.fe.unicamp.br/pf-histedbr/seminário/seminario9/PDFs/6.10.pdf. Acesso em: 20 abr. 2021.

ORSO, Paulinho José. O desafio de uma educação revolucionária. *In*: ORSO, Paulinho José; MALANCHEN, Julia; CASTANHA, André (org.). **Pedagogia histórico-crítica, educação e revolução**: 100 anos da revolução russa. Campinas: Armazém do Ipê, 2020.

ORSO, Paulinho José; MALANCHEN, Julia; CASTANHA, André (org.). **Pedagogia histórico-crítica, educação e revolução**: 100 anos da revolução russa. Campinas: Armazém do Ipê, 2017.

ORSOLON, Luzia Angelina Marino. O coordenador/formador como um dos agentes de transformação da/na escola. *In*: ALMEIDA, Laurinda Ramalho de; PLACCO, Vera Maria Nigro de Souza. **O coordenador pedagógico e o espaço de mudança**. 5. ed. São Paulo: Edição Loyola, 2001, p. 1-9.

PEDROSA, José Geraldo. O capital e a natureza no pensamento crítico. *In*: LOUREIRO, Carlos Frederico Bernardo (org.). **A questão ambiental no pensamento crítico**: natureza, trabalho e educação. Rio de Janeiro: Quartet, 2007, p. 69-112.

PENELUC, Magno Conceição; SILVA, S. A. H. Educação ambiental aplicada à gestão de resíduos sólidos: análise física e das representações sociais. **Revista Entreideias**, Salvador, n. 14, p. 135-165, jul./dez. 2008.

PIRES, Roberto Rocha C. Burocracias, gerentes e suas "histórias de implementação": narrativas do sucesso e fracasso de programas federais. *In*: ENCONTRO ANUAL DA ANPOCS, 35., 2011, Caxambu. **Anais** [...]. São Paulo: Associação Nacional de Pós-Graduação e Pesquisa em Ciências Sociais, 2011. p. 1-28.

PRAZERES, Maria Sueli Corrêa dos; BATISTA, Ilda Gonçalves. Estado, políticas educacionais e tecnologias frente às demandas do capitalismo contemporâneo. **Revista Práxis Educacional**, Vitória da Conquista, v. 13, n, 32, abr./jun. 2019. Disponível em: http://periodicos2.uesb.br/index.php/praxis/article/view/5060. Acesso em: 09 jul. 2019.

RABELO, Rachel Pereira. Desigualdades sociais no ensino superior: explorando tendências e impactos da lei de cotas. *In*: REUNIÃO NACIONAL DA ANPED, 38., 2017, São Luís. **Anais** [...]. São Luís: Universidade Federal do Maranhão, 2017. (GT11 – Política da Educação Superior – Trabalho 1146). Disponível em:

http://38reuniao.anped.org.br/sites/default/files/resources/programacao/trabalho_38anped_201 7_GT11_1146.pdf. Acesso em: 10 out. 2017.

REIGOTA, Marcos. O estado da arte da pesquisa em educação ambiental no Brasil. **Pesquisa em Educação Ambiental**, Rio Claro, v. 2, n. 1, p. 33-66, 2007.

REIS, Sônia Maria Alves de Oliveira. **Mulheres camponesas e culturas do escrito**: trajetórias de lideranças comunitárias construídas nas CEBS. 2014. 263f. Tese (Doutorado em Educação) – Faculdade de Educação, Universidade Federal de Minas Gerais, Belo Horizonte, 2014.

RIBEIRO, Paulo Silvino. Ideia de Política em Norberto Bobbio. **Brasil Escola**, [*s. l.*], 20--]. Disponível em: https://brasilescola.uol.com.br/sociologia/ideia-politica-norberto-bobbio.htm. Acesso em: 3 abr. 2021.

ROCHA, Leone de Araújo. Políticas públicas segundo Leonardo Secchi. **Revista Científica Multidisciplinar Núcleo do Conhecimento**, São Paulo, ano 3, v. 2, p. 70-74, dez. 2018.

RODRIGUES, Cibele Maria Lima. O Plano de Ações Articuladas (PAR) em municípios do nordeste: pretextos, proposições e o contexto da prática pedagógica e currículo. **Espaço do Currículo**, João Pessoa, v. 6, n. 2, p. 292-306, maio/ago. 2013.

ROSA, Maria Arlete; CARNIATTO, Irene. Política de educação ambiental do Paraná e seus desafios. **Remea** – Revista Eletrônica do Mestrado em Educação Ambiental, Rio Grande, v. 32, n. 2, p. 339-360, jul./dez. 2015.

SACHS, Ignacy. **Para pensar o desenvolvimento sustentável**. São Paulo: Braziliense, 2000.

SANTANA, Napoliana Pereira. **Família e microeconomia escrava no sertão do São Francisco (Urubu-BA, 1840 a 1880)**. 2012. 218f. Dissertação (Mestrado em História Regional e Local) – Universidade do Estado da Bahia, Santo Antônio de Jesus, 2012.

SANTOS, Arlete Ramos dos; NUNES, Cláudio Pinto. **Reflexões sobre políticas públicas educacionais para o campo no contexto brasileiro**. Salvador: Editora da Universidade Federal da Bahia, 2020.

SANTOS, Tiago R. **Entre terras e territórios luta na/pela terra, dinâmica e (re) configurações territoriais em Bom Jesus da Lapa (BA)**. 2017. 326f. Tese (Doutorado em Ciências Sociais) – Instituto de Filosofia e Ciências Humanas, Universidade Estadual de Campinas, Campinas, 2017.

SATO, Michelle. **Formação em educação ambiental da comunidade**. Brasília, DF: Ministério da Educação; Comitê Operativo de Emergência, 2003. Disponível em: http:/www.ufmt.br/gpea/pub/MEC_escola.pdf. Acesso em: 20 out. 2021.

SAUVÉ, Luciano. Uma cartografia das correntes em educação ambiental. *In*: SATO Michèle; CARVALHO, Isabel C. M. (org.). **Educação ambiental**: pesquisas e desafios. Porto Alegre: Artmed, 2005, p. 1-98.

SAVIANI, Dermeval. **Escola e democracia**. 3. ed. Campinas: Autores Associados, 2003.

SAVIANI, Dermeval. **História das ideias pedagógicas no Brasil**. Campinas: Autores Associados, 2007a.

SAVIANI, Dermeval. O Plano de Desenvolvimento da Educação: análise do projeto do MEC. **Educação e Sociedade**, Campinas, v. 28, n. 100, p. 1.231-1.255, out. 2007b.

SAVIANI, Dermeval. Trabalho e educação: fundamentos ontológicos e históricos. **Revista Brasileira de Educação**, Rio de Janeiro, v. 12, n. 34, p. 152-180, jan./abr. 2007c.

SAVIANI, Dermeval. **Plano de Desenvolvimento da Educação**: análise crítica da política do MEC. Campinas: Editores Associados, 2009.

SAVIANI, Dermeval. **Pedagogia histórico-crítica**: primeiras aproximações. 8 ed. rev. e amp. Campinas: Autores Associados, 2011.

SAVIANI, Dermeval. Antecedentes, origem e desenvolvimento da pedagogia histórico-crítica. *In*: MARSIGLIA, Ana Carolina Galvão (org.). **Pedagogia histórico-crítica**: 30 anos. Campinas: Autores Associados, 2011a, p. 197-225.

SAVIANI, Dermeval. **A pedagogia no Brasil**: história e teoria. 2. ed. Campinas: Autores Associados, 2012a.

SAVIANI, Dermeval. **Escola e democracia**. Campinas: Autores Associados, 2012b.

SAVIANI, Dermeval. **Pedagogia histórico-crítica**: primeiras aproximações. 11. ed. rev. Campinas: Autores Associados, 2013. (Coleção Educação Contemporânea).

SAVIANI, Dermeval. O conceito dialético de mediação na pedagogia histórico-crítica em intermediação com a psicologia histórico-cultural. **Germinal**: marxismo e educação em debate, Salvador, v. 7, n. 1, p. 26-43, 2015.

SAVIANI, Dermeval. Marxismo, educação e pedagogia. *In*: SAVIANI, Dermeval; DUARTE, Newton (org.). **Pedagogia histórico-crítica e luta de classes na educação escolar**. Campinas: Autores Associados, 2015b. p. 59-81.

SAVIANI, Dermeval. O conceito dialético de mediação na pedagogia histórico-crítica em intermediação com a psicologia histórico-cultural. **Germinal**: marxismo e educação em debate, Salvador, v. 7, n. 1, p. 26-43, jun. 2015c.

SAVIANI, Dermeval. **Escola e democracia**. 43. ed. rev. Campinas: Autores Associados, 2018.

SAVIANI, Dermeval. **Pedagogia histórico-crítica, quadragésimo ano**: novas aproximações. Campinas: Autores Associados, 2019.

SAVIANI, Dermeval; DUARTE, Newton. A formação humana na perspectiva histórico ontológica. *In*: SAVIANI, Dermeval; DUARTE, Newton (org.). **Pedagogia histórico-crítica e luta de classes na educação escolar**. Campinas: Autores Associados, 2015a. p. 13-30.

SECCHI, Leonardo. **Políticas públicas**: conceitos, esquemas de análise, casos práticos. 2. ed. São Paulo: Cengage Learning, 2013.

SENAR. Salvador, [20--]. Disponível em: http://www.sistemafaeb.org.br/senar/. Acesso em: 12 de jun. de 2021.

SISTEMA FAEB. Salvador, [20--]. Disponível em: http://www.sistemafaeb.org.br/pagina-inicial/. Acesso em: 15 fev. 2021.

SORRENTINO, Marcos *et al.* Educação ambiental como política pública. **Revista Educação e Pesquisa**, São Paulo, v. 31, n. 2, p. 285-299, maio/ago. 2005.

SORRENTINO, Marcos *et al.* O diálogo em processos de políticas públicas de educação ambiental no Brasil. **Revista Educação Social**, Campinas, v. 33, n. 119, p. 613-630, abr./jun. 2012.

SORRENTINO, Marcos; TRAJBER, Rachel. Políticas de educação ambiental do órgão gestor. Conceitos e práticas em educação ambiental na escola. *In*: MELLO, Soraia Silva de; TRAJBER, Rachel. **Vamos cuidar do Brasil**: conceitos e práticas em educação ambiental na escola. Brasília, DF: Ministério da Educação; Unesco, 2007. p. 13-22. Disponível em: http://portal.mec.gov.br/dmdocuments/publicacao3.pdf. Acesso em: 10 set. 2020.

SOTERO, José Paulo; SORRENTINO, Marcos. A educação ambiental como política pública: reflexões sobre seu financiamento. *In*: ENCONTRO DA ANPPAS, 5., 2010, Florianópolis. **Anais** [...]. Florianópolis: Associação Nacional de Pós-Graduação e Pesquisa em Ambiente e Sociedade, 2010.

SOUZA, Jamerson Murillo. Anunciação de. Estado e sociedade civil no pensamento de Marx. **Revista Serviço Social & Sociedade**, São Paulo, n. 101, p. 25-39, mar. 2010. Disponível em: http://www.scielo.br/scielo.php?script=sci_arttext&pid=S0101-66282010000100003&lng=en&nrm=iso. Acesso em: 3 abr. 2021.

TAC, IC n.º 676.0.58564/2011. Ministério Público do Estado da Bahia. Termo de Ajustamento de Conduta, com fulcro no Art. 5º, § 6º da Lei n.º 7.347/85, consoante as cláusulas e condições seguintes nos autos do IC n.º 676.0.58564/2011 em tramitação na Promotoria de Justiça de Bom Jesus da Lapa-BA, para fins de adequação às normas de defesa do patrimônio histórico e cultural. Bom Jesus da Lapa, 2011.

TEROSSI, Marcos J.; SANTANA, Luiz C. Educação ambiental: tendências pedagógicas, fontes epistemológicas e a pedagogia de projetos. **Comunicações**, Piracicaba, v. 22, n. 2, p. 65-83, 2015.

TORRES, Juliana Rezende (org.). **Educação ambiental**: dialogando com Paulo Freire. 1. ed. São Paulo: Cortez, 2014.

TERRITÓRIO VELHO CHICO. [*S. l.*], 2010. 1 mapa. Disponível em: http://velhochicocultura.blogspot.com/2010/07/territorio-velho-chico-em-versos.html. Acesso em: 6 maio 2022.

TOZONI-REIS, Marilia Freitas de Campos. **Educação ambiental**: natureza, razão e história. Campinas: Autores Associados, 2004.

TOZONI-REIS, Marilia Freitas de Campos. Contribuições para uma pedagogia crítica na educação. *In*: LOUREIRO, Carlos Frederico Bernardo. **A questão ambiental no pensamento crítico**: natureza, trabalho e educação. Rio de Janeiro: Quartet, 2007. p. 177-221.

TOZONI-REIS, Marília Freitas de Campos. **Educação ambiental**: natureza, razão e história. 2. ed. rev. Campinas: Autores Associados, 2008.

TOZONI-REIS, Marilia Freitas de Campos; JANKE, Nadja. Políticas públicas para a educação no Brasil: contribuições para compreender a inserção da educação ambiental na escola pública. *In*: TOZONI-REIS, Marilia Freitas de Campos; MAIA, Jorge Sobral S. (org.). **Educação ambiental a várias mãos**: educação escolar, currículo e políticas públicas. Araraquara: Junqueira & Marin, 2014. p. 110-124.

TOZONI-REIS, Marilia Freitas de Campos *et al.* Fontes de informação dos professores sobre educação ambiental: o esvaziamento da dimensão intelectual do trabalho docente. *In*: ENCONTRO DE PESQUISA EM EDUCAÇÃO AMBIENTAL

(EPEA), 6., 2011, Ribeirão Preto. **Anais** [...]. Ribeirão Preto: Laife, 2011. Disponível em: http://www.epea.tmp.br/viepea/epea2011_anais/busca/pdf/epea2011-0164-1.pdf. Acesso em: 05 maio 2021.

TOZONI-REIS, Marilia Freitas de Campos; TEIXEIRA, Lucas André; MAIA, Jorge Sobral da S. As publicações acadêmicas e a educação ambiental na escola básica. *In*: REUNIÃO ANUAL DA ANPED, 34., 2011, Natal. **Anais** [...]. Salvador: Anped, 2011. Disponível em: http://34reuniao.anped.org.br/images/trabalhos/GT22/GT22-257%20int.pdf. Acesso em: 11 fev. 2012.

TRIVIÑOS, Augusto N. S. **Introdução à pesquisa em ciências sociais**: a pesquisa qualitativa em educação. São Paulo: Atlas, 2007.

URIBE, Gustavo. Ministro do Meio Ambiente defende aproveitar crise do coronavírus para "passar a boiada". **Folha de São Paulo**, São Paulo, 22 maio 2020. Disponível em: https://www1.folha.uol.com.br/ambiente/2020/05/ministro-do-meio-ambiente-defende-aproveitar-crise-do-coronavirus-para-passar-a-boiada.shtml?origin=folha. Acesso em: 20 jan. 2022.

WALSH, Catherine. Interculturalidad y colonialidad del poder. Un pensamiento y posicionamiento "otro" desde la diferencia colonial". *In*: WALSH, Catherine; LINERA, Álvaro G.; MIGNOLO, Walter (org.). **Interculturalidad, descolonización del estado y del conocimiento**. Buenos Aires: Del Signo, 2006. p. 21-70.